江西省普通高等学校优秀教材

大学体育与健康教程

陈利和　李长春　主编

人民体育出版社

图书在版编目（CIP）数据

大学体育与健康教程 / 陈利和, 李长春主编. -- 北京 : 人民体育出版社, 2018 (2025.9重印)
ISBN 978-7-5009-5399-9

Ⅰ. ①大… Ⅱ. ①陈… ②李… Ⅲ. ①体育－高等学校－教材②健康教育－高等学校－教材 Ⅳ. ①G807.4 ②G647.9

中国版本图书馆CIP数据核字(2018)第155628号

大学体育与健康教程

陈利和　李长春　主编
出版发行：人民体育出版社
印　　装：湖北画中画印刷有限公司

开　本：787×960　16开本　　印　张：24　　字　数：404千字
版　次：2018年8月第1版　　印　次：2025年9月第8次印刷
书　号：ISBN 978-7-5009-5399-9
印　数：27,481—32,268册
定　价：56.00元

联系电话：（010）67151482
社　　址：北京市东城区体育馆路8号（100061）
网　　址：https://books.sports.cn/

编委会

前 言

大学体育课程是学校课程体系的重要组成部分，也是高等学校体育工作和全民健身工作的中心环节。《中共中央 国务院关于深化教育改革全面推进素质教育的决定》明确指出："学校教育要树立健康第一的指导思想，切实加强体育工作……"教育部也强调要把学校体育工作的重心切实放到面向全体学生，全面提高学生的身心健康水平上来。基于上述要求，我们确定了大学体育是学校体育教育的终点，同时又是大学生实现终身体育的起点的编写方针，在编写过程中切实将增进大学生的身心健康放在首位。我们根据教育部颁布的《全国普通高等学校体育课程教学指导纲要》的精神，依照体育课程的基本思想，针对目前我国高校公共体育教学的实际情况，牢牢把握素质教育、健康第一和以人为本的指导思想组织编写，旨在不断增强大学生的体育参与意识，提高他们的体育技能和健康行为方式，培养他们进行终身锻炼的好习惯。

本教材在编写过程中力求成为在校大学生体育学习和满足其终身体育锻炼的指导性用书。在追求面向全体学生的同时，以发展学生的个性，培养学生的终身体育锻炼习惯和终身体育能力为核心。概括起来，本教材具有以下特色：

1. 体系新颖。本教材摒弃了以往教材以"竞技体育"为主的指导思想，牢牢树立"健康第一"的观念，紧紧围绕体育锻炼与增进健康的关系进行阐述，使学生在学习本教材的过程中，充分认识到体育锻炼的益处和进行终身体育锻炼的重要性。

2. 内容精炼。本教材在强调"健康第一"的同时，突出了体育的文化内涵，使人文体育深入人心。本教材在内容编排上积极吸收了国内外最新的大学体育教材的研究成果，有选择地摒弃了陈旧、繁冗的内容，使教材内容做到精炼、实用。

3. 结构合理。本教材在每一章开始都提出了“学习目标”，每章的结尾都附有思考题和增长知识的“视窗”。本教材版式活泼、通俗易懂、图文并茂，方便教与学。

4. 科学性强。本教材作为一本大学公共体育教材，以大量的科学事实和科研成果为依据，叙述语言力求严谨、科学，并尽量避免有争论的论题和空洞的说教，努力做到言之有理、论之有据。

5. 实用性强。本教材注重理论联系实际，努力使学生能学以致用。本教材力求贴近大学生的生活实际，符合大学生的身心特点，并方便他们自学。为使教材具有时代感和国际性，考虑到当代大学生的学习实际和渴求扩大知识面的需要，我们选编了国际重大体育组织的相关知识点，并在运动锻炼篇中的每一章结尾都列出了该项目的专业术语中英文对照，这在同类教材中是比较有新意的。

本书由全国部分高校从事多年公共体育教学的专家编写而成。景德镇陶瓷大学体育与军事教学部主任陈利和教授负责本书的设计，并进行了统稿。编委会在广泛听取专家和部分学校教师的意见的基础上，对本书进行了修订。对于在本教材中没有一一标明的被引用者的姓名和论著的出处，我们在此深表歉意，同时表示感谢!

我们衷心地希望广大师生和专家能对本教材提出宝贵意见，以便我们今后对教材进行进一步的修订，使之逐步加以完善和提高。

《大学体育与健康教程》编委会

2018年6月

目 录

基础知识篇

运动锻炼篇

基础知识篇

第一章　大学生与健康教育

学习目标

☞ 正确树立“健康第一”的思想。

☞ 学会评价身体的健康状况。

☞ 了解影响健康的因素，并能克服影响自身健康的不利因素。

大学体育的对象是20岁左右的大学生。大学体育是学校体育和社会体育的衔接点，它作为学校体育的最后阶段，对于大学生身心健康的自我完善和发展都至关重要。大学生在大学体育的学习中应加强对体育意识、兴趣、习惯和能力的培养，只有这样，才能自觉地、科学地进行锻炼，才能为终身健康打下坚实的基础。

第一节　健康的本质

一、健康的概念

世界卫生组织（WHO）于1948年在宪章中指出“健康不仅是免于疾病和衰弱，而且是保持身体上、精神上和社会适应方面的完善状态”。最近该组织又指出“道德健康”也应该包括在健康的含义中，一个人只有在身体健康、心理健康、社会适应良好和道德健康四个方面都健全，才能算是完全健康的人。

① 身体健康：指躯体结构和功能正常，具有生活自理能力。

② 心理健康：指个体能够正确认识自己，及时调整自己的心态，使心理处于良好状态，以适应外界的变化。

③ 社会适应良好：指对社会生活的各种变化，能以良好的思想和行为去适应。

④ 道德健康：指能够按照社会规范的准则和要求来支配行为，能为人类的幸福做贡献。

二、健康的内涵

（一）健康的内涵

健康的内涵包括：① 体力；② 技能；③ 形态；④ 卫生；⑤ 保健；⑥ 精神；⑦ 人格；⑧ 环境。

（二）健康的标志

① 精力充沛，能从容不迫地应付日常生活和工作压力而不感到紧张；
② 处事乐观，态度积极，乐于承担责任，事无巨细，不挑剔；
③ 善于休息，睡眠良好；
④ 应变能力强，能适应外界环境的各种变化；
⑤ 对一般感冒和传染病有一定的抵抗力；
⑥ 体重适当，体形匀称，头、臂、臀比例协调；
⑦ 眼睛明亮，反应敏锐，眼睑不发炎；
⑧ 牙齿清洁、无缺损、无疼痛、无出血、齿龈颜色正常；
⑨ 头发有光泽、无头屑；
⑩ 肌肉和皮肤富有弹性，行走轻松自如。

（三）“五快三良好”检查标准

世界卫生组织就人体健康问题提出了几项既易记忆、又易理解的新标准，这几项标准包含了人体生理健康标志和心理精神健康标志，简称“五快三良好”标准。

1.“五快”指生理健康

① 吃得快：指胃口好、不挑食、吃得迅速，表明内脏功能正常；
② 便得快：指上厕所时很快排通大小便，表明肠胃功能良好；
③ 睡得快：指上床即能熟睡、深睡，醒来时精神饱满、头脑清晰，表明中

枢神经系统的兴奋、抑制功能协调，且内脏不受任何病理信息的干扰；

④ 说得快：指语言表达准确、清晰流利，表明思维清楚而敏捷、反应良好，心肺功能正常；

⑤ 走得快：指行动自如，且转动敏捷，因为人的疾病和衰老往往从下肢开始。

2.“三良好”指心理健康

① 良好的个性：指性格温和，意志坚强，感情丰富，胸怀坦荡，心境达观，不为烦恼、痛苦、伤感所左右；

② 良好的处事能力：指沉浮自如，客观观察问题，具有自我控制能力并能适应复杂的社会环境，对事物的变迁保持良好的情绪，常有知足感；

③ 良好的人际关系：指待人宽和，不过分计较小事，能助人为乐、与人为善。

（四）心理健康标准

随着世界性精神疾病发病率不断上升，为了教育和引导公众主动关注心理健康，美国心理学家马斯洛和米特尔曼提出了10条心理健康的评价标准：

① 有足够的安全感；

② 能充分地了解自己，并能对自己的能力作出适度的评价；

③ 生活、理想切合实际；

④ 不脱离周围现实环境；

⑤ 能保持人格的完整与和谐；

⑥ 善于从经验中学习；

⑦ 能保持良好的人际关系；

⑧ 能适度地发泄情绪和控制情绪；

⑨ 在符合集体要求的前提下，能有限度地发挥个性；

⑩ 在不违背社会规范的前提下，能恰当地满足个人需求。

三、亚健康

现代医学将健康称为第一状态，把疾病称为第二状态；将介于健康与疾病之间的生理功能低下的状态称为第三状态，也称亚健康。

当今社会，由于生活节奏加快，竞争日益激烈，常使人难以承受日趋增长的压力，从而出现头痛、头晕、心悸、失眠、食欲不振、疲乏无力等。总之，自觉身体不适、心理疲惫、对社会适应能力差，但医学检查往往并无明确的机体疾病，则表现为亚健康。

导致亚健康形成的因素，首先，由于工作、生活过度疲劳，身心透支而入不敷出；其次，由于不科学的生活方式，如不吃早餐、偏食、暴饮暴食、饥一顿、饱一顿等引起营养不良而使机体失调；再次，由于环境污染、接触过多有害物质。另外，伴随着人体生物钟周期低潮或人体自然老化，也可能出现第三状态。应当指出的是，第三状态在很大程度上是慢性疾病的潜伏期。

人的机体有一定范围的适应能力，第三状态既可趋向健康，也可导致疾病。如果已处于或即将进入第三状态，只要采取科学的生活方式，克服不良生活习惯，通过合理的饮食、心理的调养和环境的改变，消除疲劳，祛除致病因素，提高身体素质，就能改善和消除第三状态，早日恢复到第一状态而成为健康人。

四、健康的关键因素

在进行保健活动中，需着重掌握的关键因素是哪些呢？据世界卫生组织宣布（1988年），每个人的健康60%取决于自己，15%取决于遗传，10%取决于社会因素，8%取决于医疗条件，7%取决于生活环境和地理气候条件的影响。然而，就每个人本身来说，遗传、社会因素和医疗条件、生活环境、地理和气候条件都是客观存在，除特殊情况外，很难加以改变。也就是说，这些都属于相对固定的因素，它们对人的寿命造成的影响是不以人们的意愿为转移的。至于职业与经济状况，也是相对固定的；个人的文化修养、涵养、兴趣、嗜好，以及家庭成员间的相互关系，在一般情况下可长期保持原状，不会发生大的变化；而饮食、运动、情绪和心理变化则直接关系到每个人每天的物质和精神生活。故在正常情况下，足以影响健康的关键因素是每日饮食是否适宜、体育锻炼是否适当，以及情绪（包括精神和心理状态）是否良好或稳定。因此，原苏联医学博士兹马诺夫斯基提出了人的健康公式：

$$\text{人的健康}=\frac{\text{情绪良好（或稳定）}+\text{运动（锻炼）得当}+\text{饮食合理（或适宜）}}{\text{懒惰}+\text{烟酒}}$$

从上述公式中可以清楚地看到，人的健康程度与情绪良好（或稳定）、运动（锻炼）得当和饮食合理（或适宜）成正比，而与懒惰成性、嗜烟和嗜酒成反比。

（一）合理的饮食

对于每个人来说，合理的饮食是保健因素中关键的关键，远比其他因素更为重要，其理由是：

① 文体活动的开展、良好情绪的保持是以恰当的饮食为前提的。如果饮食不当而生病或体质变弱，就没有精力从事学习和体育锻炼，也难以保持良好的情绪。

② 各种食物成分是构成人体细胞、组织、器官生长和更新的原料，更是维持内分泌及新陈代谢等生理活动不可缺少的物质资源，所以人的健康状态和情绪的好坏，直接受到食物的影响。

③ 食物既可养生保健、防病，也能致病，这主要取决于是否合理摄取饮食。

④ 食物是每日生活、工作和生命存在的物质基础，若缺少或过量，皆不利于人的身体健康。

（二）适当的体育锻炼

适当的体育锻炼可以增强呼吸机能和肠胃消化的功能，活跃大脑、神经以及全身循环系统，并能起到调节情绪、增强体能、健身祛病、抵御衰老的效用。

（三）良好的情绪

情绪良好，即心理上的稳定，可抑制不必要的紧张心态，抵御或排除忧愁、烦恼、恐惧等不良影响，从而可以避免引起内分泌失调的副作用，以保持血液质量、脏器功能及神经系统的正常活动。

人类是理性的动物，同时也是感情的动物。理性和情感犹如活动的两个轮子相互补充，并驾齐驱。如果没有理性，人类的行为就会像脱缰的野马，狂奔乱闯；如果没有情感，人生就会变得乏味。理性给人的行为以方向，情感给人的活动以色彩。列宁曾说过：“没有人的感情，就从来没有，也不可能有人对真理的追求。”健康可以影响人的情绪，情绪也可以影响人的健康。世界著名长寿学者胡弗兰德说：“在一切不利的因素中，最能使人短寿夭亡的是不好的情绪和恶劣的心境。”

第二节　影响大学生健康的因素

一、人体生物学因素

人体是一个极为复杂的有机体。在影响和制约人体健康的诸多生物学因素中，主要有遗传和心理两种因素。

（一）遗传因素

后代形成和亲代相似的多种特征称为遗传特征。遗传不仅使后代在形态、体质以至性格、智力、功能等方面和亲代相似，而且还把亲代的许多隐性的或显性的疾病传给了后代。现代医学研究发现，遗传病有二三千种之多。遗传病不仅种类多，而且发病率高（约占一般疾病的 20%）。对于遗传病，可用一些治疗方法来治疗。某些遗传病不仅影响个体终身，而且是重大的社会问题。现在世界上许多国家大力发展康复医学，遗传残疾人是重要的康复对象。对于遗传病，最重要的还是预防，如提倡科学婚姻，用法制来制止近亲结婚。

（二）心理因素

1. 消极的心理因素能引起许多疾病

我们祖先 2000 多年前就发现了情绪对身心健康的影响。《黄帝内经》中曾多处提到了“怒伤肝”“喜伤心”“悲伤脾”“恐伤肾”。现代医学心理学的研究也证明了许多疾病的发生、发展与心理因素有关，如心血管病、高血压、肿瘤等。大量的临床实践也证明，消极的情绪（如悲伤、恐惧、紧张、愤怒、焦虑等）能引起各器官系统的功能失调，导致失眠、心动过速、血压升高、尿急、月经失调等症状。在我国癌症普查中还发现心理因素与食道癌、宫颈癌的发病有着密切关系。

2. 积极的心理状态是保持和增进健康的必要条件

心理是对客观的反映，积极、乐观、向上的情绪状态是人适应环境的良好表现。

3. 心理因素在治疗中的作用

心理因素在治疗中的作用主要表现在两个方面：一方面是在疾病治疗中要打消顾虑，树立与疾病做斗争的坚强信念，积极与医护人员配合，以保证治疗效果；另一方面对由心理因素、情绪因素引发的疾病要坚持“心理治疗”，即消除致病的消极心理因素。

二、环境因素

（一）自然环境

人一时一刻都离不开自然环境，空气、阳光、水是人类赖以生存的自然条件，粮食、蔬菜、鱼肉、食盐等是人类生活所必需的物质。自然界不但为人类提供生存与生活的条件，还为人类提供了审美的对象。在优美的自然环境中，人精神振奋、呼吸畅通、内分泌协调。这些对人的身心健康无疑是十分有利的。

大自然在为人类提供各种营养物质的同时，还存在着对人体健康有害的物质，如广泛存在的有害微生物（细菌、病毒）、空气中的污染物、溶于水中的有害成分等。另外，气候的突然变化（如酷暑、严寒、气压、空气湿度异常等）也会影响人体健康。人们都希望有一个优美、舒适的生活、学习和工作的环境，而环境的改善则需要人们的文明行为来支持和保证。这是全社会的共同责任，也是全人类的建设事业。

（二）社会环境

社会是人类生存和发展的最基本、最重要的环境。人们一方面享受着社会生产的成果（例如科技的进步、工业的发展，使人们有了丰富的物质文明）；另一方面社会生产的发展（例如现代工业的发展同时带来了废水、废气、废渣、噪音等）也会对人体健康造成危害。随着社会生产发展的加速，也就带来了越来越多的值得研究的影响人体健康的问题。

三、生活方式因素

生活方式指的是人们长期受一定的民族文化、社会经济、风俗，特别是家庭影响，而形成的一系列的生活习惯。

在现代社会，人们越来越清楚地认识到，不良的行为和生活方式是影响人类健康的主要原因。世界卫生组织曾经对发达国家疾病谱和死亡谱的变化进行过详细的调查，认为20世纪70年代以后，在发达国家中导致死亡的主要疾病已变成心脑血管病、恶性肿瘤、意外死亡以及环境污染所致疾病等，而这些疾病的起因都与人们滥用酒精、药物、过度饮食、缺乏体育锻炼、吸烟、吸毒、性淫乱等不良生活方式和行为有关。目前，发展中国家的疾病主要是由贫困造成的恶劣生活条件、不良卫生行为和习惯所致。

人的行为是人为个体生存和种族延续而适应不断变化的环境时所做出的反应或一切活动的总称，它既包括人的一些本能性活动，也包括人所从事的劳动和人际交往等高级的社会活动。人的生活方式是社会及其组成人群中占优势的社会和个人的卫生规范，是人们长期受一定民族、文化、经济、习俗、规范以及家庭影响，而形成的一系列生活意识、生活习惯和生活制度。

四、卫生保健设施因素

保健是包括对疾病患者进行治疗在内的康复训练、普查疾病、促进健康、预防疾病、预防伤残以及健康教育等一系列活动的总和。显然，健全的社会保健制度是维护和促进健康的重要保障。

社会保健制度涉及多个方面，而其中最重要的是建立和健全初级卫生保健制度，正如1978年世界卫生组织在《阿拉木图宣言》中提出的，“初级卫生保健”是实现“人人享有卫生保健”战略目标的关键。初级卫生保健是最基本的卫生保健制度，它的特点是能针对本区域人群中存在的主要卫生问题，相应地提供增进健康、预防疾病、治疗伤病以及促进身心健康等方面的卫生服务。例如，开展针对性的健康教育，提供安全饮用水和基本卫生设施，改善食品供应及合理营养，开展妇幼保健和计划生育、地方病的预防和控制、常见病和外伤的妥善处理、主要传染病的免疫接种、提供基本药物等。这样，就使所有个人和家庭在能接受和能提供的范围内，享受到基本的卫生保健。

五、体育锻炼因素

人体在适宜的运动过程中，机体将产生一系列适应性的良性变化而达到健身防病的目的。然而，运动量过大，则可能因身体承受不了而导致伤害；运动量过小，又达不到刺激体内各组织器官从而提高生理功能的目的。因此，体育锻炼要想获得健身效果，必须注意科学性。

第三节　养成良好的生活方式

生活方式是人的生命活动的方式，它包括生产过程和社会文化领域人与人之间相互关系的全部复杂体系。它是人们长期受一定社会文化、经济、家庭、风俗等影响，而形成的一系列的生活习惯、生活制度和生活意识。狭义的生活方式，指人们在生产劳动以外的时间中，为了生存、发展和享受所进行的活动。营养、运动、休息和生活环境是人类生活的最基本条件。

一、饮食习惯与健康

饮食是人最重要、最普通的一种行为，但有相当一部分大学生缺乏科学的饮食方法。一部分学生对饮食不甚关注，抱着无所谓的态度，个别学生长期不吃早餐；另一部分学生则过分讲究，片面听信广告，结果顾此失彼，营养结构失调，事与愿违；还有一部分学生经常纵欲进食，造成消化系统功能紊乱，影响了身体的正常生长发育。因此，要保证身体健康发展，必须培养良好的饮食习惯。

（一）无节制饮食方式

暴饮暴食或忍饥挨饿十分有害。饥饿多半是因为睡懒觉，错过了早餐时间空腹去上课，或夜间看书、学习过久造成饥饿；暴饮暴食则多发生在亲朋好友聚会、过生日、野餐等场合。早餐不吃就去上课，随着大脑和其他器官机能活动所需要能量的消耗，血糖就会下降。当血糖含量降低到每100mL血液中不足45mg时，就会严重影响脑组织的机能活动，全身乏力，注意力分散。暴饮暴食会使消化器官的功能发生紊乱，从而使机体代谢功能失去平衡。这两种情况长期下去都会引起许多疾病。

（二）盲目节食

这种情况女生多于男生，她们的主要目的是减肥。限制饮食虽然可以使人消瘦，但体内的营养物质也随之匮乏，势必出现种种功能障碍或疾病，轻则头昏眼花、四肢乏力，重则出现贫血、低血糖、月经失调等情况。如果所摄取的热量仅能维持其生存，而不能满足生长发育的需要，就会使身体发育受到影响，造成终身遗憾，有的同学甚至影响了学业。如果过于肥胖也应制定科学的饮食方法。坚持体育锻炼，才能达到美体健身的效果。

（三）偏　食

在一部分大学生中片面认定某些食物是高营养食物而长期偏食，导致营养摄入不均衡。如有的学生不肯吃肉，结果身体不能及时补充蛋白质，造成发育迟缓或发育不良。有的学生不肯吃蔬菜，引起多种维生素和矿物质的缺乏，这给成年后患高血压、高血脂、动脉硬化留下隐患。

（四）不卫生的“共餐”

“共餐”是一种落后的习惯，虽然一定程度上能增进感情、交流思想，但极易传播疾病，明显弊大于利。我国传统的“共餐”多局限于一家人中，大学生历来是分餐的，但近些年，大学生“共餐”现象明显增加，“共餐”是传染性肠道疾病和传染性肝病的重要途径。共用餐具与“共餐”具有同样的危害。

二、生活模式与健康

生活模式是指一天内休息、饮食、工作和学习、体育锻炼等各项活动的时间安排。科学的生活模式有利于机体各种生理机能的发挥，有利于身体健康，也有利于提高学习和工作效率。

大学生的生活要有一定的规律，就一天来说，起床、吃饭、学习、工作、休息、运动，都要有规律地安排好，按规定的时间进行。讲求良好的生活模式，对于每个大学生来说十分重要。

（一）养成良好的睡眠习惯

睡眠是保证大学生健康的先决条件之一。因为在睡眠过程中，内分泌系统释放的生长素比平时多3倍。这些生长素可以作用于全身的组织细胞，促进它们的生长发育，对骨骼生长的促进作用尤其明显。如果睡眠不足，就会出现烦躁、易怒、食欲减退、体重减轻、生长发育缓慢的后果，还会引起睡眠困难，不易入睡，夜间易醒。

（二）每天抽出一定时间进行体育锻炼

对于体育锻炼的重要意义，每个大学生都有一定的认识。但在实际学习当中，有的大学生却往往忽视了体育锻炼；有的大学生认为自己年轻，身体很好，现在最重要的是抓紧时间学习，将来再锻炼也可以。其实大学期间养成每日锻炼的习惯对于一生受益无穷。我国大学生曾经在积极从事体育锻炼活动中总结出8–1>8的经验。实践证明，如果我们每天从8小时的学习中抽出1小时进行体育锻炼，其学习效率大于8小时一直学习的效率。科学研究证明，体育锻炼对智力发展有非常重要的作用，主要表现在以下几个方面：

① 体育锻炼有助于大脑两个半球的全面发展；

② 体育锻炼能消除大脑疲劳，提高大脑的工作效率；

③ 体育锻炼能提高大脑的反应速度和综合分析能力；

④ 体育锻炼能促进大脑的生长发育；

⑤ 体育锻炼能使大脑保持良好的工作状态。

三、保持环境卫生，预防疾病传播

学校是大学生生活学习的重要场所，一个学校的环境卫生是否符合卫生要求，直接关系到大学生的身心发展和身体健康。因此，每个大学生都要养成良好文明的卫生习惯，要爱护、保持校园、教室、宿舍的卫生环境。

教室是学生密集的场所，如果教室卫生不好，不但影响学生的学习，还容易引起流行病的传播，例如2003年春季在北京、广东等地流行的非典型肺炎。通风可以通过空气的流动，增加室内的新鲜空气，新鲜、洁净的空气有利于人体的健康。教室内的光线要分布均匀而且充足，均匀的光线有利于保护学生的视力，提高学习效率。

宿舍是学生生活休息的场所。应经常对宿舍进行清扫，保持床铺、门、窗、地面的清洁。定期在宿舍喷洒消毒剂，消灭蚊、蝇、臭虫、蟑螂等害虫。宿舍窗户应经常打开，通风换气。自己的被褥也要经常洗晒消毒。不要在宿舍内洗衣物，以保持室内地面干燥。

四、纠正不良行为和习惯

在影响大学生健康成长的诸多因素中，个人行为习惯对健康影响至关重要。个人行为习惯包括饮食起居、生活习俗和各种嗜好等，均为满足某种生理需求、心理需求而逐渐形成的一种自我行动方式。不良的行为习惯，特别是吸毒、吸烟、酗酒、不安全的性行为，应告诫大学生要格外警惕。

(一) 吸 烟

世界卫生组织曾把吸烟称为“20世纪的瘟疫”，是21世纪人类面临的两大公害之一。大量的调查研究表明，吸烟是目前人类健康的一个重要危害。吸烟能诱发和加重多种疾病，降低人体的健康水平，甚至缩短人的寿命。

吸烟的危害在于香烟中含有大量的有毒物质，这种有毒物质中危害最大的是烟碱（尼古丁）、焦油和微尘。其中烟碱是神经系统和血液循环系统的杀手；焦油则与喉癌、口腔癌、食道癌、胃癌，特别是肺癌关系密切；微尘则会刺激气管黏膜，引发咽喉炎、咳嗽、支气管炎和声带沙哑等疾病。吸烟不仅危害自身，同时危害他人，被动吸烟的危害不亚于主动吸烟。

（二）酗　酒

在大学生中过量饮酒是常见的。酒的主要成分是酒精（乙醇），如果大量饮用，会危害人体的细胞，对身体产生破坏作用，直接影响身体健康。酒精对心脏的危害较大，长期过量饮酒会使心脏失去正常的弹性而增大，医学上称“啤酒心”，指的就是长期过量饮用啤酒，使心脏扩大而形成的心脏变形。另外，酒精对神经系统也有危害，有的人饮酒后变得非常“健谈”，就是中枢神经系统在酒精的作用下失去调节功能的表现。酒精还会使血液中的脂肪物质沉淀在血管壁上，使血管变窄，血压升高，增加心脏的负担。大学生饮酒过量时可造成脑供氧不足，记忆力减退，严重影响学习和生活。

（三）吸　毒

毒品主要包括鸦片、吗啡、大麻、可卡因、海洛因、冰毒以及其他可致人成瘾的麻醉药品。自 20 世纪 80 年代中期以来，世界上又面临一种新型毒品“非法合成药物”的威胁，其中尤以安非他明类兴奋剂的滥用最为普遍。

吸毒可直接抑制机体免疫系统的功能，破坏神经系统的功能。吸毒也可以使人的心理发生扭曲，使人失去应有的人格、自尊等心理品质。吸毒还是艾滋病、性病等传染性疾病传播的途径。吸毒不仅危害身体健康，还败坏社会风气，破坏社会伦理、道德和秩序，危害社会安定，由此吸毒被称为新型社会瘟疫。

第 52 届联合国大会在纽约召开特别大会，通过了新国际禁毒《政治宣言》，要求各国务必在 2003 年启动国家禁毒行动。

（四）性行为

性传播疾病是指以性接触为主要传播途径的一组传染性疾病，俗称性病。目前国际上列为性病的病种逾 20 种，我国重点防治的性病有 8 种，即淋病、梅毒、生殖器疱疹、非淋菌性尿道炎、尖锐湿疣、软下疳、性病淋巴肉芽肿和艾滋病。引起性病的病原体有多种，包括病毒、衣原体、支原体、细菌、螺旋体和原虫等。当性病患者与健康人进行性接触时，病原体很容易侵入健康人体而致感染。但有些病原体可经过非性接触途径传染，如被病原体污染的毛巾、内衣、便器、浴盆、注射器针头等，或通过输血、注射血制品、接受器官或组织移植而感染。此外，某些性病还可以在妊娠和分娩过程中，由母亲传给胎儿或新生儿。

性发育是青春期的核心，是青少年生理成熟的基础，因而也是健康的基础。性意识、性欲望等是每个正常人都有的心理活动。大学生应把握好心理活动与性行为之间的准则和道德规范，建立良好的恋爱观和性道德。

现代社会文明把性道德提到了相当的高度，男女之间的爱情是人生经历中一件美好的事情，爱情同样需要讲究道德。然而，据有关调查表明，在大学生中，对待两性关系态度不严肃、性关系混乱的现象还是存在的。这对大学生的身体和心理健康是有很大危害的，将影响人的心理、人格的成长，影响学习乃至今后工作和婚姻。因此，在大学生中应加强性道德教育，提高性道德水平，树立良好的恋爱观、道德观和人生观。

思考题

1. 健康的内涵是什么？
2. 影响健康的关键因素有哪些？
3. 大学生应如何增进健康？
4. 简述自己学习和生活中有哪些压力？你是如何排解的？

第二章 运动与营养

学习目标

☞ 了解体育锻炼与合理营养。

☞ 了解运动前后的营养补充。

☞ 了解体育锻炼对人体产生的积极影响。

第一节 体育锻炼与合理营养

一、健身、健美运动与营养

随着生活水平的提高，大学生中进行健身、健美运动的人越来越多，而健身、健美运动是与营养有密切关系的，下面介绍此类运动的营养知识。

（一）食物的需要量

健身、健美锻炼者究竟一天该摄入多少热量，由于运动项目繁多，没有一个明确的数目。体型是决定食量的一大因素，体重重者所需要食量接近甚或超过体重轻者两倍之多；第二个影响食量的因素为运动量，体重相同的人运动量大者需要较多的热量，以运动的热量需要量而言，每天跑 5km 的人，消耗于运动的能量应是每天跑 2.5km 的人的两倍，道理就是如此。除了体型（体重）和运动量外，影响因素还包括年龄，如正值生长发育期者，每千克体重所需热量多，此时期过后，每千克体重所需热量随即减少。

（二）热量物质的比例

我们所指三大营养素是根据蛋白质、脂肪及糖类所占的比例而言，比例的多少影响机体代谢和运动能力。东方人三种营养素的百分比：蛋白质 13%，脂肪 23%，糖类 65%。如以重量计算为：蛋白质 1 单位，脂肪 1.7 单位，糖类 5 单位。

一般来说，最重要的运动食物是糖类，脂肪相应较少，而蛋白质依情况而定，如举重就有增加的必要。耐力性项目的运动员，三大营养素重量比例为 1:1:7。应该减少脂肪的摄取，脂肪太多，运动时会氧化不完全，而增加体内酮体含量，对运动产生不良影响。

（三）用餐次数

一般人一日进食三次，事实上以血糖浓度为基准，每日必须进食三次以上。血糖浓度在用餐后 2.5~3 小时便开始下降，接着引起疲劳感，且运动效率降低。一日三餐食物热量和质量分配，因运动员一天的活动情况而定，摄食时间最好配合运动训练的时间（表 2–1）。一般来说，大量进食后 3~4 小时，才可进行激烈训练，因此进食时间必须加以适当调整。事实上白天要进食后 3~4 小时再运动比较困难，因此运动员在训练前的进食应予减少，如减少 1/2 或者 2/3 的进食，或者选择易于消化的食物。

表 2–1　运动时段以及各餐热量比例分配表

运动时段	早餐	午餐	晚餐	宵夜
上午	30%~35%	30%~40%	25%~30%	
中午	35%~40%	30%~35%	25%~30%	
晚上	30%~35%	35%~40%	15%~20%	5%~10%

二、长跑与营养

长跑是最有效、最经济、最普遍的锻炼手段，大学生经常进行长跑，对呼吸系统、心血管系统是大有好处的，它也是减肥的有效手段。长跑运动与营养密不可分，需要经常补充的营养物质有下面几种：

（一）碳水化合物

经常从事长跑锻炼者的营养需求以碳水化合物的补充最为重要，因为长时间的体力消耗需补充大量的碳水化合物，作为能量的补给。

（二）蛋白质

对于提高抵抗力、增粗肌纤维、保持肌肉线条有很好的帮助。

（三）肌　酸

能量的“最佳补给手”莫过于肌酸。葡萄糖也是能量来源之一，但它需要经过一连串分解过程，产生 ATP（三磷酸腺苷）才能供给身体直接利用。这就像汽车不能直接使用石油，而只能使用汽油一样。肌酸的重要作用就在于它负责 ATP 代谢后的再合成作用，以提供源源不绝的持续力与爆发力。

（四）氨基酸

蛋白质是构成细胞的主要成分，负责人体建造与修补等机制的进行。而组成蛋白质的最小单位就是氨基酸，摄取氨基酸能使新陈代谢率提高、促进肌肉生长，并使耐力与爆发力增加。

（五）鱼　油

补充鱼油可协助其降低血液中的胆固醇及血脂肪，使血液流动顺畅。而近些年的研究表明，鱼油对舒缓关节炎的疼痛问题，在临床上已有显著效果。长跑锻炼者长期的重复性运动，对骨关节的伤害不可忽视，可用鱼油搭配葡萄糖胺制品来保养。

（六）花粉、蜂王浆

花粉和蜂王浆富含维生素 B、C，氨基酸，多元不饱和脂肪酸，酵素，胡萝卜素，钙、铜、铁、镁、钾、锰、钠及蛋白质，还含有天然植物性固醇，有助于调整内分泌，适当摄取对长跑锻炼者是有益的。

三、运动与水

（一）运动与脱水量

剧烈的运动使身体大量流汗，体内液体流失。流汗的同时，电解质也随汗液流失。例如，4 小时的长跑训练平均出汗量可达 4.5~4.8L，从事中等体能的劳动者在常温下的水分需要量为每天 2.15L，而当环境的温度在 20℃以上时，每升高 5.5℃，水分的需要量就增加 1L。可见水对运动能力的影响是明显的，体液的减少明显制约了长时间耐力性运动的能力。若运动前和运动中不补充水分而运动中又大量出汗，就很容易发生脱水现象。

体内缺水时，主要表现在尿量和体液减少。大约 1%体重的水分流失，会使运动时体温和心率明显上升。轻度脱水指脱水量约占体重的 2%，主要是细胞外液减少，身体会逐渐丧失调节的能力，若没有及时补充流汗所失去的水分，体温可能会持续上升，进而导致体力的下降。

当脱水量占体重的 4%~6%时，则肌力及耐力下降，同时会引起热痉挛，导致长时间活动能力下降 20%~30%，进而会影响体内无氧代谢的供能过程。

脱水对心血管方面的影响，会使血浆容量下降和血液渗透压升高。低血浆容易导致心输出量下降、排尿量减少、体温升高、血液黏稠度增大及增加中暑的危险。当水分流失占体重的 6%以上时，则有产生严重热痉挛、热衰竭、中暑、昏迷甚至死亡的可能。排汗虽然提高了散热能力，但水分及电解质的流失要立即补充。

（二）水分平衡的重要性

运动中失去水分的补充，应以保持水分的平衡为原则，调整体内水分及电解质平衡的唯一途径是喝水或饮料。由于体液是低渗透液，因此，运动期间补充水分比补充电解质更重要。在热环境下正常人的脱水量为每小时275mL。长时间进行耐力锻炼的人在热环境下脱水时间拖得越长，对运动能力的影响就越严重。因此，在脱水之前就应补充水分。千万不要等到口渴才喝水，因为当感到口渴时身体已经处于脱水状态了。

在水分吸收方面，胃排空的正常速度是每小时600~800mL；冷水或温水在胃内的排空速度明显高于体温水，运动时喝低温的水对降低体温的效果优于运动前摄取等量水的效果；纯水或低渗透压饮料的胃排空速度高于高渗透压的饮料。

因此，在热环境下激烈运动时，补充水分的重要性大于补充糖类及电解质。在持续时间短的运动中，不必特别在饮料中补充电解质，因为运动中补充电解质会提高渗透压。因此，30~60分钟运动时间中，直接补充水分可谓是最经济实用的。

（三）运动前正确喝水法

运动饮料主要是为训练和比赛过程中的选手补充能量、水分、电解质及维生素等，以预防运动员在高强度运动训练下消耗能量过多而引起的低血糖现象，维持身体在大量出汗情况下体内水分和电解质的平衡，防止体内电解质的流失而引起的运动能力降低、心律不齐或肌肉痉挛等现象。

另外，有些特殊的运动饮料还可增强体力、耐力及消除疲劳，进而有助于提高运动成绩。例如，目前研究指出饮用等渗透压运动饮料（isotonic sports drink）比较适宜，其在体内吸收十分迅速，而且能有效地使运动员保持运动机能。

在较长的运动过程中，流汗量可能达每小时2~4L，因此在耐力性运动前两小时最好饮用600mL左右的水（可分两次喝），缺水将会导致身体散热作用降低。

（四）运动中正确喝水法

运动及比赛期间的饮水，大部分的研究者认为每隔15~20分钟喝200~300mL的饮料为较适宜。

（五）运动后正确喝水法

在运动后的恢复期补充水分和运动前同样重要，即使在运动员休息时，体内水分依然会以汗水的形式大量流失；而肌肉肝糖浓度可能也会降低一些，使得身体感到虚弱、衰竭，此时正是恢复过程开始的时候，正确补充水分有助于疲劳的恢复。

研究表明，运动后越早开始恢复越好，利用饮料中添加葡萄糖聚合物（polycose）及麦芽糊精（mahodextrin）（其为容易消化的复合碳水化合物），以增加糖类来补充肌肉肝糖含量，促使恢复期缩短。

（六）运动饮料

凡具有调解人体电解质功能的饮料均称之为运动饮料。其电解质浓度一般为：钠离子（Na^{+}）552μg/mL 以下；钾离子（K^{+}）195μg/mL 以下；钙离子（Ca^{2+}）60μg/mL 以下；镁离子（Mg^{2+}）24μg/mL 以下，pH 值应在 2.5~3.8 之间。

以上为最基本成分的标准，市场上所销售的运动饮料还会添加水溶性维生素、糖类、调味剂等（注意：非运动时不可长期喝运动饮料，以免造成肥胖及体内电解质不平衡）。

四、运动前的营养

（一）运动前的食物

运动前应以高糖类、低脂肪的食物为主，例如，面包、米饭、面条和水果等，这些食物容易消化，又能提供糖类，因此常作为运动时的能量来源。

① 如果运动的时间超过 60~90 分钟以上，可以选择升糖指数（glycemic index）较低的食物，例如，水果、脱脂牛奶、米饭、豆类，这些食物缓慢地被消化成糖类，能够长时间地供应糖类给运动中的肌肉消耗。

② 如果运动的时间少于 60 分钟，可以选择高升糖指数的食物，例如，面包、运动饮料，这些食物很快就会被消化，能够迅速地提供糖类。

③ 高纤维的食物容易造成肚子不舒服，因为它们需要比较长的时间消化。有些高纤维的食物也富含糖类，例如，全麦面包、高纤饼干、一些高纤饮料等，如果这些食物会使你在运动中感觉不舒服，就应该避免在运动前吃这些食物。

（二）运动前的最佳进食时间

进食的时间随着运动的时间和食物的种类不同而异，共同的原则是：吃进去的食物可以在运动过程中提供充足的营养和能量，而又不至于在运动过程中造成肠胃不适。

身体震动比较大的运动，对胃内的食物通常比较敏感，少量的食物就可能会令人感到不舒服。这就需要在运动前较早进食，或是减少食物的摄取，以减轻这些症状。一般而言，身体震动比较小的运动，例如骑自行车和游泳，一般不会受到胃中食物的影响，对于进食的时间和食物的选择有较大的弹性。

1. 清晨 8:00 的运动

前一天的晚餐和宵夜必须富含糖类，喝充足的水，但是经过一个晚上，肝脏中肝糖的含量已经降低，在运动前补充糖类可以提高运动能力。在运动前 90~120 分钟吃少量的早餐，例如，面包加果酱或水果，而避免含多脂肪的食物，例如包子、油饼，它们不容易消化，会在胃中停留比较长的时间，也无法提供足够的糖类。有时牛奶也会对某些人造成肠胃不适。若是习惯吃丰盛的早餐，就需要在运动前 2~3 小时吃，才有足够的时间消化。如果无法早起，在运动前 10~30 分钟也可以运动饮料或是一两片面包补充前一天晚上消耗的体内肝糖。

2. 上午 10:00 的运动

前一天晚餐必须富含糖类，喝充足的水。在当天 7:00 左右吃丰盛而高糖类的早餐，3 小时的时间足够消化这些食物，补充肝糖，而且不会造成肠胃不适，但是应该避免油腻的食物。

3. 午间 12:00 的运动

前一天晚餐必须富含糖类，喝充足的水。当天吃丰盛而高糖类的早餐，若是

8:00 吃早餐，在 11:00 左右可以再吃少量的高糖类点心，例如，面包、果汁或水果。若是 9:00 吃早餐，运动前 10~30 分钟可以再补充一些运动饮料。

4. 午后 4:00 的运动

前一天晚餐必须富含糖类，喝充足的水。当天早上 8:00 吃丰盛的早餐，中午 12:00 吃高糖类的午餐，下午 3:00 吃少量高糖类的点心，同时在一天中必须摄取充足的水分。也可以从早上开始每 1~2 小时喝一大杯果汁，补充并维持体内肝糖的含量，运动前 20~30 分钟再以运动饮料做最后的补充。

5. 晚间 8:00 的练习或比赛

当天吃丰盛而富含糖类的早餐和午餐，下午 5:00 吃丰盛而富含糖类的晚餐，或是下午 6:00 吃少量但是高糖类的晚餐。避免高脂肪的食物，例如，油炸的食物、肥肉等。运动前 20~30 分钟喝 200~300mL 运动饮料或果汁。在一天中都要摄取充足的水分。

五、运动后的营养

(一) 糖类的补充

肝糖是运动时的主要能量来源之一，存在于肌肉和肝脏中。肌肉中的肝糖只能供给肌肉细胞使用，而肝脏中的肝糖可以葡萄糖的形式释放到血液中，供给肌肉以及身体其他器官所用。体内肝糖存量不足以满足运动后所需，是造成疲劳、运动能力降低、无法持续运动的原因之一。运动后体内的肝糖存量显著地降低，若是没有肝糖的补充，下次运动时的表现会受到肝糖不足的影响而降低。

研究表明，在运动后的 2 小时内，身体合成肝糖的效率最高，2 小时后则恢复到正常水平，因此如果在运动后迅速补充糖类，就可以利用这段自然的高效率时段迅速地补充体内消耗的肝糖。如果下次运动是在 10~12 小时之内，这段高效率期间特别重要，因为如果错过这个时段，即使在后面的时间吃进了足够的糖类，身体可能没有足够的时间完全补充消耗的肝糖，使得体内的肝糖含量一次比一次降低，越来越容易感觉疲劳。若是下一次运动在 24~48

小时之后，即使错过这段时间，接下来只要着重于摄取高糖类的食物，仍然有足够的时间补充所有消耗掉的肝糖。

建议在运动后15~30分钟之内进食50~100g的糖类（大约是每千克体重需要补充1g糖类），然后每两小时再吃50~100g糖类。正餐以及其他运动期间饮食也应该以富含糖类的食物为主。

（二）肌肉和组织的恢复

即使是没有身体接触的运动也会造成肌肉纤维和结缔组织的伤害。身体接触性的运动，例如，篮球、足球等会造成更多的肌肉损伤。运动后迅速地补充蛋白质有助于修复受伤的肌肉和组织，受伤的肌肉合成和储存肝糖的效率也会提高，因此身体接触性运动或是比赛后受伤的运动员，需要补充更多的糖类，也更需要把握运动后2小时的那段高效率期间有效地补充体内消耗掉的肝糖。

常见食品的蛋白质含量见表2–2。此外，一般计算蛋白质的含量时，还要考虑蛋白质必需的氨基酸与氨基酸总量的比值问题。一般认为成人所摄入的氨基酸总量中至少需要20%的必需氨基酸（表2–3）。

表2–2 常见食品的蛋白质含量（以%计）

食品名称	蛋白质含量	食品名称	蛋白质含量
猪肉	13.3~18.5	面粉	11.0
牛肉	15.8~21.7	大豆	39.2
羊肉	14.3~18.7	花生	25.8
鸡肉	21.5	白萝卜	0.6
鲤鱼	18.1	大白菜	1.1
鸡蛋	13.4	菠菜	1.8
牛奶	3.3	油菜	1.4
稻米	8.5	黄瓜	0.8
小麦	12.4	橘子	0.9
玉米	8.6	苹果	0.2
高粱	9.5	红薯	1.3

表 2–3　各种单一食物与混合食物的氨基酸值 * 与缺少的氨基酸

食物	氨基酸值	缺少的必需氨基酸
人奶	100	无
牛奶	95	蛋氨酸、谷胱氨酸
鸡蛋	100	无
牛肉	100	无
鱼肉	100	无
精米	67	赖氨酸
花生	65	赖氨酸、苏氨酸
甘薯	63	赖氨酸
木薯粉	56	亮氨酸
一般豆类（不包括大豆）	54	蛋氨酸、谷胱氨酸
玉米	49	赖氨酸
精白面粉	38	赖氨酸
绿豆	35	蛋氨酸、谷胱氨酸
混合食物米（3 份）+绿豆（1 份）	83	苏氨酸
甘薯（3 份）+豆类（1 份）	73	蛋氨酸、谷胱氨酸
甘薯（8 份）+鱼（2 份）	84	赖氨酸

* 根据食物每克氨基酸的毫克量计量。

第二节　体育锻炼对人体产生的积极影响

一、体育锻炼对新陈代谢的影响

（一）体育锻炼对骨骼的影响

体育锻炼时，由于肌肉代谢的增强，产生的热量也随之增加。虽然在神经系统的调节下加强了散热过程，但仍然慢于产热过程，因此体温升高。运动时体温适度升高对机体是有利的：首先能提高中枢神经系统的兴奋性，提高酶的活性，促进代谢过程的进行；其次加强呼吸、血液循环机能；另外还可降低肌肉的黏滞性，从而有助于肌肉收缩的力量的发挥，并可加大关节的活动范围。

体温升高的程度同运动强度、时间和环境条件（温度、湿度、风速）以及个体锻炼程度有关。一般情况下，中距离跑后，腋下温度可升至37.5~38℃。锻炼有素的人，运动停止后散热较快，短时间即可恢复正常，甚至比正常还低。这些说明身体锻炼可提高人体体温调节的能力。体育锻炼还可以提高脂质代谢过程，使血液中胆固醇含量降低，有利于预防动脉硬化的发生。

二、体育锻炼对运动系统的影响

体育锻炼能保持肌张力，减小肌萎缩和退行性变化，保持韧带的弹性和关节的灵活性，使脊柱的外形保持正常，从而能够减少和防止骨肌肉、韧带、关节等器官的损伤和退化，使运动系统功能得到改善。

体育锻炼时骨的血液供给得到改善，骨的形态结构和性能都发生良好的变化，骨密质增厚使骨变粗，骨小梁的排列更加整齐而有规律，骨骼表面肌肉附着的突起更加明显，这些变化使骨变得更加粗壮和坚固，从而提高了骨的抗折、抗弯、抗压缩和抗扭转等方面的能力。

体育锻炼目的不同，对人体各部分骨骼的影响也不同。经常从事下肢活动，就对下肢骨的影响较大，对上肢骨的影响较小。在同一人身上，若肢体承担负荷量比较平均，则两臂骨骼发展大体相同；如果一上肢承担的负荷量较大（网球、羽毛球、乒乓球、投掷），则这一上肢的变化就明显。

（一）体育锻炼对关节的影响

体育锻炼既可增强关节的稳固性，又可提高关节的灵活性。关节稳固性的加大，主要是增强了关节周围肌肉力量的结果，同时与关节和韧带的增厚也有密切的关系。关节灵活性的提高，主要是关节囊韧带和关节周围肌肉伸展性加大的结果。如游泳或体操运动时肩、肘、手、足等关节运动幅度都加大，从而致使灵活性提高。人体的柔韧性提高了，肌肉活动的协调性加强了，就有助于适应各种复杂动作的要求。

（二）体育锻炼对肌纤维的影响

① 肌纤维变粗，肌肉体积增大，因而肌肉显得发达、结实、健壮、匀称而有力。正常人的肌肉占体重的35%~40%，而经常从事体力劳动和体育锻炼的人，肌肉可占体重的45%~55%。

② 肌肉组织的化学成分可发生变化，如肌肉中的肌糖原、肌球蛋白、肌动蛋白和肌红蛋白等含量都有所增加。肌球蛋白、肌动蛋白是肌肉收缩的基本物质，这些物质增多不仅能提高肌肉收缩的能力，而且还使三磷酸腺苷（ATP）酶的活性增强，分解速度加快并促进供给肌肉的能量。肌红蛋白具有与氧结合的作用，肌红蛋白含量增加，则肌肉内的氧储备量也增加，有利于肌肉在氧供应不足的情况下继续工作。

③ 体育锻炼有助于增强肌肉的耐力。因为肌纤维内线粒体的大小和数量成倍增加能产生更多的能量，使肌肉中的毛细血管大量开放（安静时肌肉每平方毫米开放的毛细血管不过80条左右，剧烈运动时可增加到2000~3000条）。长期坚持锻炼，可使肌肉的毛细血管形态结构发生变化，出现囊泡状，从而增加了肌肉的血液供应量。

三、体育锻炼对心血管系统的影响

（一）体育锻炼对心血管的形态结构和机能的积极影响

体育锻炼时，心脏的工作量增加，心肌的血液代谢过程加强。长期锻炼的运动员心肌纤维增粗、心壁增厚、心脏增大，以左心室增大最为多见，而且训练水平越高，这种变化越显著。这样，不但使心脏具有更大的收缩力，而且还能增加心脏的容量，从而使心脏的每搏输出量和每分钟输出量增加。心容量可由一般人的765~785mL增加到1015~1027mL。每搏输出量由安静时的50~70mL增至100mL左右。到中老年时，还可延缓肌纤维退化过程。

（二）体育锻炼影响血管的结构，改变血管在器官内的分布

动物试验证明，体育锻炼可使动脉血管壁的中膜增厚，平滑肌细胞和弹力纤

维增加，而在大动脉（主动脉）处，弹力纤维占优势，在中等动脉（腰动脉）处，平滑肌细胞占优势。动物试验还证明，体育锻炼能使骨骼肌的毛细血管分布数量增加，分支吻合、丰富。这些变化都有利于改善器官供血，增强物质与能量的交换。

动物试验研究还证明，体育锻炼能够反射性地引起冠状动脉扩张，使冠状动脉口径增粗，改善冠状动脉循环，心肌的毛细血管数量增加。心肌中肌红蛋白含量也增高，可以增强心脏在缺氧条件下的工作能力，对预防冠心病有着重要的意义，也是延缓冠心病发展的重要因素。

（三）体育锻炼可以促使大量毛细血管开放

体育锻炼对于人体组织细胞的物质代谢过程，特别是脂质代谢，以及血管壁的弹性，都起着良好的作用，也是新陈代谢旺盛的人身体健康的保证。

（四）体育锻炼可以显著降低血脂含量（胆固醇、甘油三酯、类脂）

体育锻炼会使低密度脂蛋白减少，高密度脂蛋白增加，它对防治动脉硬化有着重要意义。另外，从事体育锻炼还可增强血液中抗凝血系统的功能，降低血中尿酸含量，预防血小板的聚集，以免发生血管栓塞。

（五）体育锻炼还可以使安静时脉搏徐缓和血压降低

通常人安静时脉搏每分钟 70~80 次，经过长期体育锻炼后，可使安静时脉搏减慢到 50~60 次。脉搏频率的减少能使心脏收缩后有较长的休息时间，为心脏功能提供了储备力量。这样当人体进行激烈运动时，心脏就能承受大运动量的负荷。在激烈运动时，经常锻炼的人每分钟脉搏可达 200 次以上而无明显不适，而一般人在 180 次就会出现心脏输出量减少、面色苍白、恶心、不适等症状。

在进行运动时，经常锻炼的人每分钟脉搏次数增加较少，而且恢复较快；不常进行体育锻炼的人脉搏次数增加较多，恢复也慢。正常人轻度运动时，脉搏增加越少，恢复时间越短，说明循环机能越好。

经过长期的体育锻炼，在完成定量工作时，心血管机能变化呈现以下特点：

① 动员快。完成一定工作劳动时，能迅速动员心血管的机能活动，以适应机体承受负荷的需要。

② 潜力大。在极度紧张的劳作中，心血管系统可发挥最大的机能潜力，充分调动人体的储血力量。

③ 恢复快。在体力活动之后，虽然心血管机能变化很大，但能很快恢复到安静状态的水平。每次搏动及每分钟输出量增加时，自静脉流入心脏的血液也随之增加。静脉回流加快的原因是：

A. 肌肉的“唧筒”作用。肌肉有节律地收缩时，周期性地对静脉施加压力，就能加快静脉的回流；

B. 胸腔的吸引作用。由于运动的呼吸较深，胸腔内负压也较大，加快静脉回流；

C. 运动时腹肌及横膈的作用，使腹腔内血液较易流入胸腔。

正常成人，男子每立方毫米血液中含有红细胞 450 万~550 万个，女子含有 380 万~460 万个，红细胞内含大量的血红蛋白，它具有运输氧和二氧化碳的重要作用。正常成人男子每 100mL 血液中含有血红蛋白 14g 左右，女子含有 12.5g 左右。

众所周知，血液具有维持内环境的相对稳定的作用、运输作用以及防御作用，在体育锻炼的影响下，血液的成分及生化方面都可发生改变。适量的体育锻炼，首先使血红蛋白和红细胞数量增加，这就增加了血液的溶氧量。苏联学者研究证实，长期锻炼可使机体碱储备增加，因而也增加了血液的缓冲性，在进行剧烈的肌肉活动时，虽有大量代谢的酸性产物进入血液，血液也能在比较长时间内保持正常反应，而不致造成酸性产物对各器官组织的刺激。

四、体育锻炼对呼吸系统的影响

运动时要消耗能量。体力活动越剧烈，氧的消耗就越多，呼吸活动也会通过各种调节方式明显得到加强。运动对呼吸机能的作用是复杂的，除能最大限度地改善人体的吸氧能力，降低呼吸中枢对乳酸与二氧化碳的兴奋性，并增强人体对缺氧的耐受力外，据称还能促使呼吸机能出现“节省化”。实验证明，由于运动员呼吸机能的高度发展，呼吸和动作配合的协调完善，在进行定时活动时，呼吸系统的各项指标的变化都比一般人要小。

体育锻炼能提高呼吸机能，主要表现为呼吸肌发达，收缩力增强，最大通气量大，肺活量增大，呼吸差较大，一般人为 6~8cm，经常锻炼的人为 9~16cm。安静时，一般人呼吸浅而快，每分钟男子为 16~20 次，女子要比男子快 1~2 次。而经常锻炼者呼吸深而缓，每分钟 8~12 次，一般成人男女肺活量为 2500~4000mL，而经常锻炼的人可达 4500~6500mL，一般人最大通气量为每分钟 80L 左右，最大吸氧量为 2.5~3.5L，只比安静时大 10 倍，而经常锻炼的人每分钟通气量可达 100~120L，最大吸氧量可达 4.5~5.5L，比安静时大 20 倍。

此外，由于长期坚持锻炼，负氧质量增大，对缺氧耐受力强，氧的吸收利用率也较高，调节呼吸的节奏和形式的能力也较强。

五、体育锻炼对消化系统的影响

体育锻炼对消化器官的机能有良好的作用，它能使胃肠的蠕动加强，消化液的分泌增多，因而使消化和吸收的能力提高，从而增加食欲。但是，食后立即进行比较剧烈的运动或比较剧烈运动后立即进食，都对消化系统有不良影响。因在剧烈运动时，大脑皮质运动中枢兴奋占优势，以致减弱和抑制了其他部位的活动，使消化中枢处于抑制状态，因而减弱了胃肠的蠕动，并减少了消化液的分泌。

六、体育锻炼对人体中枢神经系统和心理方面的影响

体育锻炼可以改善和提高中枢神经系统的工作能力，使中枢神经及其主导的部分大脑皮质的兴奋性增强，抑制加深，使得兴奋和抑制更加集中，从而改善神经系统的均衡性和灵活性，提高大脑分析和综合的能力，增强机体适应性变化能力和工作能力。经常从事体育锻炼的人和运动员灵活性高、反应速度快、反应时间短。

表 2–4 列出了不参加与经常参加体育锻炼者的生理指标的对比状况。从表中可以看出经常参加体育锻炼者的各器官系统的功能明显高于不参加者。

表 2-4 不参加与经常参加体育锻炼者的生理指标

生理系统	不参加锻炼者	经常参加锻炼者
神经系统	灵活性低、反应时间长、反应慢	灵活性高、反应时间短、反应快
运动系统	肌肉重量占体重的 35%~40% 股骨的承受力为300kg 的压力	肌肉重量占体重的 50%左右 股骨的承受力为 350 kg 的压力
血液循环系统	心脏重量为 300g 心容积为 600~700cm³ 血容量为 765~785mL 心横径为 11~12cm 每搏输出量为 50~70mL，极限运动时 100~120mL	心脏重量为 400~450g 心容积为 1000cm³ 血容量为 1015~1027mL 心横径为 13~15cm 每搏输出量为 80~100mL，极限运动时 200mL
呼吸系统	安静时脉搏为 70~80 次/分 肺活量男子为 3500mL 肺活量女子为 2500mL 呼吸频率安静时为 12~18 次/分 呼吸差为 5~8cm	安静时脉搏为 50~60 次/分，运动员达 40 次/分 肺活量男子为 4000~7000mL 肺活量女子为 3500mL 呼吸频率安静时为 8~12 次/分 呼吸差为 9~16cm

视 窗

体育锻炼对提高人体免疫能力的作用

从预防医学角度出发，可把体育锻炼看作是一种增强人体非特异性免疫的手段。免疫系统对运动的应答反应受多种因素的影响，一般认为，适宜负荷的运动会增强免疫功能，提高机体的能力。有研究发现，运动训练 4~8 周的小鼠抗体反应增强，感染细菌后存活率高于对照组，对接种的肿瘤生长的抑制作用有增强。人体研究发现，中度肥胖的妇女进行 6 周的步行运动后，呼吸道感染的发病率明显下降。

适度运动能对机体免疫功能产生良好的作用，这是由于运动可作为引起免疫系统应答性反应的刺激源直接刺激机体的免疫系统，免疫系统通过其复杂的识别系统感受运动时机体内环境的变化，从而激发一系列免疫反应，包括产生特异的抗体、增强 NK 细胞的活性、白细胞和致敏的淋巴细胞增多、免疫调节因子 IL-1、IL-2、IL-6、肿瘤坏死因子（TNF）等细胞因子释放，维持机体内环境新的稳定。长期反复适宜的运动负荷刺激，可使机体的免疫状态始终维持在一个较高的水平。研究发现，一次性适宜的有氧运动后，体内的白细胞数量有显著性增加，免疫球蛋白（LGC、A、M）水平都有显著性增加，这可能与体育锻炼增加机体的抗疾病能力有关。一般来讲，一次性运动对免疫系统机能的影响作用是暂时的，只有经常参加体育活动才能对免疫系统产生持久的作用，从而增强机体免疫功能，预防疾病的发生。

思考题

1. 营养对健康的影响有哪些?
2. 如何进行运动前后的营养?
3. 体育锻炼对人体有哪些积极作用? 谈谈自己的体会。

第三章 体育锻炼的科学基础

学习目标

☞ 了解体育锻炼的科学基础。

☞ 了解体育锻炼的心理学基础。

☞ 了解体育锻炼对身心健康的影响。

第一节 体育锻炼的生理学基础

体育锻炼的生理学基础，主要反映在体育锻炼过程中人体的生命现象和生命活动规律。

一、新陈代谢

新陈代谢是指生物体不断地与周围环境进行物质与能量交换中实现自我更新的过程，是物质代谢和能量代谢的总和，包括同化作用和异化作用两个相互对立又相互联系的过程。同化作用是指生物体从周围环境中摄取物质合成自身成分并贮存能量的过程；异化作用是指生物体分解自身成分，同时释放能量，并排出代谢产物的过程。当机体内环境的稳定受到破坏时，会导致代谢失调而出现疾病。有效的体育锻炼能使组织细胞内的酶系统产生适应性变化，提高酶的活动性，加速物质代谢和能量代谢的过程，从而增强体质。新陈代谢是生命的基本特征之一，它一旦停止，生命也就结束了。

同化作用与异化作用是相互依存同时进行着的，在人体生长发育的不同时期以及身体锻炼过程中，具有不同的特点。儿童和少年时期，同化作用占优势，体内物质合成速度大于分解速度，从而人体不断地生长发育；中年时期，同化和异化作用基本上处于平衡状态，使得中年人精力充沛，新陈代谢旺盛；老年时期，异化作用则占优势，身体渐趋衰退，衰老加剧，使得老年人体质不断下降。身体锻炼时，体内能量消耗增加，异化作用占优势，而在锻炼后的恢复阶段，被消耗的能量物质得到恢复，同化作用则占优势，从而加快了人体的物质能量代谢。

二、人体在运动中肌肉的工作过程

（一）人体肌肉的结构

人体的运动是由运动系统实现的。运动系统由 206 块骨骼、400 多块肌肉以及关节等构成。组成人体肌肉的基本单位是肌纤维，许多肌纤维排列成肌束，表面有肌束膜包绕，许多肌束聚集在一起构成一块肌肉。

肌肉的化学组成中大约 3/4 是水，1/4 是固体物质（包括蛋白质、能量物质、酶等），同时肌肉中有着丰富的毛细血管网及神经纤维，保证肌肉的氧气和养料供应及神经协调。

（二）人体肌肉的成分和收缩形式

人体肌肉由多种组织构成，其中肌组织和结缔组织分别构成肌肉的收缩成分和弹性成分。肌纤维是肌肉的收缩成分，通过肌纤维的主动收缩放松，实现各种运动；结缔组织是肌肉中的弹性成分，它与肌肉中的收缩成分并联或串联着，称并联（或平行）弹性成分或串联弹性成分。当收缩成分缩短时，弹性成分被拉长并将前者释放的能量部分吸收储存起来，然后再以弹性反作用力的形式发挥出来，以促使肌肉产生更强大的力量和更快的运动速度。

根据肌肉在完成各种动作时，整块肌肉长度的变化，可将肌肉的收缩分为多种形式，这里仅简单介绍向心收缩、等长收缩和超等长收缩三种形式。

1. 向心收缩

向心收缩是肌肉长度发生缩短的收缩形式，在力量练习中属最普通的一种，例如，利用哑铃、沙袋、杠铃、拉力器等锻炼肌肉均属此类。目前已有多种运动练习器，锻炼增加力量的效果比一般向心练习方法要好。

2. 等长收缩

当肌肉收缩产生的张力与外力相等，或是维持身体某一种姿势时，肌纤维虽积极收缩，但肌肉的总长度没有改变，这种收缩称为等长肌肉收缩。肌肉处于等长收缩时，从整块肌肉外观看，肌肉长度不变，但实际上肌肉的收缩成分（肌纤维）是处在收缩中而使弹性成分拉长，从而整块肌肉长度保持不变。

3. 超等长收缩

超等长收缩是肌肉先进行离心收缩后紧接着进行向心收缩的形式，例如，跳起落地紧接着再向上跳，此时股四头肌先在落地时离心收缩（被拉长），紧接着又立刻猛烈向上跳起。这种练习方法对肌肉锻炼价值较大，又称离心向心收缩或弹性离心练习。

三、能量代谢

机体在物质代谢过程中伴随着的能量释放、储存、转移和利用的过程称为能量代谢。机体的一切活动均需消耗能量。体内的糖、脂肪、蛋白质通过生物氧化而释放能量，所释放的总能量大部分以热的形式释放于体外。运动中能量消耗增多，运动强度越大，运动时间越长，能量消耗就越多，所需要的营养物质也就越多。

ATP 再合成的途径有三种，也就是人体存在的三种能量系统。

（一）磷酸原系统（三磷酸腺苷 - 磷酸肌酸，简称 ATP-CP）

磷酸原系统是由细胞内的 ATP 和 CP 这两种高能磷化物构成。它的特点是供能绝对值不大，持续时间很短，但是它供能快速，ATP 是细胞唯一能直接利用的能源，其能量输出的功率也最高。在体育运动中短跑（40~60m）、跳投、旋转、冲刺等爆发性的动作，全部依靠 ATP-CP 的贮备供能。

（二）乳酸能系统（也叫无氧糖酵解系统）

乳酸能系统的能量产生是靠肌糖原的无氧酵解，最后产生乳酸，而放出的能量被 ADP（二磷酸腺苷）接受，再合成 ATP。它是在机体处于缺氧的情况下的主要能量来源。乳酸能系统对人体进行能量供应，它的作用与磷酸原系统一样，能在暂时缺氧的情况下迅速供能。如田径运动中的 400m、800m 跑主要靠乳酸能系统来供能。

（三）有氧氧化系统

有氧氧化系统供能是指糖和脂肪在氧供充分的情况下，分解成二氧化碳和水，同时产生大量的能量，使 ADP 再合成 ATP。有氧氧化系统生成丰富的 ATP，且不生成乳酸这类导致疲劳的副产品，它是人进行长时间耐力活动的主要供能系统，如田径运动中的长跑项目、马拉松等主要靠有氧氧化供能。作为一般的健身跑，如 10~15 分钟或半小时慢跑也是有氧氧化系统供能。

四、人体运动中的氧运输

（一）氧运输系统

氧运输系统对人的健康及生命活动有十分重要的作用，它把氧气从体外吸入体内并运送到各器官组织，供人体生命活动的需要。氧运输系统由呼吸系统、血液与心血管系统组成。呼吸系统把氧气从体外吸入体内，氧气进入血液与血液中的血红蛋白结合，由心脏这个血液循环的动力站不停推动，使血液流遍全身，将氧送到各组织器官。人体从外界环境摄取氧的能力受氧运输系统各个环节功能能力的制约。

氧运输系统工作的第一个环节是肺的呼吸运动，实现肺与外界环境的气体交换及肺泡与肺毛细血管血液间的气体交换。肺活量是指尽最大可能深吸气后做最大可能的呼气所呼出的气体量。健康成年男性肺活量值为 3500~4000mL，女性为 2500~3500mL。

我国健康男性每 100mL 血液中血红蛋白含量 12~15g，女性 11~14g。

在整个氧运输系统中，心血管系统的功能处在最重要的地位，心脏是推动血液不断向前流动的动力，血管则是血液流动的管道，起着运输血液与物质交换的重要作用。健康成年人每分钟心跳约 75 次。心脏每搏动一次大约向血管射血70mL（称每搏输出量），心脏每分钟大约向血管射血5L（称每分输出量）。心脏射出的血液在血管内流动时对血管壁有一定侧压力，这就是血压。我国健康成年人安静时收缩压为10.2~12.2kPa（100~120mmHg），舒张压为6.1~9.2kPa（60~80mmHg），脉压为3.0~4.0kPa（30~40mmHg）。血压可随年龄、性别和体内生理状况的变化而有所变动。

正是上述呼吸系统、血液与心血管系统共同组成人体氧运输系统，保证了生命活动对氧的需要。

（二）氧运输系统功能的重要标志——最大吸氧量

衡量人体氧运输系统功能的强弱除了可用呼吸系统或心血管系统的一些指标外，常用的衡量氧运输系统整体功能的综合性指标就是最大吸氧量。

1. 最大吸氧量的概念及正常值

最大吸氧量是指人体在剧烈运动时，呼吸和循环系统功能达到最大能力时人体每分钟所能摄取的氧量。简单地说，就是运动时每分钟能够吸入并被身体利用的氧的最大量。最大吸氧量直接反映个人的最大有氧代谢能力，标志着一个人氧运输系统功能的强弱。

最大吸氧量受年龄、性别、健康状况、训练水平、疾病以及遗传等多方面因素的影响。普通健康人最大吸氧量为每分钟2~3L，而经常锻炼的人或运动员可达4~5L，优秀的耐力运动员甚至可达到6~7L以上。

2. 最大吸氧量与运动能力

运动时，肌肉的激烈活动使得机体对氧的需要比平时大大增加，因此人体的最大摄氧能力的高低直接影响运动能力，尤其是以有氧代谢为主的耐久力性运动与最大吸氧量关系更紧密。因此，经常运动的人比不经常运动者最大吸氧量要大，而在不同项目的运动中，耐力性要求越高的运动项目的运动员最大吸氧量越高。

五、运动时能源物质的消耗与补充

人体运动时利用ATP，但最终是消耗糖、脂肪、蛋白质（主要是糖和脂肪）。

（一）糖与脂肪供能特点及比例

糖和脂肪是运动中合成 ATP 的主要来源，但不同持续时间和强度的运动，两者供能特点比例并不相同。糖能进行无氧酵解和有氧代谢，而脂肪只能进行有氧代谢，这一特点使不同运动中两者供能比例不同。影响供能比例的主要因素是：

1. 运动强度和运动持续时间

时间短、强度大的运动主要是消耗糖，因为时间短、强度大的运动（如短跑等）主要是无氧代谢过程；而持续时间长、强度较小的运动（如长跑、步行等）则脂肪的消耗比例较大。

2. 膳食的类型

从营养学观点来看，合理的饮食，足以能保证身体进行有效的机体活动，经常食用牛奶、肉、鱼、蔬菜、水果和粮食制品，都能满足从事力量或耐力锻炼的需要。当进行力量项目锻炼时，蛋白质和无机盐类的需要量可以略为增加。运动比赛前如食用含糖高一些的食物（或称高糖膳食），有助于比赛开始后糖能源的利用，运动能力比食用普通膳食者有所提高。

（二）运动竞赛前的糖充填

在运动竞赛开始前若干天，通过调整膳食结构，使肌糖原含量增加，称糖充填（或肌糖原充填）。这对提高运动能力，取得良好成绩有重要意义。

（三）赛前饮食原则

有些同学在参加各类运动竞赛前不知如何安排饮食，有时则由于饮食不当而使运动成绩受影响。下面介绍赛前饮食的六项原则，供大家参考。

① 赛前宜吃易消化吸收的食物，少吃脂肪肉类，以免比赛时腹部有饱胀感而影响成绩。饮食的量约八成饱即可。

② 赛前饮食中的液体摄入量应适宜，一般和平常摄入量相当就行了。

③ 勿食刺激性食品。

④ 赛前食物的种类最好和平常相同，要为参赛者所熟悉，以符合心理因素的要求。

⑤ 赛前的用餐应在临赛前 2~3 小时进行。

⑥ 适当饮用咖啡和茶，有助于运动时脂肪能源的利用。

六、运动后能量物质的恢复

运动时体内代谢过程加强，以不断满足运动时能量的消耗，运动中及运动停止后，能量物质需要不断进行补充与恢复。能量物质的恢复过程大致可分为三个阶段：第一阶段是运动进行当中，恢复过程就已开始。这时机体进行运动消耗的同时也进行能量物质的恢复补充，但由于锻炼中消耗多，此时的恢复跟不上消耗的量，因此能量物质储备逐渐下降；第二阶段是运动结束后，此时体内能量物质消耗逐渐减少，而恢复过程却不断加强，锻炼中消耗的能量物质不断得到补充，直至锻炼前的原水平；第三阶段是超量恢复阶段，能量物质恢复到原水平时并未停止，而是继续恢复补充，在一段时间中，能量物质的恢复可超过原来储备的水平，比运动前能量物质的储备量还要多，称超量恢复。过一段时间后能量物质的储备又回到原来水平。如果经常坚持体育锻炼，体内能量物质不断消耗，而恢复能达到更高程度，体质就不断增强。

七、有机体的超量恢复

人体在运动中承受了超量负荷，身体内各种能量物质逐渐消耗，在运动后不仅可以恢复到原有水平，而且还会超过原来的水平，这种现象叫“超量恢复”（图 3-1）。超量恢复的程度与运动负荷的大小有关，据国内外学者研究证明：在一定范围内运动负荷越大，能量物质消耗越多，超量

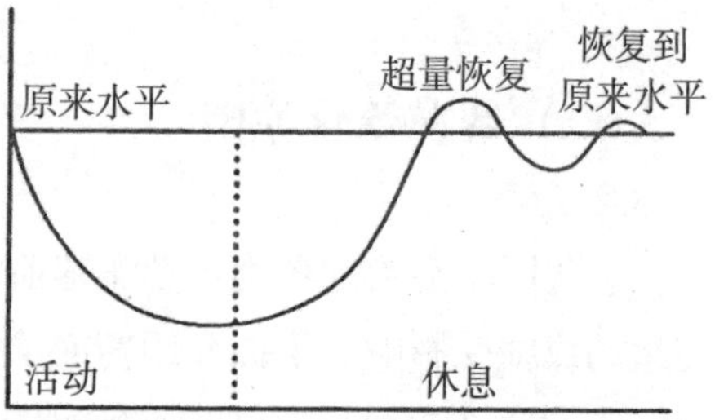

图 3-1 超量恢复曲线

恢复就愈明显。超量恢复原理是人体机能在体育运动中不断得到提高的理论依据。如果身体锻炼的时间很短，而运动强度又不大，对有机体的刺激很小，就不会引起有机体的反应或者反应很小。这种运动负荷极小的身体锻炼，不能起到有效地增强体质、增进健康的作用，只有机体运动达到一定程度的负荷即承受了超量负荷后，并经过足够的休息和营养补充后，超量恢复才会产生。

超量恢复出现的早晚，与运动量大小、疲劳程度以及营养供给有关，在身体锻炼中，运用人体超量恢复的规律来指导身体锻炼应注意以下三种情况：

① 一次身体锻炼时间较短且运动强度不大，不会引起机体较大的反应，超量恢复不显著。

② 重复进行身体锻炼的间歇时间要掌握好，如果间歇时间过短，且身体又长期处在疲劳状态，对健康是不利的。另外，应正确确定两次练习之间的间歇，一般是采用测心率的方法来控制，例如练习后的心率达到 140~170 次/分，间歇时待心率恢复到 100~120 次/分再进行下一次练习较为合适。

③ 要根据各自的身体条件、年龄和锻炼基础，合理地安排运动量和锻炼持续时间，既能引起机体超量恢复，又不要超过机体适应的界限。

八、生长发育与遗传变异

任何生物体在其一生中，由于同化作用大于异化作用的结果，都经历了从小到大的生长过程，其构造和机能也都要经过一系列的变化才能成熟。

在人体生长发育期间，有两个生长发育的高峰，男女生长发育的曲线有两次交叉：第一个高峰是在 1 周岁，从出生到 1 周岁，长高约 25cm，约占原有身长的 1/2，体重增长 2 倍；第 2 次高峰期男子是 12~14 岁，女子是 10~12 岁，身高增长值分别是 6.6cm 和 5.9cm。

根据人体生长发育规律，一般到 25 岁时，人体各器官系统均已发育成熟，一直到 40 岁，以前这个阶段称为成熟期，也叫青壮年期，这个时期是人的生命最旺盛的时期，人体处于较稳定的状态。青壮年骨骼的化学成分含量中水分与有机物较多，无机盐（钙）也较多，青年人骨骼中无机盐约占 50%，中年人约占 66%，骨化过程已经完成。这个时期是人体生命过程中的“黄金时代”。而 35~40 岁则是人体生命过程中的分界线，此前是发育成熟期，此后是衰退期。随着年龄的增长，一般情况下衰退速度在逐步增加，衰退表现为机体组织和器官的“政变”，机体的功能适应能力和抵抗力的衰退。

体育锻炼过程中各种身体运动都是对机体的一种刺激，对身体的发展起到强化作用。首先是使机体处于异化作用大于同化作用的状态，造成体内的能量物质的消耗，进而在逐渐减少运动量和运动强度的过程中（以至于最后的停止），使机体进入恢复过程，逐渐达到同化作用大于异化作用的状态，形成超过机体原有的能量储备水平，进入新的平衡状态，在这种新的平衡状态下，周而复始地增加刺激，使得机体形态结构发生质的变化，机能水平不断提高，促进了健康，延缓了衰老。

遗传和变异也是生命的基本特征，并且是生物演变过程中的一对矛盾，是生物变化发展的内在依据，并形成了有机体的适应性和多种多样的类型。体育锻炼的过程主要体现在人体遗传基础上，通过体育手段，产生对有机体的某些形态结构、生理机能和心理素质的变化，向适应于社会需要的人的方向发展。在人类社会发展中，随着社会环境的改变，引起了人的需要的变化，从而导致人的行为发生变化。对体育锻炼需要的长期性和体育行为的长期化，以及运动刺激的不断强化，必然使得身体某些器官系统的功能不断加强，使人的体质逐渐增强。

第二节　体育锻炼的心理学基础

体育锻炼的心理学基础，主要反映在锻炼过程中参与者的个体心理方面。

一、身体锻炼的动机

能引起、维持人的活动，并将该活动导向某一目标，以满足个体某种需要的念头、愿望、理想等称为动机。动机是人体的内在过程，行为是这种内在过程的结果，动机有始发机能、指向选择机能、强化机能。引起动机需要两种条件：一是内在条件；二是外在条件。前者就是“需要”，即因个体对某种东西的缺乏而引起的内部紧张状态和不舒服感，动机就是由这些需要构成的，需要使人产生欲望和动力，引起活力；后者是个体之外的各种刺激，这些刺激包括物质因素，也包括社会性因素，可统称为环境因素，它们也是引起动机的原因之一。心理学家把凡能引起个体动机并能满足个体需要的外在刺激称为“诱因”。行为可由需要引起，也可由环境因素引起，但往往是内在条件和外在条件交互影响的结果。同是锻炼身体，青少年是出于活动和身心发展的需要，而中老年人多出于健康的需要。

二、情　绪

情绪是指有机体受到生活环境中的刺激时，其生物需要是否获得满足而产生的暂时性的较剧烈的态度及体验，包括愉快、悲哀、愤怒、恐惧、忧愁、赞叹等。客观事物的不同特点及客观事物与人之间的不同关系，使人在情绪上产生不同的态度和体验。

情绪是人及其他动物所共有的一种心理的活动，例如，人在恐惧时，可使意识变狭窄，判断力、理解力降低，甚至丧失理智和自制力，造成正常行为的瓦解。如果动机情绪经常反复出现，如神经功能紊乱、内分泌功能失调、血压持续地升高等，可能转变为某些器官、系统的疾病。身体锻炼能促进产生脑腓肽，刺激下丘脑，进而产生愉快的情绪体验，这是身体锻炼对情绪的积极调节作用。另外，经常从事身体锻炼，在体育锻炼中享受成功的喜悦，承受挫折的压力，可以大大提高情绪的适应性，也有利于以更积极的态度迎接生活的挑战，适应各种生活环境。

三、心理过程和心理特征

人脑对客观现实的反映过程是心理活动的主要方面，由认识过程、情绪过程和意志过程三方面构成。人脑的认识过程又称“休息加工活动”，由感觉、知觉、记忆、思维和想象等活动构成。人在认识客观事物时所产生的态度体验称为“情绪”或“情感”。根据对客观事物的认识，自觉地确定目标、克服困难，力求实现的心理过程，称为“意志”。认识过程、情感过程和意志过程显然有区别，但又相互联系，认识过程是其他心理活动的基础。例如，人们认识到体育锻炼能够增强体质，并在亲身体验中验证了这一点，由此产生了喜爱的情感，从而自我锻炼更加自觉、主动，使体质在进一步的锻炼中得到增强。

心理学认为，人在通过认识、情感和意志反映客观世界的过程中会形成各种各样的心理特征，造成人与人之间的心理差异。体育活动可以塑造和改善一个人的能力、气质和性格。

（一）能　力

能力是一种个性心理特征，是顺利实现某种活动的心理条件。能力的发展和发挥要在具体的社会实践中表现出来。身体的整个素质水平是能力发展的条件，身体器官系统功能的健全是发展能力的基础，环境和教育的因素对能力的发展有着重要的作用。

（二）气　质

气质是心理活动稳定的动力特征。这些动力特征主要表现在心理过程的强度、速度、稳定性、灵活性及指向性上，如情绪的强弱、思维的快慢、注意力集中时间的长短、注意转移的难度，以及心理活动倾向于外部事物还是内心世界等。气质较多地受到遗传素质的制约，它比其他的心理特点更具有天然的、稳定的特征，是一种较难改变的个性心理特征。

（三）性　格

性格是对现实稳定的态度以及与之相适应的习惯行为方式，是个性心理特征的一个最重要的方面。人的性格是在一个人生理素质的基础上，通过社会实践和体育活动逐步形成的。由于每个人所处的具体环境和教育条件不同，他们所形成的性格具有不同的特征。性格一经形成之后就比较稳定，也正因为其稳定，性格才能突出反映一个人的心理面貌和风格。由于环境的变化，性格也是可以改变的，特别是处于形成过程中的性格具有较大的可塑性，这也就为教育提供了良好的条件。此外，体育对性格的影响是巨大的，在体育环境条件和体育教育中，公开的竞争、相互间的协调和尊重、集体的委托和依赖、严格的规则等，对人的性格形成和发展起着特殊作用。

视　窗

心跳与健康

研究生命科学的专家告诉我们：过快的心脏搏动，是生命过早终结的信号，因而要珍惜每一次心跳。为了说明这个问题，有人通过研究动物心跳与寿命之间的关系，认为8亿次心跳是动物生命的极限，心跳快，寿命短；心跳慢，寿命长。并列举以下有趣数字作为佐证:老鼠心跳900次/分，两年左右就面临死亡；乌龟每分钟心跳不足10次，因而可以长命至500年；猫心跳高达240次/分，所以几年便垂垂老矣；而燕子的心跳为1200次/分，自然成为动物界来去匆匆的“过客”。

思考题

1. 什么是心理健康?
2. 如何理解“超量恢复”?
3. 参加体育锻炼对心理健康有何促进作用?

第四章 体育锻炼的原则和方法

学习目标

☞ 掌握正确的体育锻炼方法。

☞ 能够合理运用发展身体素质的方法。

☞ 理解有氧锻炼的意义，并积极参加有氧锻炼。

第一节 体育锻炼的基本原则

体育锻炼的原则是身体锻炼基本规律的反映，也是参加者安排锻炼计划、选择锻炼内容、运用锻炼方法所要遵循的原则。为了达到体育锻炼的目的，提高锻炼的效果，在锻炼中我们应遵循以下五条基本原则。

一、自觉积极性原则

体育锻炼不同于人们劳动和日常生活中的一般躯体活动，更区别于动物所具有的走、跑、跳、攀登等自然的本能动作。人们所从事的体育锻炼总是有一定的目的和意识的身体活动过程，因此要发挥自觉积极的主观能动性。

自觉积极性是要求锻炼时首先要有明确的健身目标，懂得“生命在于运动”的道理，树立起锻炼有益于学习、工作和生活的信念。把个人的切身需要和身体锻炼的功效与民族体质、人口质量以及国家的兴旺发达结合起来，这样就能更好地激发自己锻炼的热情。在这个基础上，还应认真选择适宜的身体锻炼的内容和方法，以及安排适宜的运动负荷，使进行身体锻炼之后获得一种精神上的满足，感到有乐趣、心情舒畅。人们进行感到有趣味的活动，就会对这项体育活动表现出极大的主动性和自觉性，使身心统一。总之，体育锻炼的效果、信心、兴趣三者是相辅相成的，应密切结合才能做到自觉积极地进行体育锻炼，这样也可提高比赛时的心理素质。

定期检测锻炼效果的信息反馈，可以使自己经常看到锻炼的结果和进步，增强自信心，有助于不断巩固和提高自觉锻炼的积极性。

二、从实际出发原则

从实际出发原则是指根据体育锻炼的目的、内容、方法以及自身的条件状况，选择适宜的运动负荷。

每个参加锻炼者的主客观条件都不相同，如性别、年龄、职业、体育基础、身体状况、生活条件、锻炼目的等，因此在选择锻炼内容、方法、运动负荷时要因人而异、量力而行，特别要注意运动负荷适量。

负荷适量指体育锻炼要有恰当的生理负荷量。锻炼效果与锻炼时生理负荷的适宜与否有着极为密切的关系。机体对适宜的负荷产生适应，负荷太小，机体得不到适宜的刺激，功能的变化不明显，锻炼效果也就不好。相反，机体负荷量过大，不仅不能增强体质，反而还会损害健康。

运动负荷大小由“负荷量”和“负荷强度”所组成。“负荷量”可以通过练习动作的次数、组数、时间、距离、负荷重量等特征表现出来；“负荷强度”可以通过练习动作的速度、难度、练习的密度、练习间歇时间的长短、单次负重的大小、投掷的距离、跳跃的高度和长度等表现出来。量和强度要处理适当。强度越大，量就要相应减少；强度适中，量可以相应加大。要做到适量，以练习者承受得了并有一定的疲劳为限。

掌握适宜的运动量，一般可采用心率百分法，即采用使心率升高到本人最高心率的70%~85%的强度作为标准进行锻炼的方法。个人的最高心率直接测量比较困难，一般男女均可用220减年龄来估算每分钟的最高心率（也有人建议女子用210减年龄来估算）。例如，某人20岁，其锻炼过程的运动强度应控制的心率范围为：

$$(220-20)\times(70\%\sim85\%)=140\sim170\text{（次/分）}$$

这被称为有氧锻炼的适宜负荷量。或者用接近极限运动量的心率（一般假定每分钟200次）减去安静时心率（这里假定每分钟60次）的70%，再加上安静心率基数60次，即运动时的心率为：

$$(200-60)\times 70\%+60=98+60=158\ (次/分)$$

这是对身体影响最佳的运动强度。当然这两种计算方法是相对的，适宜的运动负荷还要根据锻炼时和锻炼后的感觉来调整。

从实际出发，除因人而异外，还要因时、因地制宜，以达到最佳锻炼效果。

因地和因时制宜是指根据外界环境的实际情况，如地理环境、气候条件、场地器材、环境卫生等，选择适合于自身的锻炼内容和方法。体育锻炼的一个重要目的是使人体适应外界环境的变化，人们特别是青年人常常用外界环境来锻炼自己的意志和适应能力。但应认识到恶劣环境对人体健康，特别是患者的病情会有不良影响，因此进行体育锻炼必须注意外界环境的变化，适当调整体育锻炼的方式与负荷，否则会影响人体的健康。特别是中老年人，必须根据自己的实际情况确定运动负荷的大小，不要过高地估计自己，要量力而行。

三、持之以恒原则

持之以恒原则是指体育锻炼必须持续地、系统地进行，使之成为作息制度和日常生活中不可缺少的重要内容。

从生物学角度看，人的体质的增强是一个不断积累、逐步提高的过程，不可能一劳永逸。人体机能水平的提高、各种运动素质的发展、运动技能的形成与巩固，都有赖于较长时期经常性地锻炼。这样才能使机体在解剖形态、生理机能、生化过程等方面产生一系列适应性的变化。人体结构和机能的变化都是通过机体活动进行反复多次经常的强化来实现的，体育锻炼是对机体给予刺激的过程，每次刺激都产生作用痕迹。连续不断的刺激作用，在机体内产生痕迹的积累，这种积累使机体的结构和机能产生新的适应性，从而使体质不断增强。

锻炼效应具有不稳定性，当锻炼的系统性和连续性遭到破坏而出现间断或停顿时，已获得的全锻炼效应（机能水平提高、运动素质的发展、运动技能的形成与巩固等）就会逐渐消退以至完全丧失，使体质逐渐下降。贯彻持之以恒原则，应注意以下两点：

（一）坚持安排合理的锻炼间隔时间

锻炼间隔时间长，锻炼的效果就不明显，因此每次锻炼安排间隔要合理。显然，要有长期计划、短期安排，计划安排要根据身体适应运动负荷的能力而定。

（二）锻炼要有恒心

持久锻炼、日积月累可使健身益心之效显著，兴趣逐渐产生，达到身心愉快，从而养成经常锻炼的习惯。

四、循序渐进原则

循序渐进原则是指体育锻炼必须根据人体身心发展规律和个人的实际情况，在锻炼的内容、方法、运动负荷等方面逐步提高，使机体功能不断得到改善和提高。

循序渐进是人体适应环境的基本规律，人体对内、外环境变化的适应是一个缓慢的由量变到质变的过程。只有遵循这个规律，才能取得良好的锻炼效果。否则，非但不能增强体质，相反还会引起机体损伤和运动性疾患，损害身体的健康。青年人争强好胜，一时情绪激动，违背体育锻炼的渐进规律，鲁莽从事，使机体超负荷运转，这样容易造成伤害。年轻时生命力旺盛，可能暂时看不到什么异常反应，但久而久之就会留下隐患。因此，进行体育锻炼不能急于求成。坚持循序渐进原则要做到：

（一）选择合理的锻炼内容

在锻炼内容上，根据自己的身体状况合理选择，体质不同锻炼起点也不同。体质较好的人，可选择比较剧烈的运动方式，如各种竞技运动项目；体质较弱的人，开始锻炼时可选择比较缓和的运动，如慢跑、徒手操、乒乓球等。患慢性疾病的人，可选择保健体育的一些内容，如太极拳、散步等。当体质逐渐变好时，锻炼内容也可逐步由缓和变为较为剧烈的运动。

（二）运动量逐步加大

机体对运动量的承受能力有个缓慢的适应过程，锻炼时运动量要由小到大，逐步增加。开始锻炼，时间要短，运动量不要过大，待机体适应后再逐步加大。

如果运动量长期停留在一个水平上，机体的反应就会越来越小。机体机能的提高是按照刺激——适应——再刺激——再适应的规律有节奏地上升的，运动量也应随着这种节奏来安排。病后或中断锻炼后再进行锻炼，尤其要注意循序渐进，以免发生意外。

（三）每次锻炼过程也要循序渐进

每次锻炼前要做准备活动，锻炼后要做好整理活动，如长跑前先进行 5~10 分钟慢跑，长跑后也不要马上停下来。

五、全面锻炼原则

全面锻炼原则是指体育锻炼应全面发展身体的各个部位和各个器官的机能，提高身体素质和基本活动能力，从而达到身心全面和谐的发展。

人体是在大脑皮质调节下的有机统一的整体，人体各部位、各器官系统的机能，各种身体素质和基本活动能力之间是相互联系、相互制约的。身体素质是人体在运动过程中所表现出来的力量、速度、耐力、柔韧和灵敏等机能能力，它们是通过肌肉活动表现出来的，但同时反映着内脏器官的机能、肌肉工作时的供能情况，以及运动器官与内脏器官活动的配合协调状况。

对于处于生长发育关键时期的青少年来说，全面发展尤为重要。各个运动项目对身体发展都有其独特的锻炼作用，但同时也有一定的侧重性。如长跑锻炼有益于发展心血管系统和呼吸系统，加强中枢神经系统的调节。锻炼的内容可结合自己的兴趣爱好选择 1~2 个作为每天必练的主要项目，同时加强其他项目的锻炼以弥补主项的不足。全面锻炼的过程中还应注意心理素质的发展，如群体意识、个性的发展等。

第二节　体育锻炼的方法

在体育锻炼时我们不仅要遵循体育锻炼的基本原则，还应掌握正确的锻炼方法，以达到体育锻炼的目的。

一、重复锻炼法

在运动锻炼的过程中，用多次重复同一练习，两次（组）练习间安排相对充分的休息，从而增加负荷的锻炼方法叫重复锻炼法。此方法关键是一次练习完毕后，间歇时间应当充分，这样可有效地提高锻炼者的无氧、有氧混合代谢能力，提高各种技术应用的熟练性与机体的耐久性。重复次数的多少不同，对身体的作用就不同，重复次数越多，身体对运动反应的负荷量就越大。如果重复次数不断地继续增加，可能使身体承受的负荷超过极点，乃至破坏有机体的正常状态而造成伤害。

重复锻炼是锻炼身体从而增强体质，为追求必要的负荷而一次又一次地反复做动作的过程。这个过程中主要是负荷强度，而不在于改正动作错误。因此，运用重复锻炼方法的关键是掌握好负荷的有效价值范围（最有锻炼价值负荷量下的心率），并据此调节重复次数。在重复锻炼中，对负荷量如何控制和怎样去重复才能达到理想效果的负荷强度，应视实际情况而定。通常认为，普通大学生的负荷心率在 130~170 次/分的范围内是较适宜的。在这个范围内，心室血液充盈，每搏输出量以及氧气的运输量等均达到最佳状态，并可以持续地运动，心率低于 130 次/分则健身效果不大，应增加重复次数。超过 170 次/分则需减少重复次数，或安排足够的间歇时间。

运用重复锻炼方法还要注意根据锻炼项目的不同特点和不同体质状况，随时加以调整，以免机械呆板和产生厌倦情绪。

二、间歇锻炼法

在运动锻炼的过程中，对多次锻炼时的间歇时间作出严格规定，使机体处于不完全恢复状态下，反复进行锻炼的方法叫作间歇锻炼法。该方法的关键是严格控制间歇时间，使机体处于不完全恢复状态，但每次练习的负荷时间较长、负荷强度适中。此方法可使锻炼者的心脏功能明显增强，通过调节负荷强度，可使机体各机能产生与锻炼项目相匹配的适应性变化；提高有氧代谢供能能力，提高体质。

人们认为体质增强的过程是在运动中实现的，其实体质内部的增强过程主要是在间歇中实现的，是在休息过程中取得了“超量恢复”。若是离开在休息中取得的“超量恢复”，运动就变成对增强体质毫无意义的事，甚至起不了作用。间歇对增强体质的作用并不亚于运动本身，人类已清楚地认识到在间歇时间内机体的各种变化，认识了保持同化优势的重要性，故把间歇作为一种健身的基本方法。

同重复锻炼法一样，间歇的时间也要依据负荷的有效价值标准去调节。一般说来，当负荷反应（心率）指标低于有效价值标准时应缩短间歇时间，而在高于价值标准时则可延长间歇时间。实践中，一般心率在 130 次/分左右时，就应再次开始锻炼。间歇时，不要做静止休息，而应边活动边休息，如慢速走步、放松手脚、伸伸腰或做深而慢的呼吸等。因为轻微活动可使肌肉对血管起到按摩作用，帮助血液流回和排除代谢所产生的废物。

总之，通过适当的间歇，把负荷量调节到负荷有效价值范围，以追求良好的锻炼效果。

三、连续锻炼法

在运动锻炼的过程中，为了保持有价值的负荷量而不间断地连续进行运动的方法叫连续锻炼法。此方法要求负荷强度较低、负荷时间较长、无间断地连续进行运动。从增强体质出发，需要间歇就停一会儿，需要连续就接二连三地进行下去，所以不能仅讲究间歇，还要讲究连续。连续、间歇、重复都是在整个锻炼过程中实现的。连续、间歇、重复等因素各有其特有的作用，连续的作用在于持续负荷量不下降，维持在一定的水平上，使身体充分地受到运动的作用。

连续锻炼时间的长短，同样要根据负荷价值有效范围而确定，通常认为在 140 次/分左右心率下连续锻炼 20~30 分钟，可使机体的各个部位都长时间地获得充分的血液和氧的供应，因而能有效地发展有氧代谢能力，发展耐力素质。实践中，用于连续锻炼的内容主要是那些比较容易并已为锻炼者所熟悉的运动，如跑步、游泳，也可以是跳迪斯科舞等。

四、循环锻炼法

循环锻炼法由几个不同的练习点（或称作业站）组成，练习者按照既定顺序和路线，依次完成每点练习任务。即一个点上的练习一经完成，练习者就迅速转移到下一个点，下一个练习者依次跟上。练习者完成了各个点上的练习，就算完成了一次循环。这种练习方法就叫循环锻炼法。其结构因素有：每点的练习内容、每点的运动负荷、练习点的安排顺序、练习点之间的间歇、每遍循环之间的间歇、练习的点数与循环练习的组数。

循环锻炼法对技术的要求不高，且各项目都采用比较轻度的负荷练习，因此练起来简单有趣，可有效地提高不同层次和水平的练习者的运动情绪和积极性；可以合理地增大锻炼过程的练习密度；可以随时根据具体情况加以调整，做到区别对待；可以防止局部负担过重，延缓疲劳的产生，交替刺激不同体位，有利于综合锻炼，从而达到全面发展的效果。

运用循环锻炼法时，关键是要按照全面性原则去搭配项目。就大学生而言，锻炼时既要发展四肢，也要发展躯干；既要运动胸背部，又要运动腰腹部；既要追求形态的健美，也需注意机能、素质的全面发展。为此，就必须科学地搭配项目。根据已有的经验，一般选择6~12个已为锻炼者掌握的简单易行的项目。搭配时注意上肢动作与下肢动作、剧烈的跑跳练习与静力憋气动作之间的合理交替。在健身锻炼中，可根据锻炼项目安排循环练习各练习点，还可分队比赛，增加竞争性，以提高练习兴趣。

五、变换锻炼法

通过不断变换运动负荷、练习内容、练习形式以及条件，以提高锻炼者的积极性、适应性及应变能力的方法称作变换锻炼法。此法可以有效地调节生理负荷，提高兴奋性，强化锻炼意识，克服疲劳和厌倦情绪，以达到提高锻炼效果的目的。

如刚参加锻炼时，可多做些诱导性练习和辅助性练习。随着锻炼水平的提高，应加大练习的难度，如用越野跑代替在田径场的长跑等。由于锻炼条件的变化，可使锻炼者的大脑皮质不断地产生新异的刺激，提高兴奋性，激发锻炼的兴趣，从而提高机体对负荷的承受能力，提高锻炼效果。另外，不断地对锻炼的内容、时间、动作速率等提出新的要求，可有效地调节生理负荷，使机体不断产生适应性变化，达到更好的锻炼身体的目的。

六、负重锻炼法

负重锻炼法是使用杠铃、哑铃、沙袋等重物进行身体运动来锻炼身体，增强体质的方法。负重的方法既适用于普通人为增强体质而锻炼身体，又适用于各项运动员进行身体训练，还适用于身体疾患者的康复。

一般人增强体质进行负重锻炼，应该采用最大摄氧量和最大心血输出量以下的负荷。因为过大的负荷可能给心血管和呼吸系统带来不良的影响。为了保证这种锻炼方法对身体的良好作用，在运动负荷价值阈范围内可以多次重复或连续。

第三节　发展身体素质的方法

力量、速度、耐力、灵敏和柔韧是五项基本素质，也是在校学生通过《国家体育锻炼标准》需要具备的素质。下面是发展身体素质的练习方法。

一、力量素质

（一）力量素质的练习方法

力量素质是指人体神经肌肉系统紧张或收缩时对抗或克服阻力的能力，这种能力按肌肉收缩的形式可分为静力性力量和动力性力量。

① 静力性力量是指肌肉做等长收缩时产生的力量，即使肢体维持或固定为一定的位置和姿势，肢体环节固定，肌肉长度不变，以改变张力克服阻力，如体操项目中的支撑、平衡、倒立、悬垂等。

② 动力性力量是指肌肉做扩张收缩时产生的力量，即使人体相应环节运动，肌肉张力不变，改变长度，产生收缩力克服阻力，从而产生加速度，如田径、游泳和球类运动等。

选择阻力（负重）大小是关键，如果不进行系统的克服相当大阻力的练习，肌肉的最大力量就不会增长。采用大重量、次数少、阻力大的练习最有利于发展力量。阻力的大小一般用最大力量的百分数或一次练习中能重复的次数来确定。发展最大力量用能重复 1~3 次阻力（相当于本人最大力量的 85%~95%的强度）进行 3~5 组练习，组间休息 1~3 分钟，隔天练习一次效果最佳。

综上所述，力量练习与重量、次数、组数和间歇有密切的关系，只有科学地掌握了它们之间的规律，才能收到预期的锻炼效果（表 4–1）。

表 4–1　力量、次数、组数、间歇的等级

重量	极限重量（%）	次级	次数	组数	间歇	间歇时间
大重量	80~100	少次数	1~5 次	1~3 组	极短间歇	10 秒以内
中大重量	70~90	中次数	6~12 次	4~6 组	短间歇	10~30 秒
中重量	60~80	多次数	13~20 次	6 组以上	中间歇	30 秒~1 分钟
中小重量	50~70	较多次数	20 次以上		长间歇	1 分钟~1 分 30 秒钟
小重量	50 以下			由几个动作不加间歇或只做极短间歇（10 秒以内）而连续进行所构成的一种动作		
开始重量	在一次锻炼中做某个动作第一次使用的重量					

（二）力量素质练习负荷的安排

不同的重量、次数、组数和间歇时间的组合，引起不同的锻炼目的和效果。

① 大重量、少次数、高组数、长间歇——主要用于提高绝对力量。

② 中大重量、中次数、中组数、中间歇——主要用于增加肌肉围度。

③ 中重量、中次数、高组数、短间歇——主要用于突出肌肉线条。

④ 中小重量、高次数、中高组数、短中间歇——主要用于加强耐力和心肺血管功能。

⑤ 小重量、超高次数、高组数、长间歇、配合合理节食——主要用于减肥。

（三）力量练习应注意的事项

① 练习前应充分做好准备活动。

② 力量练习应循序渐进，肌肉力量增长后，必须随之加大负荷。

③ 力量练习应注意安全，避免受伤，练习结束应充分整理放松或者按摩。

二、速度素质

（一）速度的练习方法

速度素质是指人体快速运动的能力，包括对外界信号刺激快速反应的能力、人体快速获得高速度完成动作的能力、最短时间完成单个动作的能力、最短时间重复多次动作的能力、最短时间移动身体到达最长距离的能力。

速度的练习方法归纳起来可分为以下几种：

① 追逐跑或追逐游戏接力跑。

② 高速跑或高速做其他投掷、跳跃练习，这种方法的目的在于使练习者体会和建立在高速情况下完成各种动作的能力。

③ 助力训练法。借助于外界的助力，迫使练习者做快速动作，建立新的动作节奏，从而达到提高速度的目的（顺风、下坡等）。

④ 缩小作业难度的练习方法（缩小动作幅度的小步跑）。

⑤ 诱导法。采用听觉、视觉信号诱导练习者伴随信号快速运动的训练，这种方法有助于建立新的动作节奏，例如节拍器、看录像模仿动作等。

⑥ 测验比赛法。通过测验或比赛，提高练习强度，引起练习者高度的兴奋性，这有助于建立快速完成练习的条件反射。

⑦ 速度练习方法。依次用 5~20 秒做原地快速摆臂练习；依次用 5~20 秒做手扶肋木架快速高抬腿练习；进行 20~80m 加速跑 6~8 次；200m 变速跑；30m 下坡跑；追逐跑；不同距离的接力游戏或比赛；30~60m 听枪声起跑 6~8 次。

（二）速度练习应注意的事项

① 发展速度应在身体状况较好、体力较强时进行，一般安排在一次练习课的前半部。

② 发展速度应与发展力量相结合。

③ 速度练习对中枢神经系统的负荷较大，因此要注意重复次数不宜太多，并应注意速度练习之间的间歇时间。

三、耐力素质

（一）耐力素质的练习方法

耐力素质是指有机体坚持长时间运动的能力，可分为肌肉耐力（又称力量耐力）和心血管耐力（又分为有氧耐力和无氧耐力）。以健身为目的的耐力练习方法与运动员的训练不同。一般来说，耐力练习主要采用长时间持续低负荷的方法，如长时间跑步这种方法，强度在中等水平，对大学生来说，心跳、脉搏应该维持在130~160次／分为宜，有疲劳的感觉但不难受，运动后心情舒畅、精力充沛。这种锻炼时间较长的跑步可以匀速进行，也可变速进行。长跑持续时间、距离和速度应根据自己锻炼水平以及通过《国家体育锻炼标准》要求而定。

（二）耐力素质练习应注意的事项

① 耐力练习应持之以恒、循序渐进。

② 培养自己坚持不懈，勇于克服困难的品质。

③ 应逐步掌握两种正确落地方法和呼吸方法，克服“极点”的不适感。

④ 由于耐力主要的训练目标是心血管系统，所以必须坚持运动时间长才能奏效。

⑤ 训练心血管呼吸系统必须严格控制速度（强度），控制速度最好的指标是用心率。

⑥ 一般耐力训练比较单调，宜成组进行；为了呼吸新鲜空气，不宜在公路上跑，宜在野外跑。

四、灵敏素质

灵敏素质是指在各种突然变换的条件下，练习者能够迅速、准确、协调地改变身体运动的空间位置和运动方向，以适应变化着的外界环境的能力。人的身体素质中，灵敏性占有特殊的地位，它以多种方式与其他身体素质发生联系，也与动作、熟练性密切相关，因而它具有特殊的综合特性。

（一）灵敏素质的练习方法

发展灵敏素质应从培养各种能力入手，如掌握运动能力、反应能力、平衡能力、观察判断能力、节奏感等，一般可采用以下的方法进行练习：

① 首先要提高大脑皮质神经过程的灵活性，采用变换条件的多种多样的练习，如变向跑、闪躲跑等。

② 提高灵敏性应加强肌肉的力量及关节的柔韧性，尤其应注意发展爆发力和培养协调性及放松能力。

③ 多进行体操、球类、技巧、摔跤、击剑、拳击、跳跃等项目锻炼，能有效地发展灵敏素质。

（二）灵敏性练习应注意的事项

① 发展灵敏素质要与速度、力量、柔韧等素质综合进行。

② 灵敏性练习应在大脑处于适宜兴奋、心理状态良好时进行，一般安排在练习课前半部分。

③ 发展灵敏素质与年龄、性别、个体差异较大，应根据具体情况进行锻炼。

④ 女子进入青春期，灵敏素质会出现明显下降的趋向，这是由于体重的增加，有氧能力下降所致。锻炼者应根据这一规律，不要急躁，只要锻炼方法得当，青春期后灵敏素质仍可恢复和发展。

五、柔韧素质

柔韧素质是指人体关节在不同方向上的运动能力以及肌肉、韧带等软组织的伸展能力。柔韧素质是掌握运动技术的重要条件，人体所表现出的各种姿势和运动幅度的大小，往往与柔韧素质有着直接的关系。

（一）柔韧素质的练习方法

发展柔韧素质有两种形式，即在助力作用下进行关节活动的运动形式和主动控制肌肉紧张与放松进行关节活动的运动形式。

发展肩部、腿部、臂部和脚部的柔韧性的主要手段有压、搬、劈、摆、踢、绷及绕环等练习；发展腰部的柔韧性主要手段有站立体前屈、俯卧背伸、转体、甩腰与绕环等练习。可以徒手、持器械或在器械上进行主动和被动的各种练习。

（二）柔韧性练习应注意的事项

① 与力量素质结合，训练后注意放松练习，使肌肉柔而不软、韧而不僵。

② 准备活动要充分，使身体发热，减少肌肉的阻力。

③ 动作幅度与强度要由小到大，且每次练习应达到最大活动范围，如不逐渐增大，则柔韧性发展效果不明显，甚至减退。

④ 不同部位的练习要交替进行，练习中一般应先拉压、后振踢，先主动、后被动，由小到大，由弱到强。

⑤ 坚持每天练习则效果最佳。

表 4–2　各项运动价值表

项目 \ 价值 \ 身体	部位				能力					
	上肢	腰背	腰腹	下肢	敏捷性	爆发力	持久性	柔韧性	平衡性	协调性
徒手体操	中	中	中	中	中	中	中	大	大	大
器械体操	大	大	大	中	大	大	小	大	大	大
长　跑	中	中	中	大	小	小	大	小	小	小
快速跑	中	中	中	大	大	大	中	中	中	中
跳　跃	中	大	中	大	中	大	小	大	中	中
投　掷	大	大	中	大	中	大	小	中	中	中
举　重	大	大	大	大	小	大	小	中	中	小
武　术	大	大	大	大	大	中	中	大	大	大
网　球	大	中	中	大	大	大	中	小	中	中
排　球	中	中	小	大	大	大	中	小	中	中
乒乓球	中	中	中	大	大	中	中	小	中	大
羽毛球	中	中	中	中	大	中	大	小	中	中
篮　球	小	小	中	大	大	大	大	小	中	中
手　球	大	中	中	大	大	大	大	小	大	大

（续表）

项目＼价值＼身体	部位				能力					
	上肢	腰背	腰腹	下肢	敏捷性	爆发力	持久性	柔韧性	平衡性	协调性
足　球	小	小	小	大	大	大	大	小	大	大
棒垒球	中	中	中	中	中	中	中	小	中	中
高尔夫球	大	小	中	中	小	中	小	小	小	小
登　山	小	中	中	大	小	小	大	小	中	小
徒步旅行	小	中	中	大	小	小	大	小	小	小
散　步	小	小	小	中	中	小	中	中	中	大
太极拳	中	小	小	中	中	小	中	中	中	大

第四节　发展心肺系统的有氧锻炼

发展心肺系统的有氧锻炼方法很多，如骑自行车、爬山、健美操、健美、健步行走和慢跑。这里着重介绍有氧锻炼效果最好的方法——健步行走和慢跑。

一、健步行走

（一）健步行走对人体的作用

坚持走步活动，也就是运用脚掌不断与地面机械接触来刺激脚底反射区（类似中医的穴位），从而调节人体相应脏腑器官及系统的功能，增强呼吸肌的功能，相应提高肺的通气量，提高心肌收缩力，加大心脏的每搏输出量和增强肺循环的机能，增强全身的肌肉力量，改善血管的张力，减轻心脏的负担，降低血压，增加全身血液循环总量，提高红细胞和血红蛋白含量，从而提高血液运输氧的能力。促进新陈代谢，增进健康，减少脂肪和水，增进中枢神经系统、内脏、内分泌和消化等系统的功能。因此，健步行走是一种很好的锻炼方式，它不费力气，不需要特殊器械，又不局限任何时间、地点，非常自然地达到强身健体、延年益寿、增进健康的目的。

（二）健步行走的锻炼方法

健步行走类似于军人步伐，每分钟走 125~130 步，步幅在 40~50cm。换句话说，这样行走能使身体有一定的强度反应，例如，心跳加快、呼吸加深、全身血流加快、精神愉快等。

健步行走及散步应选择在空气清新、道路平坦、环境宁静、避开交通繁忙的地方，最好选择公园里或在花间林丛、河畔溪边，这些地方有充足的氧气和负离子，能调节脑细胞新陈代谢。行走时抬头挺胸，步行节奏和呼吸节律相互协调。早晨或傍晚为最佳运动时间。

（三）健步行走的运动量

步行运动量的安排应根据自己的习惯决定，以下方法可作参考：每分钟走 100 步，每次行走 1 小时，保持每分钟心率为 110 次，维持 10 分钟以上，消耗能量 1256 千焦（300 千卡），相当于步行 4~5km 或慢跑 20 分钟。

二、慢　跑

（一）慢跑能改善人体有氧代谢能力

慢跑是健身锻炼最基本的方法，被称作“有氧运动之王”，既安全又易控制其运动量。健身锻炼的最根本的道理是要改善人体的有氧代谢能力。慢跑的特点为运动时间较长，速度较慢，距离较远，具有安全、省钱等特点。

慢跑能增强心肺功能，减少体内脂肪的堆积，降低血中甘油三酯的含量，调整大脑皮质在工作中所造成的紧张和压抑感。慢跑时吸入新鲜氧气，加速新陈代谢，增加下肢肌力，促进血液循环。一个肌肉结实的人，必然有一个强壮的心脏。慢跑能消除肾上腺素（紧张时该激素造成胃里恶心）。可以这么说，运动越多，身体消除应激激素的能力就越强。所以，每运动一次就如同为自己的身体做了一次大扫除。经常慢跑对大脑有益。动物实验表明，经常慢跑能促进脑细胞的生长，特别能促进负责学习和记忆的那一半大脑的脑细胞生长。目前科学家正在研究经常慢跑对人脑的影响。

（二）慢跑常用的几种运动方式

慢跑的运动量由运动强度和运动时间的乘积所决定，应根据本人的实际情况选择恰当的跑步强度、时间和距离。主要的运动方式有以下几种。

① 交替跑：步行和慢跑交替进行，走 1 分钟，跑 1 分钟。每隔两周增加一次运动量。

② 间歇跑：慢跑 30 秒，行走 60 秒，反复 10~20 次，总时间为 12~30 分钟。

③ 匀速跑：每次跑 3000~5000m，持续 20~30 分钟。亦可增加距离和运动时间，如 1~2 小时。

④ 原地跑：原地跑是一种室内锻炼方法，其作用原理类似于慢跑运动，适合各种年龄，在居住拥挤的地方更具有其优点。原地跑要求足抬高 20 cm，每分钟 70~80 次，持续 15~20 分钟可达锻炼效果。为了减少踝部震荡，鞋内需加厚海绵垫，或用软性地毯块，若要加大运动强度，需加用木制踏凳。具体做法：首先做 35 分钟慢跑，作为准备活动，然后进入真实跑，高抬腿，前足落地，挺胸收腹，两手大幅摆动，配合呼吸，加深呼吸运动。根据自己的体能决定每分钟的步数，最快可达 140~170 步，每次运动时间为 15~20 分钟，每周 2~3 次。

视　窗

早晨空腹长跑的危害

长跑是锻炼身体的好方法，但早晨不宜空腹长跑。早晨刚从睡眠中醒来，全身还处于静的状态，猛地进入剧烈运动状态，心脏会突然负担过重。由于空腹，体内主要能源靠“脂肪燃烧”，在没有糖的情况下，“脂肪燃烧”不充分，会产生不完全燃烧物——酮。没有糖，大脑也不能正常工作，这就需要肝脏高强度工作，同时也需从肌肉中分解一部分糖分。所以，空腹长跑时越需要能量，就越消耗脂肪和肌肉，心脏负担就越重。故长跑者为了达到健康的目的和取得应有的锻炼效果，晨跑前应稍喝一些蜂蜜或葡萄糖等，以避免消耗肌肉，防止心脏、肝脏的过度疲劳。

思考题

1. 自我评价运动能力与健康水平。
2. 体育锻炼应遵循哪些基本原则？
3. 简述体育锻炼有哪些方法？
4. 结合自身谈如何发展身体素质。

第五章　体育锻炼与保健

学习目标

☞ 学习自我监督的方法。

☞ 掌握运动中常见的生理反应及处理。

☞ 学会预防运动损伤。

☞ 掌握常见运动损伤的简单处理方法。

☞ 了解疲劳特征，并能有效地消除疲劳。

第一节　体育锻炼的医务监督

一、体育锻炼的自我监督

自我监督又称自我检查，它是健身爱好者在体育锻炼过程中，对自己的健康状况和生理功能变化做连续观察并定期记录。其目的在于评价锻炼结果、调整锻炼计划，防止过度疲劳和运动性损伤，更有利于提高健康水平。经常性地进行自我监督，对于增进信心、坚持科学锻炼、防止运动过量或不足、提高锻炼效果和养成良好的运动卫生习惯等都有重要意义。

二、自我监督的内容和方法

自我监督包括以下两方面内容：

（一）主观感觉

1. 一般感觉

它是人体功能状态尤其是中枢神经系统功能状况的反映。身体健康的人就会精力充沛、活泼愉快；若患病或过度疲劳就会精神不振、软弱无力、疲倦、易激动。在记录时，若精力充沛可记为“良好”；若未出现不良感觉可记“平常”；若精神不振、疲倦等可记为“不好”。

2. 锻炼心情

心情是与精神状况有关。在锻炼过程中，若出现对体育运动不感兴趣，甚至厌倦，这可能是锻炼方法不当或疲劳的表现，也可能是过度疲劳的早期征象。可根据自己的锻炼心情，分别记录为“很想练”“愿意练”“不想练”“冷淡”或“厌倦”等。

3. 不良感觉

在健身活动时出现肌肉酸痛是正常的，经过适当减少运动量酸痛就会消失。若锻炼后出现头痛、头晕、胸痛、胸闷、恶心、呕吐或其他部位的疼痛，说明运动量过大或健康状态不佳。在记录时，应写清具体感觉。

4. 睡　眠

经常进行健身运动的人，应当是入睡快、睡得好。

5. 食欲情况

一般由于运动锻炼消耗能量较多，所以食欲往往很好。但有时由于运动量过大或出现过度训练或健康不佳时，也会出现食欲下降的情况。在自我监督日记上可记下食欲“良好”“一般”“减退”或“厌食”等情况。

6. 排汗量

训练或比赛时，由于能量代谢水平较高，产热量多，所以排汗成为散热的一种重要方式，但排汗量受很多因素的影响，如运动量、训练水平、气温、湿度以及神经系统的状况等。记录时可以记下汗量“正常”“减少”“增多”等情况。

7. 体　征

锻炼时的外部体征，一般可从以下三方面去观察：精神（锻炼者的精神、表情、言语、眼神、注意力等）、躯体（面色、呼吸、嘴唇、排汗等）、动作（动作质量、准确性、步态等）。

运动量适宜时，锻炼者一般表现为精神良好、面色稍红、步态轻快等。运动量大时，锻炼者一般表现为面色红、气喘、满脸流汗、精神差、眼神无光、反应迟钝、动作不稳等，此时必须减量运动。

8. 其他情况

在过度运动后，由于疲劳男性可能会出现遗精，女性也可能在一段时期内出现月经不调、痛经等情况。总之，在锻炼前、中、后期所出现的一些特殊感觉都要记在监督日记上，供指导人员参考。

运动量过小的表现：运动后身体无微汗、无发热感，脉搏也无大的变化，在运动后 2~3 分钟即恢复至安静状态，说明运动量过小。

运动量适宜的表现：锻炼后有微汗、轻松愉快、感觉良好、睡眠、食欲良好，或虽然稍感疲乏、肌肉酸痛，但休息后会很快消失，次日体力充沛，渴望锻炼，表明运动量适中。

运动量过大的表现：锻炼后大汗淋漓、头晕眼花、胸闷、身体疲倦、睡眠差、食欲下降，脉搏在运动后 15 分钟尚不能恢复，次日仍觉乏力，不想锻炼，这些表明运动量过大，此时应注意减少运动量。其症状表现为：

① 出现胸闷、胸痛、晕眩等症状。

② 出现心悸、头晕、血压过于升高或下降。

③ 明显的呼吸困难、嘴唇发紫、脸色苍白、出冷汗、头晕、恶心、呕吐等。

④ 四肢肌肉剧痛、关节疼痛、步态不稳、动作不协调等。

（二）客观检查

1. 安静时脉搏

每天早晨醒后，先不起床而立即仰卧测 1 分钟的脉搏数，这就是安静时脉搏，也有的把它称为“晨脉”。用这个脉搏来检查身体机能状态十分必要，若安静时脉搏比平时高 12 次以上，可能和过度训练有关，应立即改变锻炼方法和减少运动量；若比平时高 6~8 次，说明运动量大了，应当进行调整；若比平时高 4~5 次，就不要再增加运动量了。

2. 锻炼后即刻脉搏

应控制在锻炼方法规定的脉搏数以内。若连续几天超过规定数，身体又有不适感，说明运动量大了，应进行调整；若几天均未达到规定数，身体感觉良好，可适当增加运动量。

3. 体　重

刚进行健身活动锻炼，体重会逐渐减轻，尤其身体肥胖者，这是由于机体的水分和脂肪减少的缘故。随后体重应逐渐趋于稳定。若出现体重不断减轻，并有其他异常感觉，可能与过度训练或患有慢性消耗性疾病有关，应减小运动量并到医院检查。体重每周测 1~2 次，测体重应在每天的同一时间进行，穿的衣服也应一致。

4. 血压、肺活量、心电图

健身运动爱好者的血压应趋于稳定。锻炼后收缩压上升 20~25mmHg，舒张压下降 5~10mmHg，应视为正常。测肺活量时应连续 5 次，每次测的结果是逐渐上升的，说明呼吸机能良好，若逐渐下降或前后显著下降，说明呼吸肌耐力差，是反应不良的表现。若血压突然升高、肺活量明显下降、心电图异常则应减小运动量并到医院进行检查。

第二节 运动中常见的生理反应及处理

一、肌肉酸痛

（一）原因和征象

运动后肌肉酸痛的原因是运动时肌肉活动量过大，引起局部肌纤维及结缔组织的细微损伤，以及部分肌纤维的痉挛所致。这种酸痛不是发生在运动结束后即刻，而是发生在运动结束后1~2天以后，因此也称为延迟性疼痛。由于这种酸痛现象只是局部肌纤维的细微损伤和痉挛，不影响整块肌肉的运动功能。所以，酸痛后经过肌肉内部对细微损伤的修复，肌肉组织会变得更加强壮，以后同样的负荷将不易再发生酸痛。

（二）处置和预防

1. 处　置

当已经出现肌肉酸痛后，可采用以下方法减轻和缓解：

① 热敷。对酸痛的局部肌肉进行热敷，促进血液循环及代谢过程，有助于损伤组织的修复及痉挛的缓解。

② 伸展练习。对酸痛局部进行静力牵张练习，保持伸展状态2分钟，休息1分钟，重复进行，有助于缓解痉挛。

③ 按摩使肌肉放松，促进血液循环，缓解肌肉痉挛和损伤修复。

④ 口服维生素C。维生素C可促进结缔组织中的胶原合成，有助于损伤的结缔组织的修复。

⑤ 针灸、电疗等也有一定作用。

2. 预 防

锻炼时，应根据自身的身体状况安排锻炼负荷，尽量避免局部肌肉负担过重；锻炼时，要充分做好运动前的准备活动和运动后的整理活动。

二、运动中腹痛

（一）原因和征象

运动中腹痛多数在中长跑时产生。主要因准备活动不充分，开始时运动过于剧烈，或者跑得过快，内脏器官功能尚未达到运动状态，致使脏腑功能失调，引起腹痛；也有的因运动前吃得过饱，饮水过多，以及腹部受凉，引起胃肠痉挛；少数因运动时间过长或过于剧烈，使下腔静脉压力上升，引起血液回流受阻，或者因肝脾淤血，膈肌运动异常，致使两肋部胀痛。

（二）处置和预防

1. 处 置

如果没有器质性病变迹象，一般可采用减慢跑速，加深呼吸，按摩疼痛部位或弯腰跑等方法处理，疼痛常可减轻或消失。如疼痛仍不减轻，甚至加重，就应停止运动，并口服十滴水或溴丙胺太林（每次一片），或揉按内关、足三里、大肠俞等穴位。如仍不见效，应送医院做进一步检查。

2. 预 防

饭后一小时可进行运动；做好准备活动，运动量要循序渐进，并注意呼吸节奏；夏季运动要适当补充盐分；对于各种慢性疾病引起的腹痛应就医检查，病愈之前，应在医生和体育教师指导下进行锻炼。

三、运动性贫血

（一）原因和征象

血液中红细胞数与血红蛋白量低于正常值，称为贫血。因运动引起的这种血红蛋白量减少，即称为运动性贫血。

运动性贫血的指数为男性的血红蛋白量低于12%，女性低于10.5%。在通常情况下，此病的发病率女性高于男性。由于贫血，常引起多种不良的生理反应，危及健康。所以这些学生常常恐惧体育锻炼，特别害怕中长跑锻炼。其发病的主要原因为：

① 由于运动时，肌肉对蛋白质和铁的需要量增加，一旦需求量得不到满足时，即可引起运动性贫血。

② 由于运动时，脾脏释放的溶血卵磷脂能使红细胞的脆性增加，加上剧烈运动时血流加速，易引起红细胞破裂，致使红细胞的新生与衰亡之间的平衡遭到破坏，从而导致运动性贫血。

运动性贫血发病缓慢，其症状表现有头晕、恶心、呕吐、气喘、体力下降，以及运动后心悸、心率加快、脸色苍白等。

（二）处置和预防

1. 处　置

如运动中（后）出现头晕、无力、恶心等现象时，应适当减小运动量，必需时暂停运动，并补充富含蛋白质和铁的食物，口服硫酸亚铁，这对缺铁性贫血的治疗有明显效果。

2. 预　防

遵循循序渐进和个别对待原则，合理调整膳食。如运动时经常有头晕现象，应及时诊断医治，以利于正常参加体育锻炼。

四、运动性昏厥

（一）原因和征象

在运动中，由于脑部突然血液供给不足而发生的暂时性知觉丧失现象，叫运动性昏厥。原因是剧烈运动或长时间运动，使大量血液积聚在下肢，回心血量减少所致；也和剧烈运动后引起的低血糖有关。

运动性昏厥表现为全身无力、头昏耳鸣、眼前发黑、面色苍白、失去知觉、突然昏倒、手足发凉、脉搏慢而弱、血压降低、呼吸缓慢等。

（二）处置和预防

1. 处　置

应立即使患者平卧，足略高于头部，并进行由小腿向大腿心脏方向推摩或拍击。同时用手指点压人中、合谷等穴位，必要时给氨水闻嗅。如有呕吐，应将患者头偏向一侧。如停止呼吸，应立即进行人工呼吸。轻度休克者，应由同伴搀扶慢慢走一段时间，帮助进行深呼吸，即可消除症状。

2. 预　防

平时要经常坚持体育锻炼，以增强体质；久蹲后不要突然起立；不要带病参加剧烈运动；疾跑后不要立即停下来；不要在饥饿的情况下参加剧烈运动。如果遵循上述要求，运动性昏厥是可以避免的。

五、肌肉痉挛

（一）原因和征象

在体育锻炼时，肌肉受到寒冷的强烈刺激时，可能发生肌肉痉挛。它常在游泳或冬季户外锻炼时发生；有时因准备活动不够，或肌肉猛力收缩，或收缩与放松不协调，均可发生肌肉痉挛；也有的因情绪过分紧张所致。

肌肉痉挛时，肌肉突然变得坚硬、疼痛难忍，而且一时不易缓解。

（二）处置和预防

1. 处　置

对痉挛部位的肌肉做牵引。例如，腓肠肌痉挛时，即伸直膝关节，并配合按摩、揉捏、叩打以及点压委中、承山、涌泉穴等，以促使痉挛缓解和消失。

2. 预　防

运动前做好准备活动，对容易发生痉挛的部位，事先应做适当按摩。夏季进行长时间运动时要注意补充盐分；冬季锻炼时要注意保暖；游泳下水前应先用冷水淋浴；游泳时不要在水中停留时间过长；疲劳和饥饿时，不要进行剧烈运动。

六、运动中暑

（一）原因和征象

在高温环境中，长时间体育锻炼易发生中暑，尤其在温度高、通风不良、头部缺乏保护、被烈日直接照射的情况下，最容易发病。

中暑早期可有头晕、头痛、呕吐现象，逐步发展为体温升高，皮肤灼热干燥。严重者可出现精神失常、虚脱、抽搐、心律失常、血压下降，甚至昏迷危及生命。

（二）处置和预防

1. 处　置

首先将患者扶送到阴凉通风处休息，同时采取降温消暑手段，如解开衣领，额部冷敷作头部降温，喝些清凉饮料、十滴水，并补充生理盐水或葡萄糖生理盐水等。

严重患者，经临时处理后，应迅速送医院进一步治疗。

2. 预　防

在高温炎热季节锻炼时，应适当减少运动量和锻炼时间；避免在烈日下长时间锻炼；夏天在室外锻炼时，应戴白色凉帽，穿宽松薄衣；在室内锻炼时，应保持良好通风并备有低糖含盐的饮料。

第三节　体育锻炼损伤的预防与处理

一、概　述

体育锻炼可以增进健康，防治疾病。它可以取代药物，但药物取代不了体育锻炼。然而，事物的存在和发展必然有其两面性，在体育锻炼中也常有运动损伤和运动性疾病的出现。运动损伤是日常生活和锻炼运动中常遇到的，通常分为急性和慢性损伤，应辨证施治，方能恰到好处，否则会适得其反，造成不良后果，甚至终身不愈。这就需要我们有科学锻炼的知识和科学锻炼的实践，从而达到参与锻炼是为了享受锻炼之目的。

二、常见运动损伤

（一）挫　伤

1. 损伤部位及征象

挫伤多发生在头部、胸部、四肢，因为这些地方经常暴露在外面，常会遇到碰、跌、撞、打、摔等，受伤后局部红肿、疼痛，皮肤破裂的当时就出血，没有破裂的，会出现青紫淤血。

2. 发生挫伤的原因

首先是运动前准备活动做得不够，肌肉关节没有得到充分活动；其次是活动时用力过猛，超过了肌肉、关节、韧带的负荷限度；再次是参加活动的人员过于拥挤或没有按正确的方法进行；另外，场地不平或器械设备不安全，以及没有做好保护工作也可能导致挫伤。

3. 处　理

发生了挫伤应根据情况及时处理。如果皮肤出血应立即停止运动，先用酒精或碘酒将伤口消毒，用净布包扎。如果受伤部位红肿疼痛，可先用冷水或冰进行局部冷敷，抬高受伤部位，必要时加压包扎，防止继续出血。24 小时以后改用热敷，用按摩来活血、消肿、止痛。经过治疗，待伤势减轻以后做针对性的活动，使关节、肌肉借以恢复功能，如做下蹲、弯腰、举腿等，可以避免伤后关节不灵或发生肌肉萎缩。

（二）肌肉损伤

1. 损伤征象

肌肉损伤分主动收缩和被动拉长两种损伤。主动收缩损伤是由于肌肉做主动的猛烈收缩时，其力量超过了肌肉本身所能承受的能力；而被动拉伤主要是肌肉力量牵伸时超过了肌肉本身的伸展程度。肌肉损伤如果是细微的损伤，则症状较轻；如果是肌纤维完全断裂，则症状较重。一般表现为伤处疼痛、局部肿胀、压痛、肌肉紧张或抽筋，伤后肌肉功能减弱或丧失。

2. 发生肌肉损伤的主要原因

准备活动不充分；肌肉的生理机能尚未达到剧烈活动所需的状态就参加剧烈活动；体质较弱，运动水平不高，肌肉的弹性、伸展性和力量较差，疲劳过度；运动技术低，姿势不正确，动作不协调，用力过猛，超过了肌肉活动范围；气温过低或过高，场地太硬等。

3. 处　理

肌肉损伤治疗要根据具体情况而定，少量肌纤维断裂者，应立即采取冷敷，局部加压包扎，并抬高患肢。肌肉大部分或完全断裂者应采用加压包扎后立即送医院进行手术缝合。

（三）关节韧带损伤

1. 损伤征象

关节韧带损伤后，一般表现为压痛，自感疼痛，轻者发生韧带部分纤维的断裂，重者则韧带纤维完全断裂，引起关节半脱位或者完全脱位，从而出现关节功能障碍。

2. 损伤部位及原因

上肢关节以肩关节、肘关节、腕关节损伤最为常见，如掷标枪引枪后的翻肩动作错误造成肩、肘关节扭伤；下肢关节以髋关节、膝关节、踝关节损伤较多，从高处跳下，平衡缓冲不够使得膝、踝关节受伤；做“下桥”练习时，过分提腰造成腰椎损伤等。

3. 处　理

发生关节、韧带扭伤应当在 24 小时内采用冷敷，必要时加压包扎，24 小时以后采用理疗、热敷、按摩、针灸治疗。待疼痛减轻后可增加功能性练习。对急性腰部损伤，如果出现剧烈疼痛，切不可轻易处理，可让患者平卧，并用担架送医院就诊。

（四）骨　折

1. 骨折征象

骨折分完全性骨折（骨完全断裂）和不完全性骨折（骨未完全断裂，如裂缝骨折），是运动中一种比较严重的损伤。骨折后的症状主要表现是：

① 肿胀和皮下淤血。因骨折处血管破裂骨膜下出血以及周围软组织损伤所造成。

② 疼痛。因骨膜撕裂和肌肉痉挛引起，尤其在活动时更加剧烈，甚至可引

起休克。

③ 功能障碍。骨折后肢体失去杠杆和支持作用，丧失了原来的功能，再加上剧烈疼痛和肌肉痉挛，肢体多不能活动。

④ 出现畸形和假关节。因骨折端发生移位和重叠，伤肢变形以致缩短；完全骨折的地方可出现假关节，移位时可产生骨折摩擦音。

⑤ 压痛和震痛。骨折断端有明显的压痛，在远离骨折处轻轻捶击，骨折处往往出现震痛。

2. 骨折原因

运动时发生骨折的原因是身体某部位受到直接或间接暴力，或肌肉强烈收缩所致。常见的骨折部位有肱骨、尺（桡）骨、手指、小腿、肋骨等。

3. 处　理

一旦出现骨折，暂勿随意移动患肢，立即进行急救，应先用夹板或其他代用品固定伤肢，动作要轻巧、缓慢，不要乱拉乱拽，以免造成错位，影响整复。如果是上肢骨折，可用一块长 40cm、宽 6cm 的木板托住伤肢，用绷带扎紧骨折处的上、下两端。如果是下肢骨折，先将伤腿轻轻放好，然后用宽布条或褥单将两条腿缠在一起，慢慢抬到硬板担架上，送往医院救治。如果是头部、颈部或脊柱骨发生骨折，运送时就更要小心，以免损伤神经和脊椎而造成肢体瘫痪，搬运时头部用枕头或衣服塞紧，防止移动。固定好以后，患者不要扭动肢体。在送医院的路上也要迅速、平稳。

（五）关节脱位

1. 原因与征象

因受外力作用，使关节面失去正常的连接关系，叫关节脱位，又称脱臼。关节脱位可分为完全脱位和半脱位（或称错位）两种。严重的关节脱位，伴有关节囊撕裂，甚至损伤神经。运动中发生的关节脱位大都是间接外力撞击所致。如摔倒时用手撑地，引起肘关节或肩关节脱位。关节脱位后常出现畸形，与健肢相比不对称，因软组织损伤而出现炎症反应，局部疼痛、压痛和关节肿胀，并失去正常活动功能，甚至发生肌肉痉挛等现象。

2. 处 置

用长度和宽度相称的夹板固定伤肢。如果没有夹板，可将伤肢固定在自己的躯干或健肢上，防止震动，随后及时送医院治疗。必须指出，如果没有把握做整复处置时，切不可随意做整复手术，以免再度增加伤害。

（六）脑震荡

1. 原因与征象

脑震荡是指头部受到外力打击后，使大脑管理平衡的膜半规管、椭圆囊、球囊等感应器官机能失调，直至引起意识和机能的暂时性障碍。在体育锻炼时，两人头部相撞或撞击硬物或从高处跌下时头部撞地，都可能造成脑震荡。

受伤时，神志昏迷、脉搏徐缓、肌肉松弛、瞳孔稍大但能对称，神经反射减弱或消失；清醒后，患者常有头痛、头晕、恶心呕吐感；平时情绪烦躁，注意力不易集中，耳鸣、心悸、多汗、失眠、记忆力减退等。

2. 处 置

立即让患者平卧，头部冷敷；若有昏迷，即指压人中、内关、合谷穴；若呼吸发生障碍，立即进行人工呼吸。上述症状处理后，出现反复昏迷或耳鼻口出血，两瞳孔放大且不对称时，表明病情严重，应立即护送至医院救治。在运送途中，要让伤者平卧，头部固定，避免颠簸。

脑震荡一般都可自愈，无需住院治疗，但要注意休息和必要的药物治疗，保持情绪安定，减少脑力劳动。在恢复过程中，可定期做脑震荡痊愈平衡试验，以检查病况进展。其方法是：闭目、单腿站立、两臂平举，如果能保持平衡，表明脑震荡已基本治愈，这时，可适当参加体育锻炼，但要避免滚翻和旋转性动作。

三、常见运动损伤的处理

在运动过程中所发生的各种损伤统称为运动损伤。运动损伤又可以分为开放性损伤和闭合性损伤。对于运动损伤的处理一般分为前、中、后处理原则。对于急性损伤前期（24 小时以内）的处理原则是制动、止血、防肿、镇痛（即减轻炎症）。处理方法可根据具体情况选用一种或几种并用。

（一）一般处理方法

① 一般先冷敷，加压包扎并抬高伤肢。这种方法应在伤后立即使用，有制动、止血、止痛及防止或减轻肿胀的作用。冷敷一般使用冰袋、自来水或氯乙烷。冷敷之后，用适当厚度的棉花或海绵置于伤部，立即用绷带稍加压力进行包扎。

② 伤后 24 小时打开包扎，可进行热疗、按摩，如理疗、外敷活血化瘀和生新的中草药、贴活血膏等，也可用几种方法进行综合治疗。

③ 待损伤组织已基本恢复正常，肿胀和压痛已消失，锻炼时仍会感到酸胀、无力，因此要进行功能性的恢复治疗，这时仍以按摩、理疗以及增加肌肉、关节功能锻炼为主。如果是轻微、慢性的损伤，主要是改善伤部的血液循环，促进组织的新陈代谢，可以合理地安排局部的负担量。

（二）开放性软组织损伤的处理

常见的开放性软组织损伤有擦伤、切伤、刺伤和撕裂伤；局部皮肤或黏膜破裂、伤口与外界接触，常见组织液渗出或血液自伤口流出。紧急处理的要点是及时止血和处理伤口，预防感染。

1. 擦　伤

擦伤多发生在摔倒时，对于伤口较脏的擦伤可先用生理盐水洗净伤口，然后再用酒精棉球或红汞药水消毒杀菌，伤口较浅、面积较小的擦伤无须包扎，待干后即可。

2. 切伤与刺伤

伤口往往较深、较小，如果伤口较脏，除了进行伤口的止血消炎、包扎外，还要注射破伤风免疫球蛋白。

3. 撕裂伤

撕裂伤中以头面部皮肤伤为多见，例如拳击运动中，眉弓被对方肘部碰撞而引起眉际皮肤撕裂等。若撕裂的伤口较小，经消毒处理后，贴上创可贴即可；若撕裂伤口较大，则须止血，缝合创口；若伤情和污染较重时，应注射破伤风免疫球蛋白。

（三）闭合性软组织损伤的处理

急性闭合性软组织损伤是运动损伤中较常见的一类损伤，如肌肉拉伤、挫伤、韧带拉伤等都属于这类损伤。

急性闭合性软组织损伤的特点是：皮肤黏膜完整；由于暴力而引起，从而损伤局部有组织的撕裂、血管损伤等引起出血、组织液渗出、肿胀。在急性闭合性软组织损伤发生后，首先要检查有无合并伤，如腹部挫伤后是否合并有内脏破裂；肌肉挫伤后有无断裂，有无明显血肿；头部挫伤有无脑震荡等。应先处理合并伤，然后处理软组织损伤。在确定没有严重的合并伤后，在急性闭合性软组织损伤后应进行冷敷、加压包扎、制动和抬高患肢，24 小时以后解除包扎，并进行局部热敷、理疗、按摩等，以改善血液循环，促进局部代谢，加速损伤的修复。当损伤基本恢复后，开始进行肌肉、韧带的伸展性练习以及加强局部力量练习，以恢复局部受伤部位的肌肉力量及肌肉、韧带的柔韧性。

第四节　疲劳程度的判断与消除

一、判断疲劳的简易方法

由于对疲劳的本质研究还不十分清楚，因而到目前为止还没有一种可靠的判断疲劳程度的检查方法，一般可根据以下三个方面综合起来进行评定：

① 根据运动者的各种自我感觉症状（如疲乏、头晕、心悸、恶心等）加以评定。

② 根据疲劳的客观体征（如面色、排汗量、呼吸、动作和注意力等）进行评定。

③ 根据身体各器官系统的生理、生化指标变化的情况（如心律、心电图、脑电图、肌电图、肌蹬反射、肺活量、血压、握力和尿蛋白等）进行评定。

在学校体育教学和训练中，还可以采用比较容易的方法来判断疲劳程度（表 5–1）。

表 5–1　疲劳程度的标志

内容	轻度疲劳	中度疲劳	重度疲劳
自我感觉	无任何不适	疲乏、腿痛、心悸	除疲乏、腿痛、心悸外，还有头痛、胸痛、恶心，甚至呕吐等征象。有些征象存在时间较长
面色	稍红	相当红	十分红或苍白，有时呈紫蓝色
排汗量	不多	较多，特别是肩带部分	非常多，尤其是整个躯干部分以及汗衫和衬衣上可出现白色盐迹
呼吸	中等程度加快	显著加快	呼吸表浅（其中有少数深呼吸出现），有时呼吸节奏紊乱
动作	步态稳定	步伐摇摆不稳	摇摆现象显著，在行进时掉队，出现不协调动作
注意力	比较好，能正确执行指示	执行口令不准确，改变方向时有时发生错误	执行口令缓慢，只有大声口令才能接受

二、消除疲劳的常用方法

疲劳是一种生理现象，又是一种运动量的标志。从某种意义上说，运动训练是以疲劳为媒介而不断提高身体训练水平的。科学研究证实，疲劳与恢复是运动后的必然过程，如果大强度训练后不能采取消除疲劳的适当措施，疲劳就会积累，不仅使运动成绩下降，还会成为疾病和伤害事故的诱因。所以运动后及时消除疲劳、恢复体力，才能有效地提高训练水平。尽快消除运动性疲劳主要有以下几种方法：

1. 睡　眠

睡眠是消除疲劳的最好方法之一，练习者应严格遵守生活作息制度，保证充足的睡眠时间。一般每天不少于 8~9 小时，并应安排一定的午休时间。大运动量和比赛期间，睡眠时间还可以适当增加。

2. 积极性休息

休息是除睡眠之外的消除疲劳的一种积极手段，对由于紧张训练和比赛引起的肌肉和精神疲劳有良好的缓解作用。积极性休息的方法和内容很多，如在公园、湖滨或海边散步，听音乐，观看演出，钓鱼，下棋和参观游览等。可根据条件和个人爱好选择安排。

3. 按　摩

按摩是消除运动性疲劳的重要手段之一。一般采用手法按摩，进行全身或局部的按摩，有损伤的还可以兼作治疗，均有良好效果。有条件的还可以采用机械按摩，目前国内外使用的还有气压按摩、振动按摩和水力按摩，对放松肌肉、消除肌肉酸痛和恢复体力效果极佳。

4. 物理疗法

训练后采用淋浴和局部热敷是一种简易的消除疲劳的方法，淋浴时水温不能过高，一般以温水浴（水温 40℃左右）为佳，时间 15~20 分钟为宜，温水浴有良好的镇静作用，能促进血液循环和放松肌肉，以达到消除疲劳的目的。如有条件，还可以采用蒸汽浴、干燥空气浴和旋涡浴等恢复手段。热敷能减少肌肉中酸性代谢产物的堆积，消除肌肉僵硬、紧张以及酸痛。热敷的温度以 47~48℃为宜，时间约 10 分钟。

5. 营养与药物

运动训练和比赛后，合理的营养补充有助于疲劳的消除。运动以后应供应充足的热能，补充足够的蛋白质、维生素、无机盐和水；同时可服用维生素 B1、B6、C 和 E。中药黄芪、刺五加、人参、三七对促进疲劳的消除也有一定的效果。营养学研究证实，运动员服用麦芽油和花粉有消除疲劳和增强体力的功效。

6. 心理恢复法

它包括心理调整、自我暗示、放松训练等手段。心理恢复法能减轻紧张情绪，放松肌肉，对消除疲劳和延迟疲劳的产生有良好的效果。

7. 氧气及负离子吸入法

运动员训练和比赛后，血液中有大量酸性代谢产物，吸氧可以促进乳酸继续氧化，有利于代谢产物的消除，对消除运动性疲劳，特别是无氧训练后的疲劳恢复有一定的效果；负离子有提高神经系统兴奋性，加强组织氧化还原过程的作用，有助于消除机体运动后的疲劳。

视　窗

锻炼后如何进行自我检查？

自我检查是自己利用医学、生理学知识进行自我监测、评估的一种方法。其内容包括：

1. 自我感觉。锻炼后能很快对下一次锻炼感兴趣，视为感觉良好；否则，视为感觉一般或差。

2. 睡眠。入睡快而且深、熟，少梦。起床后精神好视为良好，反之则差。

3. 体重。锻炼后体重稍轻，但很快能恢复，体重处于稳定状态，视为正常现象。

4. 食欲。锻炼后稍作休息而有食欲，不厌食视为良好。

5. 脉搏。如每天安静时脉搏频率稳定视为正常。

思考题

1. 我们日常应该养成哪些良好的卫生习惯？
2. 怎样预防体育锻炼中常见的运动损伤？
3. 如何消除运动性疲劳？

第六章　学生体质健康标准测试及锻炼方法

学习目标

☞ 了解体质的范围。

☞ 了解大学生的体质评价指标。

第一节　《国家学生体质健康标准》的内容与锻炼方法

一、体　质

体质的水平反映着人体的质量。它是在遗传性和获得性的基础上人体表现出来的形态结构、生理机能和心理因素方面综合的、相对稳定的特征。其影响因素是多方面的，其中遗传、营养、体育锻炼这三个方面起着重要的作用。

体质在其形成和发展过程中，具有明显的个体差异性和个体发展的阶段性。不同人体质的差异，主要表现在形态发育、生理机能、心理状态、身体素质、运动能力以及对环境的适应和对疾病抵抗力等方面；从水平上包括了从最佳功能状态，到严重疾病和功能障碍的多种不同的水平。同时，人的不同生长发育阶段，如儿童期、青少年期、中老年期，体质的状况是不断发展和变化的，既有共同的特征，又有不同年龄阶段的特殊特征。人们可以通过改善物质生活条件、养成健康的生活方式和有目的、有计划、科学地锻炼身体等，来保持良好的体质状况，不断增强体质。

体质的范畴，主要包括以下五个方面：

① 身体形态发育水平。即体型、姿势、营养状况、体格及身体成分等。

② 生理机能水平。即机体新陈代谢水平以及各器官、系统的工作能力。

③ 身体素质和运动能力发展水平。即心肺耐力、柔韧性、肌肉力量和耐力、速度、爆发力、平衡、灵敏、协调、反应等素质及走、跑、跳、投、攀、爬等身体活动能力。

④ 心理发育（或心理发展）水平。即机体感知能力、个性、意志等。

⑤ 适应能力。即对内、外环境条件的适应能力、应急能力和对疾病的抵抗力。

这五个方面的综合状况是否处在相对稳定的状态，决定着人们的不同体质水平。

二、《国家学生体质健康标准》的测试项目

1. 测试项目

大学生测试项目包括身高、体重、肺活量，以及 50 米跑、坐位体前屈、立定跳远、引体向上（男）/ 1 分钟仰卧起坐（女）、1000 米跑（男）/ 800 米跑（女）。

2. 评价指标

评价指标如表 6–1 所示。

表 6–1　评价和权重指标

评价指标	权重（%）
体重指数（BMI）	15
肺活量	15
50 米跑	20
坐位体前屈	10
立定跳远	10
引体向上（男）/ 1 分钟仰卧起坐（女）	10
1000 米跑（男）/ 800 米跑（女）	20

注：体重指数（BMI）= 体重（千克）/ 身高 ^{2}（米 ^{2}）。

三、锻炼方法

1. 身高标准体重

项目评价：身高是反映人体骨骼生长发育和人体纵向高度的主要形态指标。体重是反映人体横向生长和重量的指标。身高标准体重是将身高和体重综合起来，测试值以每厘米身高的体重分布，直接查表就可以判断学生体形的匀称度，体重是否超重，超了多少千克；是否体重过轻或营养不良，轻了多少千克。该指标对于学生形成正确的身体形态观具有非常直观的教育作用。

2. 1000m 跑（男）、800m 跑（女）

(1) 项目评价

1000m 跑（男）、800m 跑（女）项目既测试有氧耐力，也测试无氧耐力的水平。由于耐力是衡量人的体质健康状况和劳动工作能力的基本因素之一，是从事各项运动必不可少的一种运动素质，因此测试耐力水平对于评价学生体质健康状况有着非常重要的意义。

长跑测验既可以反映肌肉耐力，又可以反映呼吸系统和心血管系统的机能水平，测试方法简单易行，有其他测验项目不可替代的作用。更为重要的是，《标准》把长跑测试作为一种手段，用以引导学生更多地关注自己的耐力和心肺功能，主动积极地参加长跑等体育锻炼，发展体能，增强耐力，提高体质健康水平。

(2) 锻炼方法

① 匀速跑 800~1500m：整个全程都以均匀的速度跑。

② 中速跑 500~1000m：要跑得轻松自然，动作协调，放开步子跑。

③ 重复跑：反复跑几个段落（如 200m、400m 或 800m 等），中间休息时间较长。跑的距离、重复次数、快慢强度都可根据自己的情况而定，发展速度耐力。

④ 加速跑 40~60m：反复跑，中间有较短时间的间歇。

⑤ 变速跑 1500~2500m：要求快跑与慢跑结合，如采用 100m 慢跑、100m

快跑或100m慢跑、200m快跑等方法交替进行，发展速度耐力。

⑥ 越野跑：利用自然地形条件练习，如在公路、田野或山坡（上下坡跑）上练习，可以发展耐力、灵敏、弹跳等素质。

⑦ 跑台阶、跑楼梯练习。

⑧ 篮球、足球等项目的比赛。

3. 肺活量、肺活量体重指数

（1）项目评价

肺活量是指在不限时间的情况下，一次最大吸气后再尽最大力量所呼出的气体量。肺活量是反映人体生长发育水平的重要机能指标之一。

肺活量的大小与身高、体重、胸围的关系密切。因此，采用肺活量体重指数来进行评价。

肺活量体重指数=肺活量÷体重

（2）锻炼方法

经常运动的人比一般人的肺活量要大，呼吸次数、呼吸深度、肺活量和肺通气量这四个指标都会出现良好的变化。长跑、游泳、健美操、跳绳、跑楼梯、上下台阶、长距离竞走、篮球和足球等项目的锻炼都是提高人体肺活量的有效方法。

4. 50m跑

（1）项目评价

50m跑是国际上通用的测试项目，通过较短距离的高强度跑测试速度素质。

速度素质可以反映人体中枢神经系统的机能状态和神经与肌肉的调节机能，也可以综合地反映人体的爆发力、灵敏、反应、柔韧等素质。

（2）锻炼方法

① 小步跑：体会前脚掌快速扒地的动作和上下肢的放松协调配合。

高抬腿跑：提高大腿高抬的幅度，增强腿部力量和动作频率。

后蹬跑：体会、纠正后蹬用力不充分和“坐着跑”等缺点，增强腿部力量。

② 小步跑转入加速跑，50~60m。

高抬腿跑转入快速跑，50~60m。

后蹬腿跑转入快速跑，50~60m。

③ 顶风跑、顺风跑、上坡跑、下坡跑。

④ 30m、50m 计时跑。

⑤ 重复跑 60~80m：以中等速度反复练习。

另外，还可采用负重练习，以增强腿部力量。方法参照立定跳远项目的锻炼方法。

5. 立定跳远

（1）项目评价

立定跳远是发展下肢肌肉力量、腰腹力量、协调性及跳跃能力的指标之一，是测试爆发力的项目。爆发力要求在最短时间内发挥最大的力量。爆发力的大小不仅取决于力量，而且取决于力量和速度的结合。它在人们日常生活、劳动中有重要的意义和作用。

（2）锻炼方法

采用快速力量的各种跳跃练习以及负重练习，能够有效地发展腿部肌肉力量和肌肉速度，提高弹跳能力。

① 深蹲跳：全蹲下去，双脚同时用力向上跳起，连续做。

② 单脚跳：用左脚连续向上或向前跳一定的次数。再换右脚做连续跳。

③ 多级跨步跳：连续以最少的步数，跨出最远的距离。

④ 多级蛙跳：屈膝半蹲，上体稍前倾，双脚同时用力蹬地，充分伸直髋、膝、踝三关节，同时两臂迅速上摆，身体向前跃出，双腿屈膝落地缓冲后再接着向前跳。

③ 跳台阶：原地双脚起跳，跃上台阶或其他物体，然后再跳下，反复进行。

⑥ 跳绳：各种方式、方法的跳绳练习。

⑦ 身体负重（肩负杠铃或沙包、腰和腿绑沙袋、身穿沙衣等）做各种跳跃练习。

6. 坐位体前屈

（1）项目评价

坐位体前屈是用于反映人体柔韧性的测试项目。柔韧性是指人体完成动作时，关节、肌肉、肌腱和韧带的伸展能力。一个人的柔韧性程度越好，表示其关节的活动幅度越大，关节灵活性越强。

柔韧素质与健康的关系极为密切，柔韧性的提高，对增强身体的协调能力，更好地发挥力量、速度等素质，提高技能和技术，防止运动创伤等都有积极的作用。

⑵ 锻炼方法

① 正压腿：一腿直立，另一腿举起放于高度适当的物体上，身体正对高腿，上体向前尽量用胸部贴腿，双膝不得弯曲，复原姿势后连续再做。

② 侧压腿：一腿直立，另一腿举起放于高度适当的物体上，身体侧对高腿，上体尽量侧屈，用头的一侧贴腿。不要前倾或后仰，复原姿势后连续再做。

③ 正踢腿：直立，两臂平举，左脚向前迈出一小步，右腿绷脚面伸直，急速有力地向上踢腿，落下时要有控制。两腿交替练习。

④ 并腿体前屈：两腿并立，上体前屈，两手触地，上体与腿尽量贴近，复原姿势后连续再做。

⑤ 两腿左右开立（大于肩宽），上体前屈，臀部自然后移，双膝伸直，两手先向左腿外侧摸地面，复原姿势后再向右腿外侧摸地面，连续做。

⑥ 双腿伸直坐于垫上或床上，上体前屈，两臂向前伸，尽力用双手触脚尖，膝关节不得弯曲，复原姿势后连续再做。

7. 仰卧起坐（女）

⑴ 项目评价

仰卧起坐是测试腹肌力量和耐力的一个项目。测试方法简单易行，多年来在学校体育的锻炼和测验中一直受到重视。尤其是女生的腰腹肌力量对她们将来在生育方面有着十分重要的作用。

⑵ 锻炼方法

① 垫上练习

直腿仰卧起坐：仰卧于垫上，双腿并拢伸直，两臂上举。上腹用力，使上体坐起，两臂前伸用手触脚。然后复原姿势连续做。

仰卧团身：两手上举仰卧于垫上，双腿并拢屈膝（大小腿成 90°）。收腹起上身，同时双膝往上提，臀部随之离地，两臂抱腿，头尽量碰膝，仅腰部贴地。复原姿势后再连续做。

仰卧起坐：两手抱头仰卧于垫上，双腿屈膝（大于 90°）。左膝往上提，同时收腹夹肘起上身，尽力用右肘碰左膝。复原姿势后，再右膝往上提，同时收腹夹肘起上身，尽力用左肘碰右膝。连续做。

仰卧举腿：直体仰卧于垫上，用两手抓住垫子。连续做向上直腿举腿动作。

② 垫上负重和其他器械练习

斜板仰卧起坐：两臂上举，仰卧在稍有高度的斜板上，脚朝上，头朝下，将双脚固定。当上身起坐时，两手尽量往脚尖伸去。复原姿势，再连续做。

支撑举腿：两臂伸直，支撑在双杠或其他物体上，身体保持正直，双腿并拢后，快速收腹举腿，使大腿与上体成90°，保持几秒钟后，复原姿势再做。

悬垂举腿：双手正握单杠或肋木（背向肋木）呈悬垂。双腿伸直最大限度地向上举起。放下还原再做。

仰卧双腿举重物：仰卧于垫上，双手抓住固定物体。双脚夹重物或踝关节绑沙袋向上举起后放下。连续做数次或数十次。

负重仰卧起坐：仰卧于垫上，双腿伸直，双手在头后持重物。腹肌迅速收缩，使上体坐起并前屈，然后再慢慢躺倒还原。反复练习。

8. 引体向上

（1）项目评价

引体向上是主要测试胸大肌、背阔肌以及肘关节等肌肉力量的一个项目。要求发力引体时，不要借助身体摆动和屈蹬腿的力量。测试方法简单易行，多年来在学校体育锻炼和测试中一直受到重视。

（2）锻炼方法

① 两手宽握杆进行引体向上练习。

② 两手反推杆进行拉引练习。

③ 腿、脚负重或加阻力的引体向上练习。

④ 俯卧撑。

⑤ 双杠屈臂伸。

⑥ 宽握小杠铃上提至胸。

⑦ 反握小杠铃屈肘至胸。

⑧ 双手持重物仰卧扩胸。

第二节 《国家学生体质健康标准》测试的操作方法

一、身　高

（一）测试方法

受试者赤足，立正姿势站在调整好的身高计的底板上，上肢自然下垂，足跟并拢，足尖分开约成 60°，足跟、骶骨部及两肩胛区与立柱相接触，躯干自然挺直，头部正直，两眼平视，耳屏上缘与两眼眶下缘最低点呈水平位。测试人员站在受试者右侧，将水平压板轻轻沿立柱下滑，轻压于受试者头顶。测试人员读数时双眼应与压板水平面等高进行读数。以厘米为单位，精确到小数点后一位。测试误差不得超过 0.5cm。

（二）注意事项

① 严格掌握“三点靠立柱” “两点呈水平”的测量姿势要求，测试人员读数时两眼一定要与压板等高。

② 水平压板与头部接触时，松紧要适度。

③ 测量身高前，受试者不应进行体育活动和体力劳动。

二、体　重

（一）测试方法

测试时，将杠杆秤放在平坦的地面上，调整 0 点至刻度尺水平位。受试者赤足，男性受试者身着短裤；女性受试者身着短裤、短袖衫（或背心），站于秤台中央，测试人员放置适当砝码并移动游标刻度尺至平衡。读数以千克为单位，精确到小数点后一位。电子体重计读显示数值即可。测试误差不超过 0.1kg。

（二）注意事项

① 测量体重前，受试者不得进行剧烈的体育活动和体力劳动。

② 受试者站在秤台中央，上、下杠杆秤时动作要轻。

③ 每次使用杠杆秤时均需校正。测试人员每次读数前都应校对砝码重量，避免差错。

三、其他项目

（一）肺活量

1. 测试方法

各种肺活量计在每次使用前都必须进行测试检验，仪器误差不得超过 3%。

使用电子肺活量计时，首先将肺活量计接上电源，按电源开关，肺活量计通电并进入工作状态。测试时先将口嘴装在叉式管的进气端，受试者手握叉式管，保持导压软管必须在叉式管上方位置（以免口水或杂物堵住气道），面对肺活量计站立，头部略后仰，尽力深吸气，直至再不能吸气为止。然后将嘴对准口嘴，以中等速度和力度深呼气直到不能呼出为止。此时液晶显示器上显示的数字即为肺活量毫升值。测试 2 次，选取最大值作为测试结果。记录以毫升为单位，不保留小数。

使用桶式肺活量计时，注意待浮筒停稳后，再进行读数。

2. 注意事项

① 测试前受试者应了解测试方法和工作要领，可做必要的练习。

② 受试者吸气和呼气均应充分，呼气不可过猛，并防止从嘴与口嘴接触部位漏气，防止用鼻呼气。呼气时允许弯腰，但呼气开始后不得再吸气。测试人员应注意观察，防止因呼吸不充分、漏气或再吸气影响测试结果。

（二）50m 跑

1. 测试方法

受试者至少两人一组测试。站立起跑，受试者听到“跑”的口令后开始起跑。发令员在发出口令的同时要摆动发令旗。计时员视旗动开表计时。受试者躯干到达终点线的垂直面停表。记录以秒为单位。

2. 注意事项

(1) 受试者测试时最好穿运动鞋或平底布鞋，赤足亦可，但不得穿钉鞋、皮鞋和塑料鞋。

(2) 发现有抢跑者，要当即召回重跑。

(3) 如遇风时一律顺风跑。

（三）立定跳远

1. 测试方法

受试者两脚自然分开站立于起跳线后，脚尖不得踩线，然后两脚原地同时起跳，不得有垫步或连跳动作。丈量起跳线后缘至最近着地点后缘的垂直距离。每人试跳 3 次，记录其中最好的一次成绩。以厘米为单位，不计小数。

2. 注意事项

① 发现犯规时，此次成绩无效。3 次试跳均无成绩者，再跳至取得成绩为止。

② 可以赤足，但不得穿钉鞋、皮鞋和塑料鞋测试。

（四）坐位体前屈

1. 测试方法

受试者上体垂直坐，两腿并拢伸直，两脚平蹬测试纵板，两脚尖分开 10~

15cm，上体前屈，两臂伸直向前，用两手指尖轻轻地向前推动游标，直到不能前推为止，保持这一姿势 3 秒钟。测量 3 次，取最大值，以厘米为单位，数值精确到小数点后 1 位。

2. 注意事项

① 测试前应做短时间的热身活动。
② 测试中动作要缓慢，以避免受伤。
③ 身体前屈，两臂向前推游标时，两臂用力要均匀，两腿不能弯曲。

（五）1000m 跑（男）、800m 跑（女）

1. 测试方法

受试者至少两人一组进行测试，站立式起跑。当听到“跑”的口令后起跑。计时员看到旗动开表计时，当受试者的躯干到达终点线垂直面时停表。记录以秒为单位。

2. 注意事项

① 受试者测试时最好穿运动鞋或平底布鞋，赤足亦可，但不得穿钉鞋、皮鞋和塑料鞋。
② 发现有抢跑者，要当即招回重跑。
③ 如遇风时一律顺风跑。

（六）仰卧起坐

1. 测试方法

受试者全身仰卧于垫上，两脚稍分开，屈膝呈 90°左右，两手指交叉贴于脑后。另一同伴压住其踝关节，固定下肢。受试者起坐时，两肘触及或超过双膝为完成一次。仰卧时两肩胛必须触垫。测试人员发出“开始”口令的同时开表计时，记录 1 分钟内完成的次数。1 分钟到时，测试者虽已坐起但肘关节未达到双膝者不计该次数，精确到个位。

2. 注意事项

① 如发现受测者借用肘部撑垫或臀部起落的力量起坐时，该次不计数。
② 测试过程中，观测人员应向受测者报数。
③ 受测者双脚必须放于垫上。

（七）引体向上

1. 场地器材

单杠，小凳子。

2. 测试方法

被测者双手正握单杠悬垂，身体平稳后，两臂同时用力向上引体，上拉到下颌超过横杠上缘，然后还原，为完成一次。

3. 注意事项

测试时身体不可摆动或有蹬腿动作。

第三节　《国家学生体质健康标准》测试成绩评价

本标准的学年总分由标准分与附加分之和构成，满分为 120 分。标准分由各单项指标得分与权重乘积之和组成，满分为 100 分。附加分根据实测成绩确定，即对成绩超过 100 分的加分指标进行加分，满分为 20 分。加分指标为男生引体向上和 1000 米跑、女生 1 分钟仰卧起坐和 800 米跑，各指标加分幅度均为 10 分。

根据学生学年总分评定等级：90.0 分及以上为优秀；80.0~89.9 分为良好；60.0~79.9 分为及格；59.9 分及以下为不及格。具体评分标准如表 6-2~表 6-8 所示。

表 6–2　男女生体重指数（BMI）单项评分表（单位：千克 / 米²）

等级	单项得分	男	女
正常	100	17.9~23.9	17.2~23.9
低体重	80	≤17.8	≤17.1
超重		24.0~27.9	24.0~27.9
肥胖	60	≥28.0	≥28.0

表 6–3　男女生肺活量单项评分表（单位：毫升）

等级	单项得分	男		女	
		大一、大二	大三、大四	大一、大二	大三、大四
优秀	100	5040	5140	3400	3450
	95	4920	5020	3350	3400
	90	4800	4900	3300	3350
良好	85	4550	4650	3150	3200
	80	4300	4400	3000	3050
及格	78	4180	4280	2900	2950
	76	4060	4160	2800	2850
	74	3940	4040	2700	2750
	72	3820	3920	2600	2650
	70	3700	3800	2500	2500
	68	3580	3680	2400	2450
	66	3460	3560	2300	2350
	64	3340	3440	2200	2250
	62	3220	3320	2100	2150
	60	3100	3200	2000	2050
不及格	50	2940	3030	1960	2010
	40	2780	2860	1920	1970
	30	2620	2690	1880	1930
	20	2460	2520	1840	1890
	10	2300	2350	1800	1850

表 6-4 男女生 50 米跑单项评分表（单位：秒）

等级	单项得分	男		女	
		大一、大二	大三、大四	大一、大二	大三、大四
优秀	100	6.7	6.6	7.5	7.4
	95	6.8	6.7	7.6	7.5
	90	6.9	6.8	7.7	7.6
良好	85	7.0	6.9	8.0	7.9
	80	7.1	7.0	8.3	8.2
及格	78	7.3	7.2	8.5	8.4
	76	7.5	7.4	8.7	8.6
	74	7.7	7.6	8.9	8.8
	72	7.9	7.8	9.1	9.0
	70	8.1	8.0	9.3	9.2
	68	8.3	8.2	9.5	9.4
	66	8.5	8.4	9.7	9.6
	64	8.7	8.6	9.9	9.8
	62	8.9	8.8	10.1	10.0
	60	9.1	9.0	10.3	10.2
不及格	50	9.3	9.2	10.5	10.4
	40	9.5	9.4	10.7	10.6
	30	9.7	9.6	10.9	10.8
	20	9.9	9.8	11.1	11.0
	10	10.1	10.0	11.3	11.2

表 6–5　男女生坐位体前屈单项评分表（单位：厘米）

等级	单项得分	男		女	
		大一、大二	大三、大四	大一、大二	大三、大四
优秀	100	24.9	25.1	25.8	26.3
	95	23.1	23.3	24.0	24.4
	90	21.3	21.5	22.2	22.4
良好	85	19.5	19.9	20.6	21.0
	80	17.7	18.2	19.0	19.5
及格	78	16.3	16.8	17.7	18.2
	76	14.9	15.4	16.4	16.9
	74	13.5	14.0	15.1	15.6
	72	12.1	12.6	13.8	14.3
	70	10.7	11.2	12.5	13.0
	68	9.3	9.8	11.2	11.7
	66	7.9	8.4	9.9	10.4
	64	6.5	7.0	8.6	9.1
	62	5.1	5.6	7.3	7.8
	60	3.7	4.2	6.0	6.5
不及格	50	2.7	3.2	5.2	5.7
	40	1.7	2.2	4.4	4.9
	30	0.7	1.2	3.6	4.1
	20	–0.3	0.2	2.8	3.3
	10	–1.3	–0.8	2.0	2.5

表 6-6 男女生立定跳远单项评分表（单位：厘米）

等级	单项得分	男		女	
		大一、大二	大三、大四	大一、大二	大三、大四
优秀	100	273	275	207	208
	95	268	270	201	202
	90	263	265	195	196
良好	85	256	258	188	189
	80	248	250	181	182
及格	78	244	246	178	179
	76	240	242	175	176
	74	236	238	172	173
	72	232	234	169	170
	70	228	230	166	167
	68	224	226	163	164
	66	220	222	160	161
	64	216	218	157	158
	62	212	214	154	155
	60	208	210	151	152
不及格	50	203	205	146	147
	40	198	200	141	142
	30	193	195	136	137
	20	188	190	131	132
	10	183	185	126	127

表 6-7　男女生一分钟仰卧起坐、引体向上单项评分表（单位：次）

等级	单项得分	男		女	
		大一、大二	大三、大四	大一、大二	大三、大四
优秀	100	19	20	56	57
	95	18	19	54	55
	90	17	18	52	53
良好	85	16	17	49	50
	80	15	16	46	47
及格	78			44	45
	76	14	15	42	43
	74			40	41
	72	13	14	38	39
	70			36	37
	68	12	13	34	35
	66			32	33
	64	11	12	30	31
	62			28	29
	60	10	11	26	27
不及格	50	9	10	24	25
	40	8	9	22	23
	30	7	8	20	21
	20	6	7	18	19
	10	5	6	16	17

表 6–8　男女生耐力跑单项评分表（单位：分·秒）

等级	单项得分	男		女	
		大一、大二	大三、大四	大一、大二	大三、大四
优秀	100	3′17″	3′15″	3′18″	3′16″
	95	3′22″	3′20″	3′24″	3′22″
	90	3′27″	3′25″	3′30″	3′28″
良好	85	3′34″	3′32″	3′37″	3′35″
	80	3′42″	3′40″	3′44″	3′42″
及格	78	3′47″	3′45″	3′49″	3′47″
	76	3′52″	3′50″	3′54″	3′52″
	74	3′57″	3′55″	3′59″	3′57″
	72	4′02″	4′00″	4′04″	4′02″
	70	4′07″	4′05″	4′09″	4′07″
	68	4′12″	4′10″	4′14″	4′12″
	66	4′17″	4′15″	4′19″	4′17″
	64	4′22″	4′20″	4′24″	4′22″
	62	4′27″	4′25″	4′29″	4′27″
	60	4′32″	4′30″	4′34″	4′32″
不及格	50	4′52″	4′50″	4′44″	4′42″
	40	5′12″	5′10″	4′54″	4′52″
	30	5′32″	5′30″	5′04″	5′02″
	20	5′52″	5′50″	5′14″	5′12″
	10	6′12″	6′10″	5′24″	5′22″

加分指标评分标准如表 6–9、表 6–10 所示。

表 6–9 男女生一分钟仰卧起坐、引体向上单项评分表（单位：次）

	男		女	
	引体向上		一分钟仰卧起坐	
加分	大一、大二	大三、大四	大一、大二	大三、大四
10	10	10	13	13
9	9	9	12	12
8	8	8	11	11
7	7	7	10	10
6	6	6	9	9
5	5	5	8	8
4	4	4	7	7
3	3	3	6	6
2	2	2	4	4
1	1	1	2	2

注：引体向上、一分钟仰卧起坐均为高优指标，学生成绩超过单项评分 100 分后，以超过的次数所对应的分数进行加分。

表 6–10 男女生 1000 米、800 米跑单项评分表（单位：分·秒）

	男		女	
	1000 米跑		800 米跑	
加分	大一、大二	大三、大四	大一、大二	大三、大四
10	–35"	–35"	–50"	–50"
9	–32"	–32"	–45"	–45"
8	–29"	–29"	–40"	–40"
7	–26"	–26"	–35"	–35"
6	–23"	–23"	–30"	–30"

（续表）

	男		女	
	1000米跑		800米跑	
加分	大一、大二	大三、大四	大一、大二	大三、大四
5	–20"	–20"	–25"	–25"
4	–16"	–16"	–20"	–20"
3	–12"	–12"	–15"	–15"
2	–8"	–8"	–10"	–10"
1	–4"	–4"	–5"	–5"

注：1000米跑、800米跑均为低优指标，学生成绩超过单项评分100分后，以减少的秒数所对应的分数进行加分。

视　窗

进行体育锻炼时如何进行自我监督？

自我监督应在每天早晨记录下自己前一天的情况，包括：

1. 感觉：精神、愉快、情绪好还是与此相反。可用良、中、差标明。
2. 睡眠：睡得好与不好，如早醒、失眠、时断时续或熟睡等。
3. 食欲：食欲可用良好、正常、减退、提高、食欲不振、厌恶等表示。
4. 学习效率：学习几小时，用良好、降低或正常表示。
5. 运动心情：用对运动满意、冷淡或不想运动来表示。
6. 训练内容：训练量、强度及完成情况。
7. 体重：经常记录加以比较，如体重持续下降即不正常，应查明原因，对症下药。
8. 脉搏：安静时和运动前后都要测定自己的脉搏，经常进行分析。
9. 泌汗量及其他有关方面。

思考题

1. 《学生体质健康标准》的测试项目包括哪些内容？
2. 提高人体肺活量的有效锻炼方法有哪些？
3. 请根据《学生体质健康标准》预测自己的体质健康状况。

运动锻炼篇

第七章　游泳技术与锻炼方法

学习目标

☞ 正确理解游泳运动的锻炼价值。
☞ 熟练掌握一套游泳技术。
☞ 学会欣赏国内外重大游泳比赛。

游泳是水浴、空气浴和日光浴三者结合的运动，它不仅是广大青少年喜爱的运动项目，而且也是适合男女老幼锻炼的一项体育活动。由于游泳是在水中一边呼吸一边进行全身运动的活动，在水中不能像在陆地上那样自然地呼吸，生理环境也产生了巨大的变化，同时又要克服水的阻力，因此，游泳运动能增强心血管系统、呼吸系统、神经系统和消化系统的功能，促进人体正常的生长发育和新陈代谢，提高全身的协调性、肌肉力量和耐久力，增强耐寒能力。游泳对于身体瘦弱和许多慢性病患者还是一种有效的体育医疗手段。游泳已成为一项人民大众所喜爱的终身体育锻炼项目，对于丰富人们的精神文化生活有着积极的作用。

游泳在生产、科研和国防建设上有很高的实用价值，例如，水利建设、防洪抢险、渔业、水下考古、水下侦察、水下摄影等都需要掌握游泳技能。

第一节　熟悉水性

让初学者了解和体验水的特性，克服怕水心理，掌握水感，如浮力感、阻力感和压力感等，习惯游泳时身体姿势的改变，培养对游泳的兴趣，并掌握一些水中活动的基本技能，即水中移动、呼吸、浮体和滑行，逐步适应水的环境，为进一步学习和掌握各泳式技术打好基础。采用水中游戏、背系浮板、手拿浮板、同伴帮助等方法，可以消除恐水心理。在实践中要重视熟悉水性的练习，打下良好的技术基础，增强学会游泳的自信心。

一、水中移动

① 侧对池壁，手扶池边，向前、向后迈步行走，或面向池壁，手扶池边，向左、向右迈步行走。

② 扶壁或 5~6 人手拉手向前、后、左、右走动。

③ 与同伴手拉手成圆圈做游戏性的走、跑或互相推水、戏水。

二、呼吸练习

① 手扶池槽或手握同伴的手，深呼吸后闭气。然后慢慢下蹲把头部全部浸入水中，停留片刻，在水中用鼻、嘴慢慢吐气，直到吐完。然后起立，在水面上吸气后再重复做几次（图 7–1）。要求水中的呼吸要按照“快吸、稍闭、慢呼、猛吐”这一特殊的节律进行。

② 同上练习。要求吸气后头浸入水中，稍闭气后即在水中用嘴和鼻同时呼气，继之抬头。在嘴将出水面，直至嘴一露出水面时，用力把气呼完。随即用嘴迅速吸气，吸气后头部再立即浸入水中。如此反复练习，做到吸、闭、呼气有节奏地进行（图 7–1）。

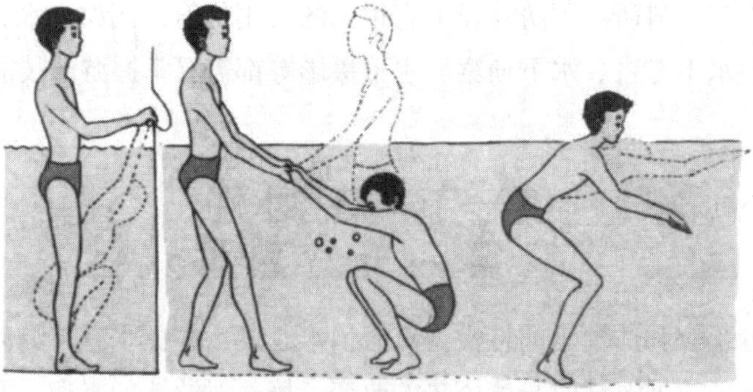

图 7–1

三、浮体与站立练习

1. 抱膝浮体站立练习

原地站立深吸气后，下蹲低头抱膝，双膝尽量靠近胸部，前脚掌蹬离池底，成抱膝团身低头姿势，自然漂浮于水中。站立时，两臂前伸，向下压水并抬头（图 7–2）。同时两腿伸直，以脚触池底站立，两臂自然放于体侧。

2. 展体浮体练习

吸足气，身体前倒入水，闭气，抱膝，团身低头。等背部浮出水面后，伸直臂和腿，成俯卧姿势漂浮水中（图 7–2）。站立时，收腹、收腿，两臂向下压水。然后抬头，两腿伸直，两脚触池底站立。

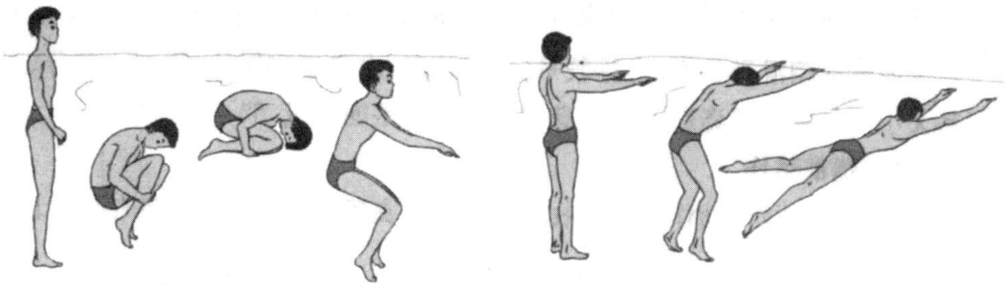

图 7–2

四、滑行练习

蹬池壁滑行练习、蹬池底滑行练习（图 7–3）。

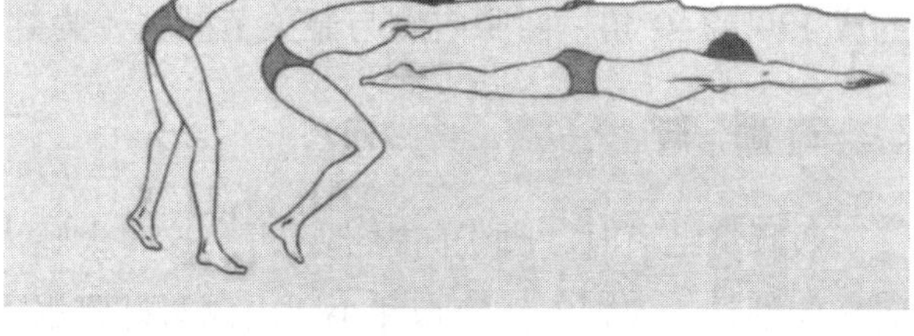

图 7–3

第二节 蛙 泳

蛙泳比其他竞技游泳姿势速度慢，但动作平稳，容易掌握，呼吸便利，适于长距离游泳，又便于观察和掌握方向，实用价值较大，是救护、潜泳和泅渡江河湖泊的常用姿势。

一、蛙泳技术

（一）身体姿势

蛙泳时，身体姿势不是固定不变的，而是随着臂、腿及呼吸动作的周期性变化而不断变化着。当蹬腿结束后，两臂并拢前伸，两腿向后蹬直并拢时，身体处于较好的流线型滑行状态，身体较平，头略抬起，水浸于前额处，胸部一部分、腹部和大小腿处在水平姿势。这时身体纵轴与水平面约成5°~10°角。

（二）腿部动作

蛙泳时腿的技术动作可分为收腿、翻脚、蹬夹腿和滑行四个紧密相连的阶段。

1. 收 腿

开始收腿时，两腿随着吸气的动作自然向下。同时两膝开始弯曲并自然分开，小腿向前回收。回收时，两脚放松，脚踵向臀部靠拢，边收边分。收腿时力量要小，两脚和小腿回收时，要收在大腿的投影截面内。收腿结束时大腿与躯干约成130°~140°角，两膝内侧与髋关节同宽，为翻脚和蹬夹腿做准备。

2. 翻 脚

收脚将结束时，脚仍向臀部靠近。这时大腿内旋，膝关节稍内扣。同时两脚向外侧翻开，勾脚尖，使脚和小腿内侧对好蹬水方向，使腿在蹬夹时有一个良好的对水面。

3. 蹬夹腿

翻脚后，立即以腰腹和大腿同时发力向后蹬水。先伸髋，再伸膝，以大腿、小腿内侧和脚掌向后做急速而有力的蹬夹动作。在蹬夹腿的过程中，当两腿并拢时略向下压，以形成前后鞭打动作。该动作是推动身体前进的重要动力来源。

4. 滑　行

蹬腿结束后，腿处于较低的位置，脚距离水面 30~40cm。此时，两腿迅速并拢伸直，身体适度紧张，呈流线型，做短暂滑行，准备开始下一个腿部动作周期。

（三）臂部动作

现代蛙泳广泛采用高肘、快频率。动作可分为抓水、划水、收手和向前伸臂四个紧密相连的阶段。

1. 抓　水

从两臂前伸并拢，掌心向下的滑行开始，前臂、上臂立即内旋，掌心转向外斜下方，略屈腕，两手分开向侧斜下压水至两手间距离约为两倍肩宽处，手掌和前臂感到有压力，便开始划水。此阶段动作速度较慢。

2. 划　水

当两手做好抓水动作，两臂分至 40°~45°夹角时，手腕开始逐渐弯曲。这时两臂、两手逐渐积极地做向侧下后方屈臂划水。划水时肘的最大屈角为 90°左右，划水应用力，使上体上升到较高位置，为下一阶段收手、向前伸臂做好充分准备。

3. 收　手

收手是划水阶段的继续。收手过程也能产生较大的前进作用和升力。收手过程手臂向里、向上收到头前下方。这时，前臂与肘几乎同时做动作。收手时不应降低划水速度，而是以更快速度积极完成。收手结束时，肘关节低于手，前臂、上臂成锐角。

4. 伸　臂

伸臂动作是由伸直肘关节、肩关节来完成的，掌心由朝上逐渐转向下方，手指朝前。同时迅速低头，将头夹于两臂之间。动作完成时，两臂伸直并拢充分伸肩，手掌心向下，成良好的流线型向前滑行。

（四）蛙泳的完整配合技术

现代多采用一个动作周期呼吸一次的“晚吸气”配合。在抓水过程中，随着头、肩的上升，口露出水面将气吐尽，两腿保持稍紧张的伸直姿势；当划水结束时，头、肩向前上方升至最高位置时快速吸气，同时两膝开始弯曲；当收手并开始前伸臂时迅速低头闭气，迅速收腿；滑行时向水中呼气。整个动作要协调连贯，使游速更加均匀。

现代蛙泳的技术特点是头部起伏大且位置较高，高肘划水，蹬腿技术也随之变窄、变快，划水幅度小而快，整个动作频率快。

二、蛙泳的练习方法

蛙泳简单易学，省力、耐久，能负重，游动声音小，便于观察和掌握方向。武装泅渡主要采用蛙泳。

蛙泳通常是划一次臂，蹬一次腿，呼吸一次。腿的动作是基础，可先通过陆上模仿练习体会动作要领，然后在水中反复练习。呼吸是关键，呼吸动作要与划臂动作密切配合。根据不同的情况，抓住主要矛盾进行练习。

学会蛙泳后，应进行长距离锻炼，增强体力，提高技术。

（一）腿的练习

1. 收　腿

边收边分慢收腿。大腿带动小腿屈膝前收。收腿结束时，两膝接近髋下，间距约与肩宽同。

2. 翻　脚

向外翻脚对好水。脚跟靠近臀部，脚尖向外，用脚和小腿内侧向后对好水。

3. 蹬夹腿

用力向后蹬夹腿。大腿用力向后做弧形蹬夹腿。蹬夹动作不要分开（图 7–4）。

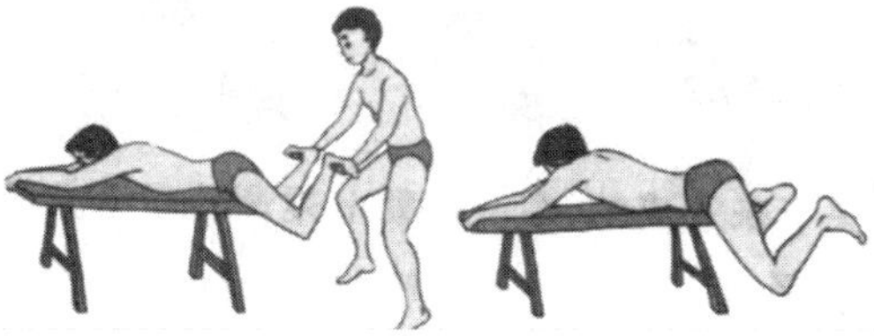

图 7–4

4. 仰坐练习

模仿腿的动作，按收腿、翻脚、蹬夹腿的要领练习。练习时上体要保持不动（图 7–5）。

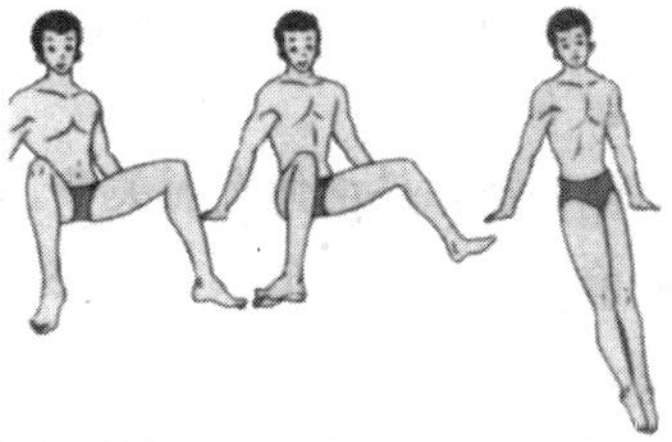

图 7–5

5. 水中腿练习

收腿要慢，蹬夹腿要快而有力，两腿并拢后向前滑行（也可扶池壁、游泳板进行练习）（图 7–6）。

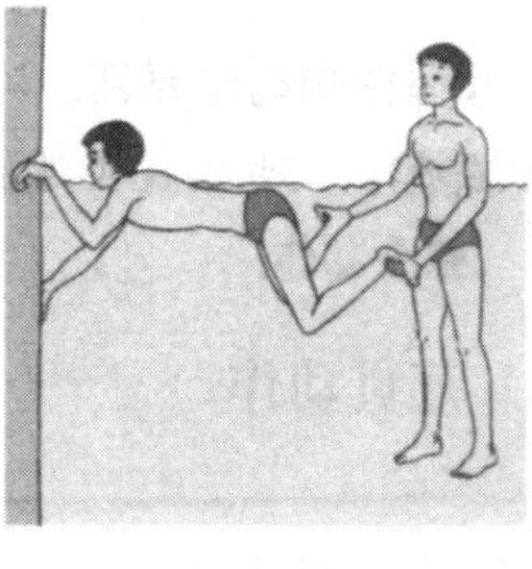

图 7–6

6. 滑行蹬腿

低头伸臂平卧水，细心体会蹬腿要领。

（二）臂和呼吸的练习

1. 划臂练习

两臂伸直，向斜后方边划边屈臂。当臂划至肩的侧下方时，收手夹肘伸向前(图 7–7)。

图 7–7

2. 臂和呼吸配合

① 抬头划臂张口吸：先抬头，两臂同时向斜后方划水时吸气。抬头不要太高太猛。

② 用力划臂吸足气：提肘屈臂向后加速划水时，迅速吸气。

③ 收手夹肘闭住气：臂划至肩的侧下方时收手夹肘将手收至颌下，脸逐渐浸入水中闭气。

④ 两臂前伸慢呼气：臂前伸时，两手自然并拢，掌心转向下方，并呼气。

3. 臂腿配合练习

为了掌握臂腿动作要领，可先做闭气划臂蹬腿的配合练习，熟练后逐渐过渡到划臂蹬腿数次，呼吸一次,然后到完整配合。

（三）连贯动作

1. 开始划臂腿不动（准备吸气）

两手分开向斜后方划水，两腿自然伸直，准备收拢。开始抬头。

2. 用力划臂腿前收（吸气）

臂划近肩下时，两腿自然分开，屈膝前收，抬头吸气。

3. 收手夹肘收好腿（闭气）

臂划至肩的侧下方时，收手夹肘将手收至颌下，同时完成收腿动作。头逐渐浸入水中闭气。

4. 伸臂翻脚再蹬腿（呼气）

两臂前伸同时向外翻脚，立即用力向后做弧形夹水。

5. 身体向前滑一会儿（呼气）

蹬腿结束后，臂腿收拢，脸浸入水中，向前滑行，然后重复下一个连贯动作。

第三节　爬　泳

爬泳是身体俯卧水中，依靠两臂轮换划水，因其动作很像爬行，所以称为爬泳。爬泳是速度最快的一种游泳姿势，在自由泳项目比赛中多采用它，故被称为自由泳。它在防洪抢险、横渡急流、抢救溺水者时能发挥积极作用。

一、爬泳技术

（一）身体姿势

游爬泳时身体要保持几乎水平的俯卧姿势，躯干肌适当紧张，成较好的流线型，身体纵轴与水平面约成3°~5°角。头部应自然地颈后屈，两眼注视前下方，头的1/3露出水面，水平面接近发际。为了争取动作效果，允许双腿暂下沉。游进中身体可以围绕身体纵轴有节奏地转动，这种转动一般在35°~45°角范围内。

（二）腿部动作

爬泳打腿主要是起维持身体平衡的作用，使下肢抬高，保持身体有较好的流线型，以及协调配合两臂用力的划水动作，并能提供一定的推动力。

打水动作脚掌伸直并略内转，踝关节自然放松，以髋为支点，动作从髋关节开始，大腿发力稍内旋，带动小腿，力量通过大腿、膝、小腿，最后到足部形成上下鞭打状打水动作，两腿分开的距离为30~40cm，向上打水膝关节弯曲140°~160°角，向下打水结束时，脚离水面30~35cm。

（三）臂部动作

臂划水是爬泳推动身体前进的主要动力。臂的一个划水周期可分为入水、抱水、划水、出水、空中移臂五个部分。

1. 入　水

臂入水时，肘关节略屈并高于手，手指并拢伸直，向斜下方切插入水，或掌心暂向外侧切入水中，使手掌与水面的角度为30°~40°。动作要自然放松，臂入水时在身体中线与延长线中间。臂的入水顺序为手→前臂→肘→上臂。

2. 抱　水

臂入水后，手腕自然伸直，掌心转向下，积极插向前下方至有利于抱水部位。此时前臂和上臂应积极外旋，当手臂接近完全伸直，手臂与水平面成15°~20°角时，手腕向下弯曲，同时开始屈肘，使肘高于手。上臂划至与水平面成30°角时，手和前臂已经接近垂直对水，肘关节屈至150°左右，手和前臂以较大的截面积对准划水面，整个手臂像抱着一个大圆球似的为划水做准备。

3. 划　水

划水是指手臂在前与水平面成40°角时起，向后划至与水平面成150°~200°角为止的动作过程，是产生推进力的主要阶段。这个阶段又分为两个部分，从整个臂部划至肩下方与水面垂直之前称为拉水，过垂直面后称为推水。

拉水是从直臂到屈臂的过程。抱水结束时，屈肘为 150°左右。拉水时，前臂的速度快于上臂，继续屈肘。当臂划至肩下方时，手在体下靠近身体中线，屈肘约为 90°~120°角。整个推力过程应保持高肘姿势，使手和前臂能更好地向后划水。

推水是手臂屈与伸的过程，推水中肘关节向上，向体侧靠近。手在拉水结束后即从肩下中线处向后侧划动至大腿旁。推水时，手掌应始终与水平面保持垂直。这有利于推水时产生反作用力而向前推进。

整个划水动作，手的轨迹始于肩前，继之到腋下，最后到大腿旁，呈 S 形。

4. 出　水

在划水结束后，臂由于惯性动作而很快地靠近水面。出水时，手臂放松，微屈肘，肘部向上方提起带动前臂出水面，掌心转向上方。手臂出水动作必须迅速、柔和、放松而不停顿。

5. 空中移臂

臂在空中前移的动作是手臂出水的继续。移臂开始时，手掌几乎完全向后提肘向上，手腕放松，手落后于肘关节。当手前摆过肩时，应与肘成一直线。这时手和前臂逐渐向前伸出，掌心也从后上方转向前下方，接着做准备入水的动作。

（四）两臂配合技术

划水时，依照两臂所处的位置不同，可分为三种交叉形式，即前交叉、中交叉、后交叉。

1. 前交叉配合

当一臂入水时，另一臂处于肩前方，与水平面成 30°角左右。

2. 中交叉配合

当一臂入水时，另一臂处于肩下垂直部位，与水面构成约 90°角。

3. 后交叉配合

当一臂入水后，另一臂划水至腹部下方，与水平面构成约 150°角。

初学者应采用第一种交叉形式，它有利于掌握爬泳动作和呼吸动作。

（五）臂、腿与呼吸配合的完整动作

爬泳采用转头吸气的方法。这里以向右吸气为例，右手入水后，嘴与鼻慢慢呼气。右臂划水至肩下时，头向右侧转，呼气量增大。右臂推水快结束时，用力呼气，直至嘴出水面。右臂出水时吸气，移臂至与肩平齐时吸气结束。随着臂继续向前移动，转头还原闭气。爬泳的呼吸与臂、腿的配合是呼吸 1 次、臂划 2 次、腿打 6 次，即 1:2:6，但也有 1:2:4 或 1:2:2 的配合。

二、爬泳的练习方法

（一）腿的练习

1. 扶池槽打水

大腿带动小腿交替向后下方打水。向上提时放松，向下打水要用力。可结合呼吸练习（图 7–8）。

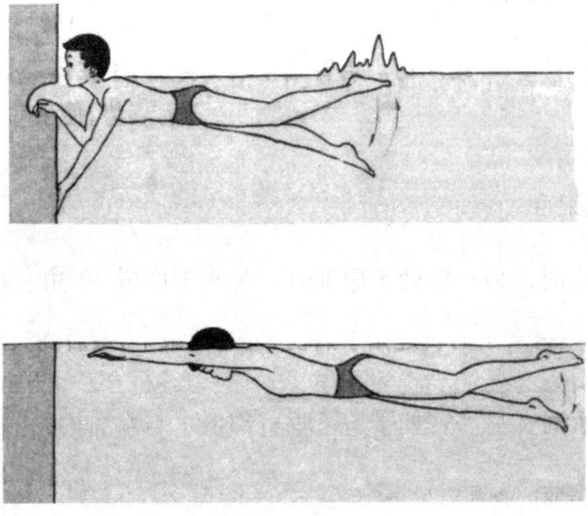

图 7–8

2. 滑行打水

向上提腿时膝关节稍屈，向下打水时脚面绷直，脚尖稍向内转。打水幅度 30~40cm（图 7–8）。

（二）臂和呼吸的配合

1. 划臂呼气

以左臂为例，右臂在肩前插入水后，逐渐屈臂向后划水，同时呼气。划臂不要超过身体中线（图 7–9）。

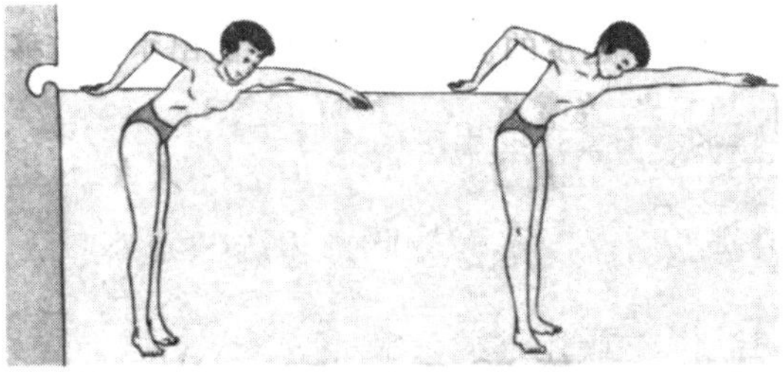

图 7–9

2. 推水吸气

左臂向后推水时转头吸气，提肘出水时同时完成吸气动作。抬头不要太高、太猛（图 7–10）。

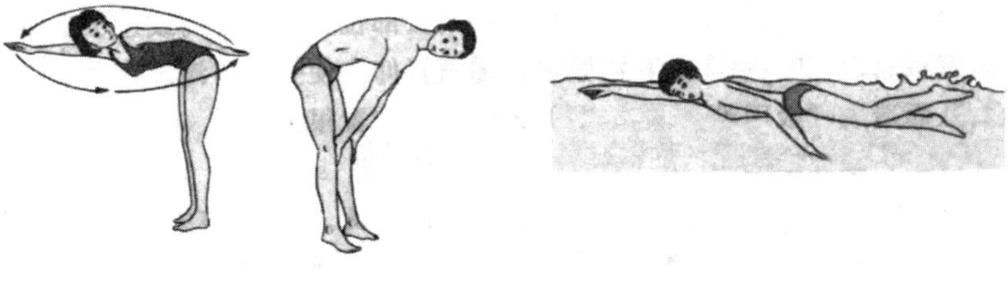

图 7–10

3. 移臂闭气

左臂从体侧向前移臂时，头逐渐转入水中闭气。

（三）单臂划水

两腿连续打水，一臂前伸一臂划水。两臂交替进行，逐渐过渡到连贯动作。

（四）连贯动作

1. 右臂下滑要伸肩，左臂推至大腿边（呼气）

伸肩：右臂下滑时，尽量向前下方拉开肩带肌肉，掌心向下。

2. 右臂肩前抱好水，左臂提肘出水面（呼气）

抱水：右臂向外提肘屈臂，使手掌和前臂向后抱好水。

3. 右臂肩下屈臂划，左臂前伸插入水（呼气）

划水：右臂划至肩下时，前臂和上臂屈成120°角左右，加速向前划水。

4. 右臂推至大腿边，左臂下滑要伸肩（转头吸气）

推水：右上臂靠近体侧，前臂用力向后推水。吸气要深、要快。

5. 右臂提肘出水面，左臂肩前抱好水（完成吸气）

出水：右臂利用推水速度的惯性，在腿侧提肘出水向前移臂，肌肉放松。

6. 右臂伸插入水，左臂肩下屈臂划（闭气）

入水：右臂手自然合拢，肘高于手，在肩前部插入水。

第四节　仰　泳

仰泳是身体成仰卧姿势的游泳。其动作结构和爬泳基本相似，它包括反蛙泳和爬式仰泳。

一、仰泳技术

（一）身体姿势

身体平直仰卧水中，自然伸展，头肩略高于臀，腰和腿保持水平部位，后脑浸入水中，颈部肌肉放松，脸部露出水面，眼看后上方。

仰泳时头像控制前进方向的舵，另外，头部位置不宜过高或过于后仰。过高会造成背肌和胸肌不必要的紧张。过于后仰会使头和肩淹没在水中，容易呛水，从而造成呼吸困难。因此，在仰游时头的位置很重要。

（二）腿部动作

仰泳时腿部动作的作用主要是维持身体平衡，控制身体姿势，产生一定的推进力。整个动作是以髋关节为轴，由大腿发力，腿膝关节带动小腿和脚来完成，呈现有节奏的重复上踢水和下压水过程。可用“屈腿上踢、直腿下压”来形容仰泳腿动作的过程。

下压水是由腿伸直与水面平行时开始的。当臀部肌肉收缩时直腿下压，下压到占整个移动路线的 2/3 时，大腿停止下压准备上踢。后 1/3 由小腿和脚利用继续下压的惯性屈膝来完成。

上踢水是腿下压动作结束，大腿用力向上和股四头肌用力收缩开始的。此时，由于水的阻力和股四头肌的牵制，大腿与小腿构成约 130°~140°角，小腿与水平面约 40°~45°角。大腿向上，直至超过髋关节水平线，与此同时，由大腿带动小腿向上踢水，直至腿完全伸直为止。仰泳时两腿的主要推动力是靠向上踢水产生的。向上踢水时，在任何情况下都不要使膝和脚踢出水面，否则会影响踢水效果。

（三）臂部动作

仰泳时臂的动作与爬泳一样，都是产生前进力量的主要因素。目前一般都采用两臂交替在体侧屈臂划水技术。在一个动作中臂部动作分为入水、抱水、划水、出水和空中移臂五个紧密相连的阶段。

1. 入　水

入水紧接着空中移臂后开始。入水时手臂自然伸直，手掌展平，入水点在肩的延长线上。手臂入水的顺序一般是先上臂入水，然后前臂和手几乎同时入水。

2. 抱　水

手臂入水后，躯干向入水的一侧转动，借助前移的速度，直臂向深水处积极抓水，并做转腕和肩臂内旋的动作，同时开始屈臂，使手臂和前臂处在最有利的划水位置，形成有利的划水面，即抱水。

3. 划　水

划水动作从抱水开始，包括拉水和推水。开始拉水时，前臂内旋，肘关节向下弯曲，并逐渐下沉至靠近腰部，以手臂和前臂对准水划。当手臂划过肩关节垂直面时，即开始推水。推水应充分利用拉水速度和划水面，使整个臂同时用力向后下方做推压动作。

4. 出　水

手臂划水结束后，手掌自然转向下方，并靠近大腿，利用手臂内旋下压的反作用力和肩部三角肌的收缩力量，使手臂自然地提出水面。

5. 空中移臂

臂出水后，应迅速地沿着与水平面接近 90°角的垂直面上由后向前移动，移臂时手臂要自然伸直，速度要快。

（四）呼吸与臂、腿的动作配合

仰泳时身体成仰卧姿势，脸一直露出水面，因此呼吸技术简单、自然，只要张口有节奏地呼吸即可。呼吸可与臂动作配合，当一臂空中前移时吸气，而另一臂空中前移时则呼气。为了增加臂划水的力量，在吸气后应有一个短暂的闭气过程。仰泳腿、臂和呼吸的配合一般采用“6:2:1”，即在一个循环动作内腿打水 6 次、臂划水 2 次、呼吸 1 次。

二、仰泳的练习方法

（一）腿的练习

1. 陆上练习方法

坐在地上、岸边或游泳池边上，身体稍后仰，双手撑于身后，两腿举起，脚离地面，脚面绷直，两腿一上一下交替摆动打腿。腿下压时要直，腿向上踢时，要大腿带动小腿和脚面做“鞭状”上踢动作（图 7–11a）。

2. 水中练习方法

① 先坐在池旁，两腿放入水中，然后上体后仰半卧，两手置于体侧，两腿做交替打水（图 7–11a）。

② 站立于浅水处，背对池壁，两手绕肩反握池壁或同伴双手，两臂稍伸直之后，身体后仰卧水面，提髋，两腿浮于水面后做打腿练习（图 7–11b）。

③ 站立于浅水中面对池壁，两手扶池壁，上体下蹲，两腿弯曲，膝盖上举，两脚平行放于池壁，然后双手用力推离池壁，同时两脚用力蹬池壁而身体仰卧水中，借惯性力两腿做上下交替打水，两手放于体侧，手心朝下压水，直到两腿打不动而下沉为止，这时可低头收腹，屈双腿，两脚向下伸直踩池底站立水中（图 7–11c）。

如果是两个人或两个人以上做上面的练习，同伴可用手托其后背或头部，帮助其更好地浮于水面，以利于做打腿练习（图 7–12）。

a　　　　b　　　　c

图 7–11

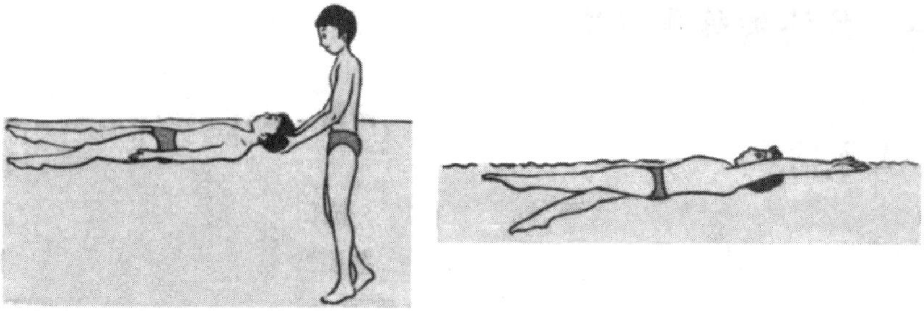

图 7–12

3. 仰泳打腿练习的注意事项

① 稍收下颌，以防鼻孔朝上使水进入鼻中而呛水。

② 髋部上提，可使身体成流线型仰卧水面，以防止臀部下坐，增大阻力。

③ 腿下压时要直，上踢时大腿带动小腿，稍屈腿做“鞭状”踢水，控制膝盖和脚不要踢出水面。

④ 髋关节适度放松，以免腿的动作僵硬。

（二）臂的练习

1. 陆上练习方法

身体仰卧在长条板凳上，两臂交替在体侧做仰泳的移臂和划水的模仿练习。移臂时肘关节要伸直，经身体上方移动，要尽量做到上臂贴近自己的耳朵，手在同侧肩后方“入水”、“抱水”和向后“划水”练习。练习之初先做单臂分解练习，逐渐过渡到两臂交替的练习；开始时可直臂划臂，之后再练习屈肘的划臂练习。也可以身体直立做臂的模仿划水动作的练习，一臂体侧上举，勾手提肘，然后在体侧做向下的划水模仿练习，“划水”时手心应始终朝下，直到手能触到同侧大腿为止（图 7–13a）。

2. 水中练习方法

① 单手扶池边，身体仰卧自然伸展于水面，另一臂做划水和移臂的练习。

② 在同伴协助下做分解的单臂或双臂的划水、移臂练习。此练习应在浅水处进行（图 7–13b）。

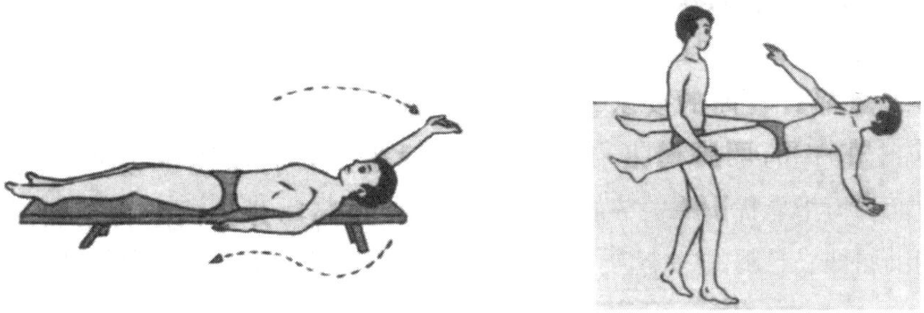

a　　　　b

图 7–13

③ 一手把持胸前的扶板，身体仰卧水中，两腿交替打水，另一臂做划水和移臂的练习。

④ 在腰际系上绳仰卧水面，同伴站在岸上拉住绳的另一端，并缓慢连续拉绳，练习者仰卧水面两腿较用力地做打腿练习，主要练习和体会臂的划水动作。

⑤ 利用两脚蹬离池壁后的惯性做划水练习，两腿要用力打水，以利于身体上浮和延长划水练习次数。

第五节　蝶　泳

蝶泳又称海豚泳。它是由蛙泳演变而来的一种泳姿，游进时因两臂动作形似蝴蝶展翅而得名。后来匈牙利运动员董贝克模仿海豚躯干的波浪动作，创造了海豚泳姿势，使游速有了很大的提高，从而产生了海豚式蝶泳。

一、蝶泳技术

（一）身体姿势

蝶泳时身体俯卧在水中，但位置不固定，两臂同时在体下划水后提出水面经空中前摆，躯干与腿有节奏地随着上下做鞭打动作，身体沿本身的横轴上下摆动。

（二）躯干和腿部动作

蝶泳时，躯干和腿联合做鞭打动作，对身体的协调性及臂、腿、腰、腹的肌肉力量都有较高的要求。其开始姿势为两腿自然并拢，脚掌稍有内旋使两脚跟稍分开，两脚拇指靠拢，踝关节放松。鞭打从腰部发力，带动脊柱、髋、膝、踝各关节相继屈伸。打腿的一个动作周期分为向上打水和向下打水两个阶段。

（三）臂部动作

蝶泳臂部动作是推动身体前进的主要动力，也是各种姿势中推动力最大的一种，躯干和腿的波浪动作均顺从于手臂的动作。蝶泳动作结构与自由泳相同，但蝶泳两臂动作是对称的。在一个动作周期中，蝶泳臂部动作可分为入水、抱水、划水、出水、空中移臂五个紧密相连的阶段。

1. 入　水

手、前臂和上臂依次在两肩的前方延长线稍外处入水，从与水平面约 20°方向插入水中。入水时两手的距离同肩宽，手臂是按手、前臂、上臂的顺序依次入水。入水后不宜向前伸肩滑行，应立即进入抱水阶段。

2. 抱　水

紧接着入水阶段做转腕动作，即臂稍向外下拨动，并随之向内下使手掌向后下方成抱水姿势。

3. 划　水

紧接抱水，两臂屈臂向后加速划水，靠上臂内旋，前臂和手加速向内后拉水，拉水至肩的垂直平面时，屈肘约 100°。两手距离从宽于肩部到窄于肩部接近靠拢，然后继续向后推水直至大腿旁。两臂同时划水，形成双 S 形的动作路线。

4. 出　水

随着臂推水的结束，靠三角肌和斜方肌的适当收缩，顺推水的惯性，略屈肘，按上臂、前臂、手掌的顺序使手臂向上稍偏外方向出水。

5. 空中移臂

动作与自由泳相似，是靠肩带动前臂和上臂的内旋，使肘部处于较高位置，放松轻快地沿低而平的弧线经空中前移，直至入水。

（四）呼吸与臂、腿动作配合

蝶泳的呼吸很重要，一般是臂划 1 次，做 1 次呼吸动作，鞭状打水 2 次。初学者可采用早吸气的方法。在划水的前 1/3，借助划水的力量，顺势抬头吸气，在划水的后半部分结束吸气。手臂出水和开始向前移臂时闭气，手臂入水时呼气。呼吸与臂、腿动作的配合是 1:1:2。

二、蝶泳的练习方法

（一）躯干与腿的练习

1. 陆上模仿练习

原地站立，两腿并拢，两臂伸直上举，腰部用力，模仿海豚泳躯干和腿的波浪式动作，腰腹和下肢依次做前后摆动（图 7–14a）。

2. 准备姿势

同上，两脚蹬地向上跳起后两腿并拢，屈腰部发力做波浪动作。

3. 水中练习

① 站在浅水处，两臂伸直上举，两腿并拢，用力蹬池底后，模仿蝶泳打腿动作，躯干和下肢做波浪式前后摆动。

② 先打自由泳腿，然后两腿并拢做波浪式打腿。

③ 手持扶板或蹬边滑行的打腿练习（图 7–14b）。

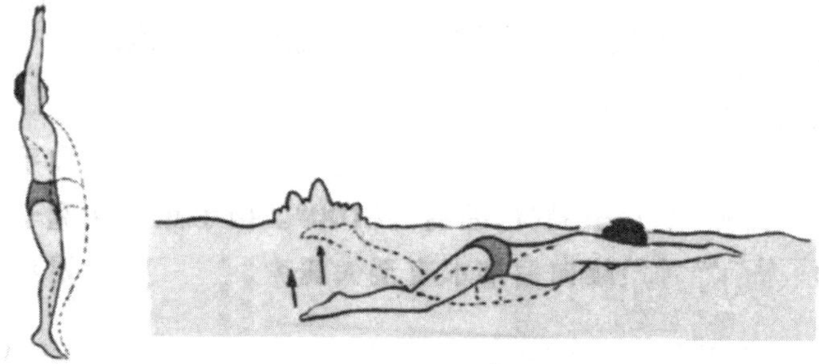

a　　b

图 7–14

（二）臂的练习

1. 双人练习

一人站在浅水处，侧对练习者并用双手托住其膝盖部位，练习者做蝶泳的臂划水动作。

2. 双人练习

一人站在浅水处双手抓住练习者踝关节，另一人做蝶泳划臂练习。

3. 单人练习

站在浅水中，两臂边做划水两腿边前移。

4. 滑行划水练习

两脚蹬离池壁或池底后，借惯性做波浪式打腿动作，同时两臂做划水练习（图 7–15）。

图 7–15

视　窗

名人与游泳

富兰克林出生在波士顿的一个贫苦的家庭里，后来成为一名伟大的发明家和政治家。究其成功诀窍，用他自己的话说："这要归功于健康的身体。"而他的健康身体，是从小就开始游泳锻炼出来的。富兰克林的游泳技术很高。一次他搭轮船过海时，有位乘客不慎落水，他立即纵身入海，在惊涛骇浪中把落水者救上了船。他还善于将游泳与其他运动结合起来。例如，他别出心裁地制作了一只大风筝，游泳时他仰面躺在水上，把风筝的线连接在自己的腰带上。这样，便可凭借风筝的力量在水上悠闲自在地游上几英里。

链　接

游泳专业术语中英文对照

蛙泳 breast stroke	泳姿 stroke	踩水 treading water
仰泳 back stroke	泳池 swimming pool	转身 spin turn
蝶泳 butterfly stroke	跳水 dive	跳台 diving platform
爬泳 free style	划水 strike	跳板 spring board
混合泳 medley stroke	打水 kicking	向前跳 forward dive
花样游泳 water ballet	换气 altemate breathing	向后跳 backward dive

思考题

1. 试述游泳运动的特点及锻炼价值。
2. 试述蛙泳的动作技术要领。
3. 试述爬泳的动作技术要领。
4. 爬泳两臂配合的动作有哪几个过程，为什么要屈臂高肘曲线划水？

第八章　乒乓球技术与锻炼方法

学习目标

☞ 领会乒乓球运动的锻炼价值。

☞ 掌握乒乓球的基本技术，积极参与此项运动。

☞ 学会欣赏国内外重大乒乓球比赛。

乒乓球是由两名或两对选手用球拍在中隔一网的球台两端轮流击球的一项室内运动。它主要有直拍和横拍两大类打法。

乒乓球比赛的基本方法有淘汰赛和循环赛两种。比赛每场采用3局2胜、5局3胜或7局4胜制。每局比赛先得11分者为胜，如10平后，则先多得2分者为胜。乒乓球比赛分男、女团体，男、女单打，男、女双打和男女混合双打7个项目。从1988年开始，乒乓球首次进入奥运会，成为正式比赛项目；但第29届奥运会乒乓球比赛只设男、女单打，男、女团体4个项目。第1届世界乒乓球锦标赛于1926年在伦敦举行，自第26届世乒赛开始改为每两年举行一届。

乒乓球运动的特点是球小、速度快、变化多、设备简易。另外，它不受年龄、性别、身体条件的限制，所以能广泛地开展。在我国乒乓球运动开展的已相当普及，它运动量适中，具有较强的娱乐性、竞争性，经常参加比赛还有利于促进人际间的交流、合作、友谊，可以有效地调节紧张的情绪，缓解工作、学习所带来的精神压力，它是广大群众，尤其是青少年所喜爱的体育运动项目。经常参加乒乓球运动，可以发展人的灵敏性和协调性，提高动作速度和上下肢的活动能力，改善心血管系统的能力，增强体质，还有助于培养勇敢顽强、机智果断、沉着冷静、敢于拼搏等优良品质。因而，在普通高校开展乒乓球运动是非常有必要的，但由于学生技术水平不高，体能锻炼的强度不够，还需要与心肺功能及力量素质的练习相结合，以促进学生健康和身体素质的全面发展。

第一节 乒乓球的基本技术

一、握拍方法

乒乓球握拍方法分直拍握法和横拍握法两种，不同的握法各有其优缺点，从而产生各种不同的打法。初学者可以根据各自的习惯和爱好，选择适合自己的握拍方法。

（一）直拍握法

直拍握法，根据不同的技术动作又分为近台快攻型握拍法、弧圈球型握拍法、直拍削球型握拍法等，但无论是哪一种握法，其基本的手指动作大致相似：拍前，以食指第二指节和拇指中段扣拍；拍后，三指弯曲贴于拍的 1/3 上端。这种握法又称为中钳式（图 8–1）。

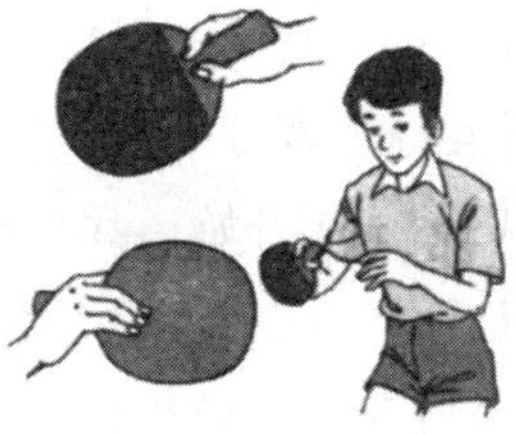

图 8–1

直拍握法的特点是正反手都用球拍的同一拍面击球，出手快，正手攻球快速有力，攻斜、直线球时，拍面变化不大，对手难于判断。

（二）横拍握法

虎口贴拍，食指在拍前，拇指在拍后。此握法又称为八字式。正手攻球时食指向上移动；反手攻球时拇指向上移动（图 8–2）。

图 8–2

横拍握法的特点是正反手攻球力量大，攻削球时握法变化小，反手攻球容易发力也便于拉弧圈；但正反手交替击球时，需变换击球拍面，攻斜、直线时调节拍形的幅度大，容易被对方识破。

无论哪种握法，握拍都不应过紧或过松：过紧会使手腕僵硬，影响发力时的手腕动作，过松则影响击球力量和击球的准确性；握拍也不宜太浅，特别是直握时食指和拇指构成的钳形不能过大或过小，以免影响手腕动作的灵活性。在变换击球的拍面、调节拍面角度时，要充分利用手指的作用。

二、发球与接发球技术

发球是乒乓球的基本技术之一，在比赛中占有很重要的地位。发球多变并且质量好，不仅能使对方回接失误，己方直接得分，而且可以为进攻创造良好的机会。发球是比赛开局的第一板球，它不受对方的干扰，可以任意在各种方位（双打除外）按自己的战术意图将球发到对方任何位置，先发制人，争取主动。

（一）发　球

1. 反手平击球

发球时右脚在前，左脚在后，身体稍向左转。左手掌心托球，置于身体左侧，右手持拍于体前。抛球后，球拍开始后撤，待球将回落时，前臂从身体左后方，向前挥击球的中上部，整个过程是“抛—拉—打”。

如果在球拍触球的刹那，球拍前倾，前臂加快挥拍速度，手腕配合外展，使球拍正对左角，则成为反手斜线急球。同样，如果手腕向左扭动，使球拍正对右角，就成为反手直线急球。

发轻球时，随着前臂向上方摆动而使球拍后仰，击球的中下部，顺着摆臂的惯性，轻轻地将球送出。发急球主要依靠前臂横摆的力量来加快球速，球拍与球台约成60°角，击球点比网低8~10cm，将球击在本台近端线10cm处。发轻球（近网球）应以前臂由后向前送，球拍保持后仰，拍触球时用力要轻而缓和，击球点稍高于球网，球被击在球台的中段附近。

2. 上旋球

球拍用力向前上方移动，摩擦球的中上部。球拍接触点应比网稍高或等高。

3. 下旋球

球拍用力向前下方切削，摩擦球的中下部，球拍接触点应比网高。在发近网下旋球时，用力下切动作要快，落点距网较近；发远网下旋球时，除用力下切外，还应略加向前的力量。

4. 左、右侧旋球

发左侧旋球时，将拍面稍向左倾斜，用力向身体左方发力，擦击球的中部。发右侧旋球时，将拍面向右倾斜，用力向身体右方发力，擦击球的中部。

5. 左侧上、下旋球

左侧上旋球和左侧下旋球混合交替的发球，主要利用十分近似的发球手法，使对手不易判断。发左侧上旋球时（正手），身体站于球台左角，稍向右侧。将球抛起后，球拍由右上方向左下方摆动。然后，前臂和手腕同时发力，在离台面约 15cm 处触球。拍面触球点从球的中部到中上部，前臂需做后旋动作，手腕协助使球拍向内、向左上方勾球，将球击出。发左侧下旋球时，手臂则从右后上方向左前下方直接做擦击动作，触球的中下部（图 8–3）。

图 8–3

6. 右侧上、下旋球

右侧上旋球又称"奔球"。将球抛起后，持拍的手向后引拍，前臂放松，使球拍高度顺势下降，好像把球拍在体侧做一次向后的小绕环动作。在球下降至离台约 15cm 时，整个手臂迅速向左前方用力，同时拇指用力扣拍，使拍面沿着球的曲线向右侧上部摩擦。球击在离本台底线 20cm 处，弹向对方右角，偏斜前进。右侧下旋球的挥拍弧线是由左后上方向右前下方，而球拍则由球的中下部向右侧下部转移（图 8–4）。

图 8–4

7. 急球和轻球

急球和轻球主要是靠控制速度和落点来使对方失误。所以，发急球时动作要快、角度要大或者追身，使对方忙于左右照应，顾此失彼。在发急球的同时，要头脑冷静、随机应变，间隔插发些近网轻球，迫使对方近台拉球，伺机进行抽杀。

急球和轻球的动作愈逼真，差异愈不明显，收效就愈大。发左侧上下旋球时，首先应多发左侧下旋球，迫使对方用搓球回接，然后夹杂发左侧上旋球，令对方搓接时造成高球或失误。左侧上旋球（奔球）在打对攻或对付削球时用处较广，能有效地扰乱对方步法，伺机扣杀（图 8–5）。

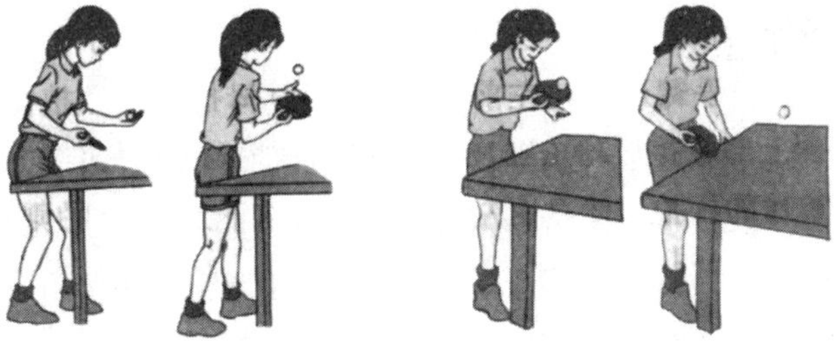

图 8–5

除上述发球外，还有用相似手法发转与不转球，抖动式的上、下旋球，下蹲式发球等。这些都是用相同的动作发出不同旋转强度和旋转性质的球，造成对方判断不清，回接失误。

（二）接发球

在一局比赛中，接发球的机会和发球相同。如果接发球能力较差，不仅给对方以较多的进攻机会，而且在处理关键球时会延误战机，影响全局。

接发球常用推、搓、削、拉、抽等方法来回击。推、搓、削是用旋转和变化落点去抑制对方攻势的，并带有一定的防御性质。拉球和抢攻时可以直接破坏对方的攻势，打法上较积极主动。所以，在接发球时应根据不同的情况做到时搓时拉，忽攻忽守，只有这样才能充分掌握比赛的主动权。

接发球首先应根据对方发球时的位置来决定站位。如对方在左后方正手发球，接发球者的站位应在中间靠右；对方在左面反手发球，接发球者的站位则应中间靠左。同时接发球时，还要密切注意对方发球的挥拍动作、球拍移动方向以及触球瞬间用力的大小，以正确地判断对方发球的性质和落点，及时用相应的、正确的方法回击。例如，在接上旋球时，用快速推挡或加力快抽来击球的中上部；接下旋球时，球拍后仰，搓击或拉抽球的中下部。而接左、右侧旋球时，则必须将球回击到对方球拍移动的相反方向。如对方向左挥拍，己方就应击向右方；对方向右挥拍，就击向左方。回接侧上、下旋球时，对左侧上旋球应将球拍向左前下方击球；对左侧下旋球则应用提拉向左前上方挥动击球。

三、基本击球技术

（一）推挡球

推挡球以反手推挡球为主，其中又分高压推挡球（大力推挡）、下旋推挡球、侧上旋推挡球等。反手推挡时，离台约 30~50cm 站立，左脚稍前，右脚在后，前臂与地面略平行，肘部与上臂贴右侧身旁，前臂与上臂夹角成 100°左右，前臂靠近腹前，球拍与桌面成 90°角。当来球入台将近上升期时，前臂内收，球拍迎向来球方向，向前、向下发力，推击来球的中上部，食指同时微微用力使球拍前倾，盖住来球，上臂随前臂前摆。击球后，球拍呈半圆弧形路线还原。

1. 快　推

快推的特点是借力还击，回球速度快，有斜直线的变化。对付弧圈球时还能推侧旋、推大角度以破坏和干扰对手的进攻。在对攻和相持阶段又常用来推两大角或突袭对方空当，使对方因应接不暇而失误或被动，为进攻创造有利条件。

动作要领：左脚稍前或两脚平行，屈膝，提踵，两脚之间的距离略宽于肩，身体离球台约 40cm。击球前，持拍手臂和肘关节内收，前臂略向外翻展，球拍柄呈横状。击球时，前臂向前推击的同时，手腕外旋，食指压拍，拇指虽放松但要紧贴拍柄，使拍前倾。在上升期时击球的中上部，把球快推过去。除此之外，还有一种加力推，就是在球来之前先向后拉球拍，球来之际猛地由后向前迎击球，由于加大了力量，对球产生更大的撞击力，所以推过去的球力量大、速度快，往往能压住对方攻势，也能为自己侧身抢攻创造有利的条件，推完球后要迅速还原（图 8–6）。

图 8–6

2. 减力挡

首先在概念上明确，这种技术是既不加力推也不加速推的一种击球技术。目的是使球弧线低、落点短、力量轻。在对攻的相持中，当对方离球台远时，可用减力挡吊对方一个近网球，迫使其前后奔跑，然后伺机用正手抢攻。更比较常用的是对付弧圈球选手，用大角度或近网的小球干扰和破坏对方的进攻。

动作要领：准备姿势和推挡动作相同，拍要前倾，当球由台面刚弹起后，球拍贴近来球并高于来球，这时前臂不仅不往前发力，相反还要随着来球的方向迅速向后撤，以缓冲球的反弹力，使球落于近网。

（二）攻　球

攻球是最重要的一项基本击球技术，是最具有威慑力的得分手段。攻球可分为正手攻球和反手攻球；按站位又可分为近台、中台和远台攻球；按击球点和击球的时间又可分为拉、抽、拨、带、扣、杀等方法（图 8–7）。常用技术有：

正手快抽　　　　正手拉抽

图 8–7

1. 正手近台攻球

站位靠近球台，出手快、动作小，从速度上夺取优势，为扣杀创造有利的条件。击球之前引拍至身体右侧，当球由台面弹起时，手臂向左前上方迅速回击来球。击球时食指稍放松，拇指压住球拍，使拍面前倾，形成合理的击球角度，结合手腕内旋动作，在球的上升期击球的中上部。

⑴ 正手拉球

这是回击下旋球的主要进攻技术，能为发力攻击创造条件。提拉时是击球的回落期，用上臂和前臂由右后方向左前上方挥击，击球时前臂迅速向内收，配合手腕内旋动作，用球拍摩擦球的中上部。

⑵ 正手扣球

击球的动作幅度大、力量重，是得分的主要手段。击球时，由前臂带动上臂由右后方向左前方加速挥击，击球前用右脚蹬地，配合转腰力量形成一股合力去击来球的高点期；如遇到上旋球时，拍面稍前倾，击球中上部；击下旋球时，球拍略低于来球，击球的中上部。

(3) 侧身正手攻球

首先要移动脚步，左脚在前，右脚在后，使身体位于球台左侧，上肢收于腹前，上身略前倾。根据来球特点酌情拉或扣杀。

(4) 正手攻弧圈球

回击弧圈球的时机极为重要，所以首先要判断清楚来球的落点、旋转，捕捉好击球的战机。攻打加转弧圈球时，先拉开手臂，球刚弹起时尽快挥拍向前下方迎击，拍形要前倾，与台面成约 60°的夹角，击球的中上部。回击前冲弧圈球时，球刚刚弹起就要立即回击，拍一触球前臂立即内收，击球时拍与台面约成 70°夹角，击球的中上部。

(5) 滑板球

滑板球是一种战术动作很强的进攻技术，不仅要求击球角度大，而且球应有一定的左侧旋，动作要隐蔽。更高的技术则是当自己打算攻对方右角时却发现对手正往右方起动，而这时自己的臂已向前挥动，此时要在击球的瞬间手腕迅速外展将球击往对方左角，使对方人右而球左，也称为“出手改线”。

(6) 杀高球

这是具有摧毁性的一击。所以，动作大、力量大。击球时，靠腿、腰、臂的合力盖压住球的上部或上中部发力攻打。

2. 反手攻球

直拍反手攻球是中国的独特击球技术。其特点是动作小、出手快、能抢先上手、争得主动而为正手大力扣杀创造机会。如对方想盯住左方而控制攻势时，反手挥拍一击，常使对方感到意外而猝不及防，能达到一种控制区域的局面。

动作要领：右脚稍前，膝盖微弯，前脚掌着地，收腹弯腰。击球前腰肢向左略转，球拍后引，来球后球拍迅速向前迎击球的中上部。根据来球的不同性质，用上臂、前臂和手腕相对应地做出不同动作，形成中、近台攻球和拉、扣、拨等技术。

(三) 搓　球

搓球是一种近似削球手法的台内短打技术，又称小削板，是一种可以解除削球逼角威胁的手段。当对对方的发球性质来不及判断清楚时，用搓球回接比较稳当。但搓球毕竟是一种变化受局限的手段。

1. 反手搓球

搓球前两脚平行站立，离台 50cm 左右。当来球将达台面时，上臂开始向胸前右侧贴近，略下垂。拍柄与前臂成直线，球拍后仰与球台成 100°角，置于腹前右方。上臂、前臂之间夹角为 100°~200°。前臂引拍，由后向前下方发力，做铲击动作（半圆弧动作）。球拍触球的一刹那，手腕配合前臂向前下方抖动球拍，擦击球的中下部，将球送出（图 8–8）。

图 8–8

2. 正手搓球

站位与反手搓球相同。上臂引向身体右侧，与身体成 45°角。前臂持拍外伸，迎向来球方向。球拍与球台成 100°角，上臂、前臂夹角为 90°~120°。等来球从台面反弹至最高点时，前臂向前、向内收缩发力，同时手腕配合由外向内扭动，球拍由右上方向左前下方削击来球。触球时，手腕协助加快球拍的擦击速度，摩擦球体，将球送出。

（四）削　球

削球和攻球一样，按其部位划分类别，也有正、反削球两种。近、远削球从基本打法上区分，又有削追身球、扑救网前短球、接突击球、削逼球、削转与不转球等。现介绍一般使用最普遍的正、反手削球。练习者可以这两者为基础，结合球的旋转原理，在实践中不断琢磨，提高和丰富削球的技术内容。

1. 正手削球

(1) 正手远削

削球时，左脚与左肩靠近球台右角，右脚后退一步。身体与球台成75°角并稍向前倾，两腿稍屈，重心先放在右脚上。手臂自然弯曲伸出，球拍略高于来球弹起高度，拍柄向下。当球飞到身前，手臂即向前、向下、向左方挥动，球拍在右腰前35cm的地方触及球的中下部（或下部）。然后，手臂加速发力，前臂与地面接近平行，身体重心逐渐由右脚移至左脚。球削出后，手臂肌肉立刻放松，球拍因惯性仍往前向左下方摆动，上体转向球台，准备继续削球。

(2) 正手近削

近削动作要求是离台50cm，身体与球台成45°倾斜角，在来球将要回落时擦击球的中下部。手腕用力要比远削大，使球的旋转较快。

2. 反手削球

(1) 反手远削

在进行反手削球时（横拍），右脚应伸出于球台的左边，左脚在后，重心落在右脚上，背斜对球台。手臂弯曲，把球拍举起与头齐高，拍柄向下，拍面正对对方左角。手臂从上向前、向下、向右方摆动。当球拍触球的一刹那，前臂与手腕加速发力挥拍，将球勾救到对方台内。球削出后，手臂肌肉立刻放松，上体顺势向右移动，球拍也摆向身体右侧，重心由右脚移到左脚上。右脚后退一步，恢复准备姿势。

(2) 反手近削

近削时由于上臂受身体阻碍，所以削球动作主要靠前臂和手腕来完成，动作也比正手削球快些。

（五）弧圈球

1. 加转弧圈球

击球前，左脚在前，右脚稍后，身体向右倾斜与球台约成45°角，两膝微屈，球拍贴近臀部，右肩略低于左肩，手臂自然下垂，手指紧握球拍，手腕比较紧张地固定球拍角度，身体重心在两脚之间。当来球从桌面弹起时，前臂先向前迎球，然后上臂和前臂同时由下向上垂直挥动擦击球的中部，腰部由右后方急剧向上扭转。球拍与桌面约成 80°角，拍面与球的擦击间隙愈薄愈好。在触球的一刹那，加速用力，使球呈较高弧线飞出。球拍顺势挥动至额前，然后放松还原。

2. 前冲弧圈球

屈体与桌面成 75°角。将球拍拉至身后，约与桌面齐高，手指握拍同前。当来球着台后，手臂向前上方迅速挥出，手腕使球拍前倾，与桌面成 50°角，擦击球的上部。腰部向前上方扭转，协助球拍加速摆动，使球沿一低弧线落于对方台面，球拍顺势前摆至面部为止，然后放松还原。

3. 回击弧圈球的方法

弧圈球的来势，多数是飞快入台，并带有强烈的上旋性，球拍碰到这种球时稍微不慎球就会飞出界外。因此，对付弧圈球，攻球者多用近台快抽或快速推挡盖球的中上部，压低球的弧线，控制落点，将球回击过去。在来球上旋力特别强时，可将球拍盖住球的上部，以防止碰板飞出。回击弧圈球的关键在于思想上有准备，不紧张。回球时拍前倾，盖球及时，动作迅速利落。

削球时，多采用调整拍形快挡或近台快削的方法回击，自上而下快速将球削出。球拍后仰角度一般是 110°~135°，从后上方向前下方削出，动作要短。

4. 弧圈球的练习要点

① 练习弧圈球时，肩部、腰部的活动量较大，因此事先应加强肩关节和腰部的肌肉活动，避免不慎拉伤肌肉。

② 练习弧圈球，最好在一定的正、反手攻球技术基础上进行。有了一定的基础才容易体会动作，避免走弯路和使动作过大。

③ 击球时，手指要握紧球拍，固定球拍角度，不要随便转动。

④ 球拍触球的刹那，拍面擦击球的切面愈薄愈好，并注意迅速加力挥击，充分发挥腰部的助力。

⑤ 拉弧圈球和杀回击过来的高球时，要密切配合，拉、杀要协调。拉球后，手臂要迅速放松，还原及时，以提高拉后扣杀的命中率。

加转弧圈球和前冲弧圈球是基本的弧圈球打法，如果在击球部位、握拍方法、擦击部位、发力动作等方面稍加变化，就不难打出更多种类型的弧圈球来。现将各种弧圈球的特点列举简介（表 8–1）。

表 8–1　各种弧圈球的特点

内容 种类	旋转力	着台后的球速	挥臂动作（弧线）	着台时弧线	击球点及球碰拍后的情况
加转弧圈球	上旋力特强	速度较慢，着台后向下滑落	手臂垂直向上挥拍，上臂发力，前臂迅速内收	弧线高（比网高 2~4 倍），球触拍后成高球或出界	中部
前冲弧圈球	有一定上旋力	有一定冲力，着台急剧前冲	前臂向前上方挥出，上臂和前臂发力，前臂辅助	弧线较低，使对手回击不及	接近上部
侧旋弧圈球	有一定侧旋力	有一定冲力，着台后向两侧（左或右）拐弯前冲	手臂向左或右前方挥拍，上臂、前臂合力向侧上方挥动	同前冲弧圈球	接近右侧上部（或左）
不转弧圈球	击出球不太旋转	同加转弧圈球	同加转弧圈球	如对方误用加转弧圈球方法回击，易下网	中下部
弧圈提拉球	比一般提拉球稍强	前冲较小	动作较前冲弧圈球小	同一般上旋球	中上部

四、乒乓球基本技术的练习方法

（一）球感的练习

通过各种击球练习来熟悉球的性能。

① 对墙任意击球。

从定位开始，逐渐后退击球，或前进和后退结合对墙击球。

② 拍面击球。

自抛自打的单面击球；也可持拍，反复转动正、反两面来击球。

③ 对墙击定点球。

在上述基础上，把球击在固定的区域中，提高控制球的能力。

④ 向凹凸板上击球。

（二）挡球的练习

① 不定点的挡球练习。

掌握短挡球的手法。

② 正面、左右面的挡球练习。

一人固定送球，其他练习者轮流击球。

③ 圆圈跑动击球练习。

做顺时针或逆时针方向跑动挡球动作。

④ 不同落点挡球练习。

一人把球送向各点，练习者用各种板形把球击过去，练习板形的变化。

⑤ 挡近台短球的练习。

在限定的区域内击球。

⑥ 挡固定区域长短球的练习。

可同长同短或同长异短练习。

⑦ 二人挡两个球的练习。

通过挡两个球的练习，提高反应能力。

（三）推挡球的练习

① 单线推挡（中线、直线、斜线）。

推挡单线球，掌握动作。

② 推挡不同点到多点球。

③ 推挡球结合大力推挡。

④ 推挡侧身攻球。

⑤ 推挡侧身攻斜线（直线）球。

（四）正手攻球的练习

① 由一人抛球或自抛球，进行正手攻球，掌握正手攻球手法。

② 正手攻挡球的定点球练习。

③ 正手斜线对攻球练习。

远抽对远抽，近抽对近抽，远抽对近抽，近抽对远抽，远抽近抽交叉进攻的打法等。

④ 正手定点打不同二点练习。

⑤ 正手定点打多点练习。

⑥ 不定二点打定点，不定二点打斜线或直线，移动的距离从 1/2 台面逐渐扩大到全台。

（五）反手攻球的练习

① 反手攻挡球或推挡球的练习。

掌握反手攻挡的手法，挡球的速度可逐步加快。

② 反手二点打一点练习。

在 1/2 台面内做反手二点打一点。

③ 推挡结合反手攻球。

④ 正、反手二面攻一点。

⑤ 反手一点攻多点。

⑥ 反手对攻球练习。

（六）搓球的练习

① 自抛或对方发球的搓球练习。

对方发下旋球或自己抛球，练习搓击动作。

② 正、反手搓斜线球或直线球练习。

反手斜线对斜线，反手斜线对正手直线，正手斜线对正手斜线，正手直线对反手直线。

③ 反手（正手）一点对二点。

④ 二点对一点搓球练习。

⑤ 搓中突然起板。

（七）削球的练习

① 接正、反手平击球的削球练习。
② 正手削斜线、直线球练习。
③ 反手削斜线、直线球练习。
④ 正、反手不同二点削一点练习。
⑤ 相反球路削球练习。
二斜对二直，逢斜削直，逢直削斜。
⑥ 削球结合攻正、反手球练习。

（八）发球的练习

发球要考虑落点、速度、力量、旋转。这四者结合得好，可以加强发球的攻击性，为下一步的进攻创造良好条件。

① 发远台三落点练习。
② 发近台三落点练习。
③ 发同长同短球练习。
④ 发同长异短球练习。
⑤ 发异长同短球练习。
⑥ 发左侧上、下旋球的结合练习。
⑦ 发右侧上、下旋球的结合练习。
⑧ 用相似手法发转与不转球的练习。
⑨ 用相似手法发抖动式上、下旋球的练习。

第二节　乒乓球的基本战术

一、攻对攻的战术

以攻为主的战术运用主要是以力量为基础，结合速度、落点和旋转的变化以制胜。打对攻时，往往为争夺一个比分而有几个来回。所以，最主要的是运动员根据不同情况采取不同策略，灵活使用战术以争取主动权，打出风格、打出水平，取得胜利。

（一）两面攻对左推右攻

因对方是左推右攻的打法，球速较快，所以一般应采用以猛制快，力争主动的策略去对付。在战术上是以狠、变为主，结合快、准的打法。

① 发下旋的端线长球至对方左边，破坏对方的第一板推挡；或发上旋底线长球，使对方不能挡成近网短球。

② 以反手猛攻对方左边，再伺机突击中路。

③ 猛攻左边后，突击右方空位。

④ 正反手交替攻对方左、右角，伺机扣杀空当。

⑤ 猛攻左边，使对方回高球至中央或左角时，侧身扣杀右角。

左推右攻的主要弱点在左边，所以各种战术都应以压住对方左边为重点，同时谨防对方侧身抢攻。

（二）左推右攻对两面攻

因对方攻球技术比较全面，不宜采用稳扎稳打的办法，而应充分发挥推挡球中“快”的特长以克制对方。通常采取以快打慢、以近制远、调动对方、力争主动的策略。战术的具体运用是以快速多变为主，结合狠、准。

① 一般发追身的中间急球，迫使对方后退接着回近网轻球，引其上前；或者发中间靠右角轻球，引其上前，然后猛攻左边。

② 通过快而有力的推挡球，压住对方中间或追身急球，破坏对方两面起板的节奏。

③ 快速推挡，配合长短球，扰乱对方步法，使其不能发挥有力的正、反手攻球；伺机快速侧身攻球，争取主动。

④ 快推对方中路或追身，侧身猛攻左边。

⑤ 快速推挡，突然变线（直线），引对方回斜线以后，以正手抽杀对方中间或左边。

两边攻对两边攻，左推右攻对左推右攻等，因为双方打法相同，故应预先分析彼此之长短，根据对手的不同情况决定策略，尽量发挥自己之特长，以己之长攻彼之短，争取主动。

二、攻对削的战术

① 拉两角，突击中间。

先左、右做试探性进攻，然后拉两角突击中间。

② 拉两角，突击左或右方直线。

打法与“拉两角，突击中间”相同。

③ 拉中间，突击两角，结合短球。

用大角度球把对方逼离台面后，突然放短球，致使对方来不及上步而接球失误。

④ 拉两角，突击追身。

反复拉两角，伺机突击追身。

⑤ 拉搓结合的战术。

当对方削球加转或回短球难于实行进攻时，可用搓球过渡。此种战术，还可以迫使对方在近台还击时，因其步法在调动之中或回球速度较慢，从而用突击取得扣杀的机会。

三、削对攻的战术

1. 紧逼一角，突袭空当

① 先用加转球逼住对方左角，在对方重心位置逐渐左移时，突然送球至右方直线。

② 当对方往左移动时，突然使用一连串削球紧逼对方右角，当对方跑右角时，又回左角。

③ 用相反球路交叉逼角，逢斜变直，逢直变斜。在逼角中，使对方在移步不及回击高球时，伺机扣杀。

2. 用转与不转的削球变化来扰乱对方，伺机反攻

① 加转中突然送不转球过去，使对方拉球过高或抽球出界，伺机扣杀。

② 稳削中突然加转，使对方回球落网。

3. 以轻重不同力量和落点控制对方攻势，伺机反攻

① 先送底线长球，逼对方后退拉球，再突然削近台短球，引对方上台。

② 先长后短，先短后长，交叉使用，迫使对方忙于移动，不易加力扣杀，在对方移步不及时，就能伺机反攻。

4. 挡、削兼施，伺机反攻

① 削球中突然挡右角空当，使对方措手不及，对方回球过高时起板反击。

② 在削球中突然轻挡一板，变化回球旋转性质，致使对方判断不准，自己伺机反击。

5. 削球中配合拉弧圈球，伺机反攻

四、削对削的战术

削球双方相遇，主要以双方进攻能力的强弱来决定自己的打法。如攻球技术强，又会使用弧圈球，就可以用发球抢攻结合弧圈球的打法。如削球基础较好，则可采用先守后攻，看准机会突然起板的打法。

除先用发球抢攻战术力争主动外，一般都多数用搓攻结合、搓中突击或搓拉结合的打法。

搓攻时，可以用变换速度的快慢搓，或搓长短球、搓转与不转球、搓中侧身拉弧圈球等多种打法来取得主动进攻的机会。

拉搓结合打法中，可发变化落点的急球和轻球，扰乱对方步法，伺机抢攻或吊杀，也可拉中转搓，或搓球中突然拉上旋球，扰乱对方步法，伺机猛攻。

视　窗

世界乒乓球锦标赛

世界乒乓球锦标赛比赛项目有：男子团体（斯韦恩林杯）、女子团体（马赛尔·考比伦杯）、男子单打（圣·勃莱德杯）、女子单打（吉·盖斯特杯）、男子双打（伊朗杯）、女子双打（波普杯）和混合双打（兹·赫杜塞克杯）。中国从 1953 年开始参加第 20 届世乒赛。1959 年优秀运动员容国团在联邦德国多特蒙德举行的第 25 届世乒赛上，为中国赢得第一个男子单打冠军。1981 年

在南斯拉夫诺维萨德举行的第36届世乒赛中，中国运动员荣获全部项目的冠军，开创了世乒赛的历史纪录。

链 接

乒乓球专业术语中英文对照

乒乓球 tabletennis	削球 chop	直握 penhold
球拍 bat	抽球 drive	横握 shake-hand grip
单打 single game	旋转球 spin ball	发高抛球 high toss service
双打 double game	远台 back court	发下旋球 backspin service
混双 mixed double game	近台 short court	对攻 rally
球台 table	步法 footwalk	推挡 block shot
换发球 change service	正手 forhand	发球抢攻 third ball attack
上旋 topspin	反手 backhand	擦边球 edge ball
下旋 backspin	飘球 floater	弧圈 curve

思考题

1. 乒乓球运动的特点及锻炼价值是什么？
2. 乒乓球的旋转有哪几种？结合图示举例说明其中一种旋转产生的原因。
3. 拉弧圈球的动作技术要领是什么？

第九章　羽毛球技术与锻炼方法

学习目标

☞ 领会羽毛球运动的锻炼价值。

☞ 掌握羽毛球的基本技术，积极参与此项运动。

☞ 学会欣赏国内外重大羽毛球比赛。

羽毛球是一项在室内外均可进行的小型球类运动。比赛时，一人或两人为一方，中隔一网，用球拍经网上往返击球，使球落到对方场地上或使对方击球失误而得分。

羽毛球的比赛场地长 13.40m，单打场地宽 5.18m，双打场地宽 6.10m；场地正中设有球网，长 6.10m，宽 76cm，网上端距地面 1.55m。

羽毛球比赛分男、女团体，男、女单打，男、女双打，男女混合双打共 7 项。比赛采用 3 局 2 胜制。双打和男子单打先得 15 分者为胜一局，女子单打先得 11 分者为胜一局。羽毛球比赛规则采用发球得分制，即发球方胜球得分，输球不失分而转由对方发球。在双打比赛中每方 2 名运动员各有 1 次发球权。羽毛球比赛完一局，或在决胜局中有一方先得 8 分（女子单打 6 分）时，双方必须交换场地。

羽毛球是一项为广大群众喜爱的体育运动项目，它具有球小、速度快、变化多等特点。运动器材设备比较简单，在室内外都可以进行。运动量可大可小，不同年龄、性别和身体条件的人都可以参加。因此，这项运动易于开展和普及。经常参加羽毛球运动不仅可以发展人的灵敏性和协调性，提高动作的速度和上下肢活动的能力，改善心血管系统的机能，而且有助于培养人的勇敢顽强、机智果断等品质，亦有利于更好地学习和工作。

第一节　羽毛球的基本技术

一、握拍方法

羽毛球基本握拍法有两种，即正手握拍法和反手握拍法。

（一）正手握拍法

通常正确的握拍与握手姿势非常相似。虎口对着拍柄内侧的小棱边，拇指和食指贴在拍柄的两个宽面上，中指、无名指和小指并拢握住拍柄，掌心不要紧贴，拍柄末端与小鱼际肌相平，拍面与地面基本垂直。

（二）反手握拍法

在正手握拍的基础上，拇指和食指将拍柄稍向外转，食指稍向中指收拢，拇指第二指节顶贴在拍柄内侧的宽面上，中指、无名指和小指并拢握住拍柄，柄端靠紧小指根部，使手心留有空隙。

二、发球与接发球技术

（一）发球技术

发球有正手发球和反手发球两种。根据球在空中飞行的弧线，可分高远球、平高球、平快球、网前球等。

1. 正手发高远球

高远球系指将球发得既高又远，几乎垂直下落在对方底线附近。站位应靠近中线一侧，离前发球线约 1m 左右的位置处。左脚在前，右脚在后，身体稍侧对网，两脚与肩同宽，身体重心放在右脚上。左手持球，右手握拍并自然屈肘于身体右侧。发球时，右臂后引，由上而下向右前方挥拍，同时左手放球。挥拍过程中，重心由右脚转到左脚。当球拍挥至右侧稍前下方时（击球点），右前臂加速，握紧球拍，手腕由后伸经前臂稍内旋到屈收，急速向前上方闪动击球。击球后，球拍随势向左上方减速收回至胸前（图 9–1）。

图 9–1

2. 正手发网前球

网前球系指发的球刚好越过网顶落至对方前发球线附近，是速度快富于攻击性的发球。基本动作与发高远球相仿，但站位稍前。由于网前发球飞行距离短、弧线低、用力轻，因此前臂挥动的幅度和手腕后伸的程度要比发高球小，球拍触球时，拍面从右向左推送击球，使球刚好越网而过，落在对方前发球线附近（图 9–2）。

图 9–2

3. 反手发网前球

站位靠近前发球线，左脚或右脚在前均可，身体重心在前脚，上体前倾，后脚跟提起。右手反握在拍柄稍前部位，肘关节提起，手腕稍前屈，球拍低于腰部，斜放在小腹前；左手持球在球拍面前方。发球时，球拍由后向前推送击球，使球的最高弧线略高于网顶，球过网而下落在对方前发球线附近（图 9–3）。

图 9–3

发球的练习方法：

① 徒手做发球前的准备姿势，模仿发球的动作练习。

② 在场上两人对练发球或在空地上用多球做发球练习。

③ 先练习发直线球，后练习发斜线球；先练发定点球，后练发不定点球。

④ 综合练习不同种类的发球。

（二）接发球技术

回击对方发过来的球叫接发球。接发球技术在每场比赛中都起着重要的作用。如果说发球发得好是争得每分球胜利的开端，那么接发球接得好也同样是争得每分球胜利的第一步。因此，接发球对初学者来说也是不可忽视的技术。

1. 单打站位

通常站位要站在离前发球线约 1.5m 靠近中线的位置。左脚在前，右脚在后，双膝微屈，身体重心放在前脚上。后脚跟稍抬起，身体半侧向球网，球拍举在身前，两眼注视对方。

2. 双打站位

由于双打发球区较单打发球区短，发高远球易出界和被对方扣杀。所以，双打发球多以发网前球为主，接发球时应站在靠近前发球线的地方。双打接发球的准备姿势同单打基本相同，略有区别的是身体前倾较大，球拍高举，在球来自网上的最高点击球。

接发球的练习方法：

① 开始练习接发球时，最好是采用固定的一种基本技术去接对方的单一发球（可用多球）。

② 练习接球时，应在对方球拍触球的瞬间观察球的飞行方向，来提高判断能力。

③ 在上述基础上，还要进一步研究控制回球落点，以避免在接球后给对方较多的攻击机会。

④ 在掌握了较好的适应能力和能够较自如地控制回球落点之后，应逐步提高防御对方抢攻的能力。

三、基本击球技术

正确的击球手法是打好羽毛球的主要条件之一。有了正确的击球动作就能更好地掌握和发挥羽毛球的各项技术。羽毛球的基本打法一般分为后场高空击球技术、网前上手击球技术、下手击球技术等。

（一）后场高空击球技术

后场高空击球技术是打好羽毛球的主要手法之一。根据其技术的性质特点不同，通常可分为高球、吊球、杀球（扣杀）。

1. 高　球

高球分为高远球和平高球。高远球是指将球击得高而远，球飞至对方底线上空垂直落到有效场区内。平高球是从高远球发展来的，它的飞行速度比高远球快，弧线比高远球低，是后场进攻的有效技术之一。

(1) 正手击直线高球和对角高球

在右后场区击球的位置上，左脚在前，右脚在后，稍屈膝。侧身对网，重心在右脚前掌上，左手自然上举，头抬起注视来球，右手持拍于身体右侧。击球前，重心下降准备起跳。起跳的同时右臂后引，胸舒展。当球将落至额前上方击球点时，上臂往右上方抬起，肘部领先，前臂自然后摆，手腕尽量后伸，前臂急速内旋往前上方挥动，手腕向前闪动发力（手指由松突然握紧球拍）击球托，球即朝直线方向飞去。若手腕控制拍面击球托的右侧下部，球则向对角方向飞行。击球后，手臂随势自然收至胸前。

(2) 头顶击直线高球和对角高球

由于来球是飞往左后场区，击球点应选择头顶部位。

准备姿势和动作要领基本与正手击高球相似，但击球前要求上体稍弓身后仰，以便更好地发力。右上臂右后上抬，球拍由右后绕过头顶，前臂向前上方经内旋带动手腕突然屈收闪动发力，击球托，球即飞往直线方向。头顶击对角高球，握拍稍有改动，即用拇指和食指向内捻动拍柄，使虎口对准拍柄靠外的小棱边，球拍仍由右后绕过头顶，前臂向右前方内旋带动手腕屈收闪动发力，击球托的左部。击球后，由于前臂内旋明显，惯性作用大，手臂自然往前摆动。回收球拍时，前臂稍外旋，将拍置于胸前。

(3) 正手、头顶击平高球

准备姿势与动作要领基本与正手击高远球相似，主要区别在于击球点较击高远球稍前，拍形角度稍前倾（图 9–4）。

图 9–4

高球的练习方法：

① 徒手练习击高球的模仿动作，体会动作要领。

② “一点打一点”，即固定直线或斜线对打。

③ “一点打两点”。

2. 吊　球

把对方击来的高球，从后场轻击、轻切或拦吊到对方的网前区，叫吊球。吊球按飞行的弧线和击球动作的不同主要分为劈吊、轻吊和拦截（都有正手、头顶和反手）等。

(1) 正手劈吊直线和对角线球

直线劈吊，击球前动作和击直线高球、杀球相似。击球时用力较轻，带有劈切动作，落点一般离网较远。不同点是击球瞬间前臂突然加速，用手腕的闪动向前下方切击球托的右侧下部，使球越网下坠。击球后，手臂随势自然回收至胸前。对角线劈吊，击球前的动作同正手击对角高球。不同点是击球瞬间，用加速的力量把球向对角方向切击。击球后，球拍随势自然回收胸前。

(2) 正手轻吊直线和对角线球

轻吊击球前动作和劈吊动作相似，不同点是落点离网较近。击球时拍面正对来球，在接触的瞬间，轻切来球，使球一过网即下坠（图 9–5）。

图 9–5

吊球的练习方法：

① 按动作要领进行模仿练习，体会动作要领。

② 通过击定点球练习，体会“切击”动作，即采用“挑一点、吊一点”。

③ 做变方向的吊球练习，即“挑一点、吊两点”。

3. 杀球（扣杀）

杀球是把高球用力向前下方重压、重切或重“点”击球，球飞行的弧线较直，落地快，对对方的威胁较大。杀球从手法上可分为正手扣杀、头顶扣杀和反手扣杀。从力量上又可分为重杀（杀球力量较大）、轻杀（杀球力量较小）和点杀（力量不大，但速度较快，落点近前场），还有长杀（近底线）和劈杀（切劈）等。

(1) 正手扣杀直线（侧身起跳）和对角线球（侧身起跳）

准备姿势和动作要领与正手击高球技术大体相同。不同点是右脚起跳后，身体后仰呈反弓后收腹用力。前臂带动手腕用力下压，球拍正面击球托，击球点较击高球稍前，无切击，使球沿直线向前下方飞行。击球后立即回动，右脚向前跨步要大。正手扣杀对角线球的准备姿势和动作要领与正手扣杀直线球相同。不同点是起跳后身体向左前方转动用力，协助手臂向对角方向击球。

(2) 头顶扣杀直线和对角线球

准备姿势和动作要领与头顶击高球相同。不同点是挥拍击球时，要集中全力往直线方向或对角方向下压。球拍面和击球方向水平面夹角小于90° 。

杀球的练习方法：

① 按动作要领进行模仿挥拍练习，体会动作要领。

② 通过向前下方用力投掷羽毛球（或垒球），体会鞭打动作。

③ 做定位扣杀练习，即“杀一点或两点”的固定练习（或用多球进行固定杀球练习），并注意准确性。

（二）网前上手击球技术

1. 放　网

放网是指运用网前放网技术使球回击对方网前区域的击球，通常可分为正、反手两种放网。

(1) 正手放网前球

侧身对右边网前，右脚跨前成弓箭步，重心在右脚上。右手持拍于右侧体前约与肩高，拍面右边稍高斜对网。左臂自然后伸起平衡作用。击球前前臂稍外旋，手腕外展引拍至右侧前。击球时手腕稍内收，食指和拇指控制拍面和用力大小，轻切球托把球轻送过网。击球后，在身体重心复原的同时，收拍至胸前。

(2) 反手放网前球

侧身对左边网前，右脚跨前成弓箭步，重心在右脚上。右手反手握拍，持拍于身侧前约同肩高，拍面左边稍高斜对网，左臂自然后伸。击球前前臂稍内旋，手腕外展引拍。击球时手腕内收，拇指和食指分别贴在拍柄内、外侧的小棱边上，用拇指的推力轻托球把球送过网。击球后，随重心复原收拍至胸前。

放网的练习方法：

① 徒手挥拍模仿放网动作，体会动作要点。

② 利用多球进行正、反手两个部位的放网练习。

③ 在本场区的中心位置进行上网放网练习。

2. 网前搓球

搓球是用网前搓球技术使球带旋转或翻滚而越网至对方前场近网区域内的击球。通常可分为正、反手搓球。

(1) 正手网前搓球

准备姿势同正手放网。击球前前臂外旋，手腕外展引拍至右侧。击球时在正手放网动作的基础上，加快挥拍速度，切搓球托底部或侧部。由于球托受较大的摩擦力和作用力线不直接通过球心，就使球产生旋转翻滚越网而过。

(2) 反手网前搓球

准备姿势同反手放网。击球前前臂稍往上举，手腕前屈；手背约与网高，拍面低于网顶。击球时，手腕和手指控制拍面角度，用肘关节和腕关节前伸稍下降及前臂稍外旋的合力，搓切球托的侧底部。另外也可在反手放网前球动作的基础上，前臂稍伸直，手腕由外展到内收，带动球拍向前切送，击球托的后底部。

网前搓球的练习方法：

① 徒手挥拍模仿搓球动作，体会动作要领。

② 利用多球进行正、反手两个部位的搓球练习。

③ 一对一站在网前，做送球、搓球或对搓练习。

④ 在本场区中心位置进行不定点的上网搓球练习。

3. 网前挑球

挑球是将对方击来的网前球、吊球、杀球（轻杀）等挑高过网回击至对方后场底线附近区域的击球。它是网前挑球技术的泛称，通常可分正、反手挑球。

(1) 正手网前挑球

准备姿势同正手放网。击球前，前臂充分外旋，手腕尽量后伸。击球时，从右下向右前方至左上方挥拍击球。在此基础上，若拍向右前上方挥动，挑出的是直线高球；若球拍向左前方挥拍，挑出的则是对角高球。

(2) 反手网前挑球

准备姿势同反手放网。击球前，右臂往左后拉抬时引拍。击球时，前臂充分内旋，手腕由屈至后伸闪动挥拍击球。若球拍由左下方向左前上方挥动，则球向直线方向飞行；若球拍由左下方向右前上方挥动，则球向对角线方向飞行。

网前挑球的练习方法：

学习网前挑球时，先在原地模仿挑球动作，然后结合上网步法进行挑球练习。

① 徒手挥拍模仿挑球动作，体会动作要领。

② 利用多球进行正、反手挑球练习。

③ 固定线路的吊、挑练习。

(三) 下手击球技术

下手击球技术属于防守性技术。它虽然没有上手击球那样具有主动性和威胁性，但它仍是羽毛球技术中不可缺少和不可忽视的部分。初学者不仅要学习和掌握好上手、网前击球技术，还要学习和掌握好下手击球技术。下手击球技术通常可分为接杀球、接吊球两种：

1. 接杀球技术

所谓接杀球技术，是指对方扣杀过来的球，己方利用接杀球技术将球回击至对方某场区内的接球技术。通常可分为正手、反手接杀球技术。如这种技术在不同的位置上利用有关技术配合相应的步法和手法，可打出不同的球，即挡、勾、挑、抽球等。

2. 接吊球技术

所谓接吊球技术，是指对方吊过来的球，己方利用接吊球技术将球回击至对方某场区内的接球技术。通常可分为正手、反手接吊球技术。如这种技术在不同的位置上利用有关技术配合相应的步法和手法，可打出不同的球，即放、挑、勾球等。

接杀球、接吊球的练习方法：

学习接杀球、接吊球时，应在掌握网前技术和中场平击技术的基础上，配合相应的步法进行接杀球、接吊球技术练习。

① 按照动作要领进行正、反手接杀球，接吊球的放网、挡、挑等技术的模仿练习。

② 利用多球进行练习。

③ 定位“一攻守”的练习（先左或右半场，后再到全场）。

④ 不定位的全场攻守练习。

第二节 羽毛球的基本战术

一、单打战术

（一）压后场战术

此战术是通过采用高远球或平高球反复压对方后场两角，造成对方被动，然后伺机采用杀球和吊球攻击对方空当。此战术用来对付初学者和后退步法慢或急于上网的对手较为有效。

（二）发球抢攻战术

此战术主要是以发网前球和平快球为主，限制对方的进攻，迫使对方挑球，然后用杀球和吊球进攻对方的空当和弱点。发球抢攻战术主要用于对付防守能力较差的对手。在比赛进入最后关键时刻运用此战术，往往使临场经验不足的选手感到束手无策。

（三）控制网前战术

它是通过各种手段主动抢先放网或故意让对方先放网，然后上网重复放网，并与搓、推、勾、扑球结合运用，造成对方网前直接失误或被动挑球，此时抓住有利时机大力扣杀和快速吊球。此战术是用来对付后场技术较好而网前技术较差的对手。

（四）打四方球结合突击战术

这种战术是以快速准确的落点控制对方场区的四个角落，迫使对方前后左右奔跑，当对方来不及回中心位置或身体失去平衡时，抓住其空当和弱点进行突击（扣杀）。这种战术对付步法移动慢、灵活性差和体力较差的对手最行之有效。

（五）打对角线战术

此战术无论是在进攻或防守前场或后场，都是以打对角线球为主，它主要用于对付灵活性较差、转体慢的对手。

二、双打战术

（一）攻　人

这是双打中常用的一种战术。对付两名技术水平高低不一的对手时，一般都采用这种战术。对付两名技术水平相似的对手时也可以使用。它集中攻击对方一名队员，常能取得成功。在另一名队员赶来协助时，又会暴露出空当，另一名队员不警惕时又可突袭他（她）。

（二）攻中路

守方左右站位时把球打在两人中间，可以造成守方两人抢接这一球或同时让球，限制守方在接杀时挑大角度的高球调动攻方，有利于攻方的封网。守方前后站位时把球下压或轻推在边线半场处，这多半是在接发网前球和守中反攻抢网时运用。这种球守方前场队员拦截不到，后场队员只能以下手击球放网或挑高球，后场两角便会露出很大空当，因而有隙可乘。

（三）攻后场

这种战术常用来对付后场扣杀能力差的对手，把对方弱者调到后场后也可使用。此战术是用平高球、平推球、接杀挑底线把对方一人紧逼在底线两角移动，在对方还击出半场和网前高球时即可大力扣杀。如在逼底线两角时对方同伴要后退支援，则可攻击网前空当或向后退者打追身球。

（四）后攻前封

后场队员积极大力扣杀，在对方接杀放网、挑高球或企图反击抽挡时，前场队员以扑、搓、推、勾控制网前，或拦截吊封前半场，使整个进攻连贯而又凶狠、凌厉。

（五）防　守

1. 调整站位

为了摆脱被动，伺机转入反攻，首先要调整好防守时的站位。如果是网前挑高球，那么击球者应直线后退，切忌对角后退。直线后退路线短，站位快；对角后退路线长，也容易被对方打追身球。另一名队员应该补到空当位。双打防守时的站位调整都是一名队员在跑动击球时另一名队员填补空当。特别是后站者，观察较全面，更要主动去弥补。

2. 防守球路

攻方杀球者和封网队员在半边场前后一条直线上，接杀球应打到另半边前场或后场。攻方杀球者和封网队员在前后对角位上，接杀球可回击到杀球者的网前或封网者的后场。攻方杀球者杀大对角后，另一名队员想要退到后场去助攻时，接杀球可回击到网前中路或直线网前。把攻方杀来的直线球挑对角，杀来的对角球挑直线以调动杀球者。

以上几种球路，都是为了破坏攻方的连续进攻，在攻方杀球质量不高时即可平抽或蹲挡。在攻方站位混乱而出现空当时，守方也可反守为攻。

视　窗

世界高水平羽毛球赛事

最具影响力的世界羽毛球球赛有奥运会羽毛球赛、汤姆斯杯赛、尤伯杯赛、世界羽毛球锦标赛、世界杯羽毛球赛、苏迪曼杯赛、国际系列大奖赛和全英羽毛球锦标赛。

1992 年巴塞罗那奥运会上，羽毛球被列为正式比赛项目，共设有男单、女单、男双、女双、混双 5 个比赛项目。汤姆斯杯赛是世界男子团体羽毛球锦标赛。汤姆斯杯是国际羽联第一任主席汤姆斯爵士捐赠的，比赛每两年举办一次，由三场单打和两场双打组成。尤伯杯赛是世界女子团体羽毛球锦标赛。尤伯杯是由英国著名羽毛球运动员尤伯夫人捐赠的，比赛每两年举办一次，由三场单打和两场双打组成。苏迪曼杯是世界羽毛球混合团体比赛，每两年举办一届，由男女单打、男女双打和混合双打 5 个单项组成。

链　接

羽毛球专业术语中英文对照

羽毛球 badminton	底线 baseline	发平球 driven serve
球场 court	发球权 right to serve	拦击 intercept
球拍 racket	扣杀 smash	上网拦击

发球区 service court

球网 net

边线 sideline

吊球 drop

落点 placement

短球 short serve

intercept at the net

交换发球权

alternate one's serve

思考题

1. 羽毛球运动的特点及其锻炼价值是什么?
2. 试述正手发高远球的动作技术要领。
3. 单打和双打有哪些区别?
4. 在羽毛球比赛中如何争取主动权?

第十章　网球技术与锻炼方法

学习目标

☞ 领会网球运动的锻炼价值。

☞ 掌握网球的基本技术，积极参与此项运动。

☞ 学会欣赏国内外重大网球比赛。

网球是 2 人或 4 人在中隔一网的场地上用球拍往返拍击一个有弹性的橡胶小球的球类运动。

网球比赛的场地长 23.77m，单打宽 8.23m，双打宽 10.97m，有草地、硬地、泥沙地、塑胶或用沥青涂塑等材料制成的场地；球网高 0.914m，将场地分隔成两个半场；球为白色或黄色，用有弹性的橡胶制成，重 56.7~58.5g。

网球的比赛方式有男子团体、女子团体、男子单打、女子单打、男子双打、女子双打和混合双打。比赛时，男子单打、双打采用 5 盘 3 胜或 3 盘 2 胜制，女子单打、双打和男女混合双打采用 3 盘 2 胜制。先胜 6 局者为胜一盘，一盘中若双方各胜 5 局时，一方必须再胜 2 局才算胜一盘（也称“抢 7 局”）。比赛时每胜一球得 1 分，胜第 1 分记为 15，胜第 2 分记为 30，胜第 3 分记为 40，先得 4 分者胜一局。当双方各得 3 分（40:40）时为平分，平分后一方必须再净胜 2 分（2 球）时才算胜一局。比赛时由双方轮换持有“发球局”，即该局比赛全由一方发球；发球采用“双发制”，即第一发失误后仍可再次发球，若两次发球均失误（双发失误）则判对方得 1 分。

网球运动是受人们普遍喜爱、富有乐趣的一项体育活动。网球运动的锻炼价值很高，既是一种消遣和增进健康的手段，也是一种艺术追求和享受，还是一种扣人心弦的竞赛项目。打网球可以使人的动作迅速、判断准确、反应快，并能提高速度、力量、耐力、灵敏等素质，对调节肌肉用力的紧张度与肌肉感觉有良好的影响，对发展协调性也有积极作用。

第一节 网球的基本技术

一、握拍方法

网球有三种基本握拍方法，即东方式握拍法、西方式握拍法和大陆式握拍法。

（一）东方式

1. 正手握法

先使拍面与地面垂直，然后如同与球拍握手一样握住拍柄。这时大拇指与食指间的 V 形虎口，恰好在拍柄的上平面偏右的位置。拇指第一关节扣住拍柄的右平面，食指则轻绕至拍柄右侧至下平面。中指、无名指和小指紧握，并与大拇指接触。

2. 反手握法

使 V 形虎口略偏左侧，位于左平面和上平面之间的左上斜面，食指关节在右上斜面的位置。

（二）西方式

1. 正手握法

手掌 V 形虎口位于拍柄的上平面和右上斜面的交接处，手掌中心握住拍柄的右平面，手腕稳固地贴紧拍柄后侧的右平面，大拇指关节在拍柄的右上倾斜面的位置。

2. 反手握法

手掌 V 形虎口位于拍柄的上平面和左上斜面的交接处，拇指第一指节贴紧拍柄的左平面。

（三）大陆式

1. 正手握拍

手掌V形虎口正对拍柄的左上斜面，大拇指扣压住左平面，食指关节握住拍柄的上平面边缘和右上斜面的位置。

2. 反手握拍

手掌V形虎口的位置与大陆式正手握拍法相同，不同之处在于拇指略放松一些，而非紧紧地扣压拍柄。

二、正手抽球

正手抽球是在端线附近回击来球和进攻对方的重要基础技术，正手抽球速度快、力量较大，球被击出后有一定弧线，比赛中常用来进行底线长抽攻击，在上网前的一击中也多使用。

动作方法：左手持拍队员从准备姿势开始，移动到来球位置，最后一步要保持右脚在前，身体右侧朝向来球方向。这时将球拍充分向后挥摆，拍头翘起，手臂伸展，眼睛注视来球。向前挥拍的迎球过程中，球拍由低向高挥动，拍与球碰撞的击球点在身体左前方，高度保持在腰与肩之间。拍触球时，拍面垂直或稍前倾，击球中部或中上部，手腕固定握紧球拍，上臂和腰部随身体转动向前上方协调配合用力，身体重心从左脚逐渐移到右脚。击球后球拍随势挥至身体的右侧前上方（图10–1）。

图10–1

三、反手抽球

反手抽球是球落在身体左侧采用的一种击球方法，是网球重要的基础技术之一。

动作方法：当来球飞向反手方向时，移动到位的最后一步，要保持右脚在前，身体右侧朝向来球方向，球拍向左后挥摆。这时持拍手臂的肘部保持适当弯曲，拍头稍翘起，在迎球过程中，挥拍手臂与向右转体动作相配合，使球拍由低向高挥动，拍与球碰撞的击球点在身体左前方，高度在腰间。拍触球时手腕固定握紧球拍，拍面垂直或稍后仰，击球中部附近部位。击球后球拍随势挥至身体的右侧前上方，身体重心从左脚逐渐移到右脚，然后迅速还原成准备姿势（图 10–2）。

单手反手抽球

双手反手抽球

图 10–2

四、双手反手抽球

双手反手抽球是在端线附近抽击反手球时常用的方法。由于击球时双手在拍柄上有两个支撑点，当球与拍碰撞时，拍面的稳定性强，球拍不容易被来球撞动或扭转。双手挥拍多靠转体配合，击球力量相对比单手反手要大，也容易拉出强烈上旋球。只是要求双手反手抽球时，击球点比单手反手抽球更近身一些，并且要多跑动一步才能选好合适的击球位置。

动作方法：当判断准来球是飞向反手方向时，在移动到位的最后一步应保持右脚在前，身体右侧朝向来球方向，双手握球拍向左后挥摆，右臂伸展较大，左臂弯曲。在迎球过程中，挥臂与转体动作配合，使球拍由低向高挥动，拍与球碰撞的击球点保持在髋前。拍触球时双手握紧球拍，两肩和两髋随着转动，拍面垂直或稍后仰，击球的中部位置。击球后双手随势挥至右侧头部高度，身体重心从左脚移到右脚，动作完成后迅速还原，恢复成准备姿势（图 10–2）。

五、发　球

发球是比赛开始的第一个动作，也可以把发球看作进攻的开始。好的发球应具有攻击性，并使发出的球在速度、力量、旋转和落点方面有变化。发球可分为大力发球、侧上旋发球和削击球等。

完成正确发球动作的程序是：站在规定位置→抛球→拍触球→球越网落在对方对角的发球区。

动作方法：两脚自然开立，侧向球网，前脚与端线约成 45°，身体重心置于右脚。抛球时球拍开始靠近膝关节向后下方挥动，左臂和左肩上举将球抛起，这时右肘弯曲，使球拍在背后下垂。向上挥拍击球时，充分伸展手臂，拍头朝前，在右肩上空击中自上下落的球。发球动作结束时，球拍向左下挥过身体，后脚摆过端线（图 10–3）。

（一）大力发球

大力发球（平击发球）的特点是出球力量大、速度快、落点深、威力强。优

图 10–3

秀选手一般用于第一次发球，常可直接得分。但这种发球命中率较低，又因对方回击快，有时来不及上网，并且体力消耗也较大。

动作方法：发球时应使球拍从后开始挥击，在背后下垂拍头。一般有两种方式，①直接转体后下垂拍头；②从下绕环后下垂拍头。其目的是为了增大摆幅，以求获得足够的加速距离。发球时球拍触球的最佳击球位置应保持在身体垂直稍前的部位。身体适当前倾，有利于扩大命中范围。大力发球时，先将球向右侧上方抛起，然后球拍下垂从背后开始挥拍迎球，挥拍过程中力争球拍瞬时速度最快的片刻，在头上合适高度使拍触球，击球后继续使拍向目标挥动，头部保持随球移动，拍随势挥过身体左侧，身体重心随之向前进入球场。

（二）侧上旋发球

它是结合手腕爆发力发出来的一种带侧上旋性质的球。球向上旋转力强，在空中是高弧线飞行，准确性较高。如右手发左侧上旋球，该球落到对方发球区后，弹起较高，并向接球员的左侧拐弯。它能造成对方接发球困难，这种发球适于对付反拍差的对手，也易于发球后上网截击。

（三）削击发球

这种发球的击球点不是很高，击球时球拍多由上向下削切，发出球后向后旋转较强，球的飞行弧线曲度较大，容易控制落点，球落地后向对方场地一侧的角上跳动，可起到拉开对方，造成对方接发球困难的作用。比赛中常作为第二次发球用。削击发球易被正拍攻击力强的对手抽杀。

上述大力发球、侧上旋发球和削击发球的抛球方向略有差异，发过去的球产生的效果也不同。

六、接发球

要接好发球必须掌握比较全面的基本技术，因为接发球之前，接球员对于对手可能发过来的球的方向、旋转、力量、速度等都无法控制。一旦对方将球发出来就要迅速做出判断和反应，并且选择恰当的击球方式来完成接发球动作。

① 接发球站位：一般位于端线附近，力求在接发球时向前移动击球。

准备姿势：两脚平行站位，比肩略宽，右手持拍者一般右脚稍前，两膝微屈，上体稍前倾，脚跟提起，将球拍置于体前。

② 在接发球的全过程中眼睛始终要注视来球，一直到完成回击动作。要观察对手的抛球，这样有利于判断发球的方向和旋转。

③ 对方第一次发球时多采用大力发球，站位应偏后一些，如果是第二次发球时可略向前移，以利于采取攻击性的回击。

接大力发球时不要做大幅度的后摆动作，主要是控制好拍面角度并紧握球拍以免拍面被震而转动。

④ 回击来球后要观察对方行动，对自己的回球路线和落点要有所考虑。选择好接发球落点，对控制对手发球后抢攻有重要意义。

七、截击球

截击球是网前技术中的一种攻击性击球方法，即当球在落地之前将球击回到对方场区。它回球速度快、力量重、威胁大。目前国内外优秀网球运动员都普遍采用发球上网或接发球上网战术，因而截击球技术被提到进攻性打法不可缺少的重要地位（图 10–4）。

正手截击动作方法：截击时站在网前 2.53m 位置，准备姿势与一般击球大体相同，但球拍要举得高一些，约与眼部同高。截击时后摆动作要小，击球点保持在身体前方，拍触球瞬间手腕固定，用力紧握球拍，略加向前推击的动作即可。截击较近的球，左脚跨出一步，截击较远的球要跨出一大步。

正手截击　　反手截击

图 10–4

反手截击动作方法：准备姿势同正手截击，区别在于反手截击的击球点要靠前一些，因此要及早跨出右脚，重心也要置于右脚。击球时手腕固定，用力紧握球拍，拍面稍后倾，触球中上部。击球后右臂伸展，向前下压送。

八、高压球

高压球多用在网前的击球动作，高压球分为原地高压球、跳起高压球和后退高压球。高压球要及时侧身，早举球拍，眼睛看准球，找准击球点。高压球一般以平击高压为主，也可以用切削高压打出好的角度和落点。当对方挑高球挑得很高、很深时，可打落地高压球。打这种球要快速侧身后退，后退时眼睛不能离开球，要求步子退后，然后再向前做高压击球动作（图 10–5）。

图 10–5

高压球的动作与发球动作相似，只是没有向后拉拍的挥拍动作，而是直接把球拍引向头后。在向来球方向跑动中，抬头仰视球，上体右转，同时使球拍垂向背后，完成击高压球的准备动作。当球下落到合适高度（在头部上方），左脚蹬地起跳，右臂持拍向前下挥击，完成高压动作。

九、网球运动易犯错误及纠正方法

（一）握　拍

	易犯错误	纠正方法
1.	虎口离球拍柄端太远	讲解并示范正确握拍方法，使握拍手的虎口离球拍柄端近一些。用改进的握法练习击球
2.	握拍太紧像握锤子，手指并在一起	握拍手指不要并拢太紧，手指之间应略有空隙
3.	握拍无力、太松	适当加大握拍力量，强调在拍触球瞬间更要握紧球拍
4.	握拍站立姿势、膝关节僵直或腰部过分弯曲	重申正确站位的基本姿势，持拍时两脚开立略宽于肩，两膝微屈，脚跟稍抬起，上体微前倾，保持随时可以起动的准备状态

（二）击球前准备

	易犯错误	纠正方法
1.	起动的一步，没有向来球方向移动	养成注视来球和随球方向迅速移动的习惯
2.	球拍后摆的动作不及时	球飞行期间及早判断来球，靠转动身体来配合后摆动作，不能只靠手臂后摆
3.	准备击球前，身体没有侧向来球	强调击球前要上步，使身体侧向来球，右手持拍者正手击球，最后一步应左脚在前。反复练习上步模仿击球动作
4.	后摆动作过大、过高	肘关节与身体应保持合适距离，上臂不要抬得太高。多做模仿动作
5.	手臂太挺直	呈后摆动作时，前臂与上臂要保持在 120°~140°角为宜

（三）正手抽击

	易犯错误	纠正方法
1.	错误的步法，妨碍重心移向击球的方向	多做击球前正确上步的练习，击球动作完成后，要求重心随之移向击球方向
2.	击球不及时或离身体太近，造成拍头垂落，挥拍呈垂钓状	用对墙练习或多球练习，掌握合适的击球点，强调拍触球时，要在前脚附近，并在体侧 70~80cm 处
3.	腕部力量不足，过分转动手腕	指出击球动作不只是靠手腕，主要是靠手臂与转体的配合来完成。可通过在底线打深度球纠正动作
4.	挥拍动作始终在球的上方，而没有使拍低于来球	由于后摆过高造成。在击球时应练习掌握适宜的高度，保持在腰与肩之间，并使球拍略低于来球。通过模仿动作和打自抛的落地球纠正动作
5.	抽击时膝盖过于挺直，而身体又过于弯曲	击球点太靠前所造成的。从练习正确的准备姿势做起，使膝部略微弯曲，而上体稍前倾。可通过对墙练习和打落地球来掌握正确的击球点

（四）反手抽击

	易犯错误	纠正方法
1.	反手抽击时左肩没有随着球拍向击球方向转动	反手抽击应靠身体转动与挥拍共同完成动作，如果左肩没有转向击球方向，说明只靠单纯挥拍而缺乏身体转动的配合。纠正时要练习以转体带动挥拍，多打落地球体会正确动作
2.	击球不及时或离身体太近，造成拍头垂落，挥拍呈垂钓状	用对墙练习或多球练习，掌握合适的击球点，强调拍触球时，要在前脚附近，并在体侧 70~80cm 处
3.	结束动作时球拍在身体右侧挥动的幅度不够大	多做反手抽击模仿练习，要求结束动作时上体右转，配合向右前上方挥拍，以增大随球前送力量

（五）发　球

	易犯错误	纠正方法
1.	向上抛球高度不够	反复地练习向上抛球动作，使抛出的球有合适的高度，然后站在发球位置连续发球
2.	抛球偏斜，球下落时常有偏左或偏右现象	反复地练习向上抛球动作，使抛出的球能较直的在右前上方升起和下落。然后站在发球位置用多球连续发球
3.	后摆没有下垂球拍，拍头向上直接拍击	徒手先体会下垂球拍，使拍头在背后下垂。然后从这一姿势开始向前上挥拍发球。待基本掌握后，再由下挥拍绕环至背后垂拍，然后伸臂挥拍将球发出。可采用多球练习，连续发球
4.	发球时击球点选择不合适，有时过高，有时过低	强调击球点的适宜高度应在身体垂直面右侧稍前的位置，高度略低于个人臂长加拍长。可徒手模仿发球动作或用多球来练习，重点注意选择合适的击球点
5.	上体过于后仰，发球经常失误	强调大力发球时注意发球动作要领，特别是击球点高度要合适。拍触球瞬间，肘伸直，手腕附加突发用力。在挥拍速度最快时击球，然后迅速挥至身体左侧。切记大力发球要充分发挥全身爆发力，但不能失去控制能力，采用多球进行练习

（六）拉上旋球

	易犯错误	纠正方法
1.	拉上旋球时随势挥拍动作不够大	强调拉上旋球后有一个随势向上的挥拍动作，以向上摩擦为主，使球增大上旋力，挥拍的动作幅度比一般抽球大。多做徒手模仿动作，体会由下向上的随势动作，再打自抛的落地球，然后进行场上练习
2.	拍头拉球过程中，没有从外绕球的动作	拉上旋时，在手臂摆动的同时前臂应附加前旋动作，先使拍头接触球的右侧部位，使拍有个从外绕球动作。多做徒手模仿动作，再由同伴送多球连续拉上旋
3.	拉上旋结束动作时，握拍手腕未保持与眼部同高	强调拉上旋的随势挥拍动作要大，应多由下向上挥拍，握拍手腕也要随之向上，并挥至眼部高度。多做徒手模仿动作，再打落地球，重点观察拉球后手腕结束的高度，可用多球练习

（续表）

	易犯错误	纠正方法
4.	拉上旋后，肘部不能在下颌前方结束挥摆动作	强调拉球后随势挥拍多向上送，肘部也须相应高抬一些，保持在下颌前结束挥摆动作为好。它有助于向上拉球。可通过徒手模仿动作练习和打落地球练习纠正。重点观察肘部拉球后结束时的高度

（七）高压球

	易犯错误	纠正方法
1.	击球队员没有移动到球的下落处击球	提高视线随球移动能力，准确判断球的落点。可通过连续回击高球的多球练习，注意步法移动到球的下落处再高压球
2.	高压时身体过分地向前或后仰，完全依赖于手腕的运动	明确高压球不只是靠手腕来压球，主要靠身体的协调配合，上体不能前倾过多或后仰过大，这样容易失去平衡造成高压失误。可通过多球练习，选好击球点，用身体协调配合
3.	没有看清来球位置，击球点太低或高压时有低头现象	提高视线随球移动能力和判断预测能力。可通过多球练习改进高压球技术，击球时不要低头

（八）截击球

	易犯错误	纠正方法
1.	后摆过大	以转体附加后摆的动作，可防止后摆过大现象。可采用 1 人在网前截击，2 人在底线连续抽球的方法或采用多球练习
2.	腕力不足，难以有力地截击来球	强调在拍与球碰撞瞬间，手腕固定并增大握力，同时伴以转体压球动作。在网前可通过 1 对 2 方法练习或采用多球练习
3.	截击球没有靠身体帮助压球，而是只靠手腕	强调截击时多靠身体转动带动球拍压球，触球瞬间要紧握球拍。可通过个人对墙连续击空中球练习或多球练习纠正动作

第二节　网球的基本战术

一、单打战术

（一）发　球

发球要考虑落点、力量和旋转等因素的变化才能有良好效果，如果发出的球有角度而使球反弹出边线，就能迫使对手离开基本位置，则发球效果好。若对手站位离中线较远，可发球至对手的中线附近，以牵制对方。第一次发球应尽量利用大力发球，以加强攻击性，给对手造成压力。第二次发球应具有稳健性，以保持较高的命中率。

（二）接发球

在第一回合的较量中，对手发角度大而弹出边线的球时，若球速慢，可用进攻方法回击，亦可回击大角度球，以牵制对手发球后抢攻。接大角度球时，不要向后跑，而应向前迎球，用拉球回击。接发球时应选择合适的位置，其标志是使正手和反手各有 1/2 的机会接球。切忌在中场等球，应将中场视为接球时不站人的区域。

（三）把球打深

把球打深是指打出的球其落点要靠近球场端线附近。在单打比赛中，把球打深能将对手压在底线附近，这样可以防止对手上网，还能使自己有更充裕的时间为下次击球做好准备。另外，还能使对手回击的角度减小。对准备随球上网的队员来说，将球打深也有重要作用。这里应当注意，在底线击球要想把球打深，就应使球在网的上空较高处通过，大约离网上空至少 1.5m。

（四）调动对手

调动对手也就是把对手调离其能较好发力击球的位置，使其在场上出现空当，这样就能争取比赛的主动权。一般通过打斜线球和打直线球达到调动对手的目的。

打斜线球可以有较高的安全系数，因为斜线球要通过球网上空的中间位置，而球网中间的网高要比两侧立柱的高度低 15cm，故容易击球过网，它对提高命中率有较大作用，这是球网特点所形成的，应当充分利用。还有打斜线球比打直线球飞行距离长，经计算一般要长 1.98m。

打直线球对调动对手也有特殊意义，因为直线球距离比斜线球相对来说要短一些，故它能适当加快回击速度。当对手打来斜线球时，以直线球回击，可以左右调动对手。在对手出现空当时，用直线球回击，可增大击球的威胁性。

（五）网前截击

当队员处于较有利的网前位置时，可充分发挥网前快速截击的威力，截击时采用变线打法，能够向空当回击，取得良好效果。所谓变线打法就是对手打斜线球，用直线球回击，或者对手打直线球，用斜线球回击。

二、双打战术

（一）基本站位

双打时除发球和接发球队员在端线附近外，一般都站在网前位置。发球的队员站在规定发球区的网前，接发球的队员则站在规定发球区的另一侧的网前。有时发球的同伴也可以站在端线附近，位于发球队员的另一侧。在后场的队员的基本站位，发球队员站在规定的发球位置，接球人站在端线附近，准备接发球。有时接发球同伴不直接站在网前，而是站在发球线附近，当对手打球后再向左前或右前扑截球。

（二）发　球

双打发球落点要深，如果发球有足够深度，就能控制对手冲到网前进行截击。第一个发球应采用大力发球，发球后随球上网，这时动作要迅速，先冲前三四步，然后停下来，准备进行第一次截击。

（三）接发球

对方发球时，接发球的同伴一般站在发球线附近，接发球人回球的情况将直接影响其同伴的动作。如果接球队员能有效地接过发球，并且能够上网，这时两个人都应同时上网；如果接发球回击的球力量较弱，这时接球队员的同伴就应立即退到端线附近，不要停在原地。对发过来的球不能做有力的回击，就要想到在端线附近进行防御。如果两人同在后场站位时，应保持使球落在中间地带，以减小对手回球的角度。

（四）及时补位

双打比赛中两个人及时补位很重要，它可以补救场上出现的薄弱地区。例如发球队员的同伴由于截抢冲力过大而冲过中线，这时发球队员就应及时向空当补位。如果遇到两个对手同时上网时，同伴向中路回球较低，被对手截击，这时处在截击队员对面的网前队员应及时截抢。如果接球队员将球打给网前队员，这时接球队员的同伴应迅速后退到中场。

（五）双上网和双底线

双打是两个人互相配合而进行的比赛，两个人应当发挥出一个整体水平来。优秀运动员双打时，采用的理想阵势是两人在前或是两人在后，如果两个人是处于双上网的位置，而同时对方也是双上网，这种情况下双方都会向有球的一侧移动。很多球是在中场来回击打，因此球场另一部分就会出现一个很大的空区。这一空区往往是对手进攻偷袭的地区，比赛中应当有意识地注意这一地区。如果两个人是处于双底线位置，那么回击时就应当使球多落在中间场区，以减小对方回球的角度。另外，双打比赛应随时重视防御中间地带，因这一地带是被攻击的主要目标，所以要求两人配合默契。

视　窗

世界四大网球公开赛

温布尔顿网球锦标赛、法国网球公开赛、美国网球公开赛和澳大利亚网球公开赛，被称为世界上最有名的四大网球公开赛。它们每年都举行一届，是世界上网球单项最为重要的赛事，世界各地的职业选手均视获得这四大比赛桂冠为最高荣誉。

链　接

网球专业术语中英文对照

网球 tennis	局 game	击落地球 ground stroke
草地网球 lawn tennis	盘 set	凌空对攻 volleying
球拍 racket	高压球 smash	发球得分 ace
前场 forecourt	挑高球 lob	赛点 match-point
后场 backcourt	超身球 passing shot	

思考题

1. 为什么网球深受人们的喜爱？它有哪些特点？
2. 网球有哪些基本技术？
3. 试述正手攻球的动作技术要领。
4. 网球发球易犯错误及其纠正方法有哪些？

第十一章　足球技术与锻炼方法

学习目标

☞ 领会足球运动的锻炼价值。

☞ 掌握足球的基本技术，积极参与此项运动。

☞ 学会欣赏国内外重大足球比赛。

足球是以脚为主来支配球的一项球类活动。足球的比赛场地长 100~115m，宽 64~75m，并要铺有草皮。场内画有中场线、中圈、开球点、罚球区（禁区）、罚球弧、球门区和罚球点；四角插有角旗，并画半径为 1m 的弧线；球门高 2.44m，宽 7.32m。

比赛以时间计算，分为时间相等的上、下半时，各 45 分钟，上半时结束后双方交换攻防场地进行下半时比赛。比赛中因偶然事故或其他原因损失的时间均应补足，时间多少由裁判员斟酌决定。上、下半时之间的休息时间不得超过 15 分钟。比赛时，每队上场队员不得多于 11 名，其中必须有 1 名守门员。每场比赛替补队员不得多于 3 名，而且被替换下场的球员不得再次替换上场。

在 90 分钟的比赛中，攻入球较多的一队为得胜队；如双方均未攻入球或攻入球数目相等，这场比赛应为“平局”。但在单淘汰赛制中出现平局时，则要进行 30 分钟（上下半时各 15 分钟）的加时赛以决出胜负。如加时赛后仍出现平局，则要采用互罚点球来最终决出胜负。

女子足球的比赛规则同男子一样，比赛时间亦为上、下半时，各 45 分钟，但加时赛为 20 分钟（上下半时各 10 分钟）。

现代足球运动是世界上开展得最广泛、影响最大并深受各国人们喜爱的运动项目，有人称它为“世界第一运动”“运动之王”。经常从事足球运动锻炼，可以锻炼反应能力和判断能力，培养勇敢、顽强、机智、果断、坚韧不拔、勇于克服困难等优良品质和团结互助、遵守纪律的集体主义精神。

第一节　足球的基本技术

一、踢　球

踢球的方法有脚内侧踢球、脚背正面踢球、脚背内侧踢球、脚背外侧踢球、脚尖踢球和脚跟踢球等。

（一）脚内侧踢球

用脚内侧部位（跖趾关节、舟骨和跟骨所构成的三角部位，即脚弓）击球，其特点是脚与球接触面积大，出球平稳准确，多用于短距离传球和射门。

1. 动作要领

踢定位球时，直线助跑，支撑脚踏在球的侧方 15cm 左右处，膝关节微屈，两臂自然张开，在支撑脚着地的同时踢球腿以髋关节为轴由后向前摆动，在前摆过程中屈膝外转，踢球腿的内侧正对出球方向，小腿加速前摆，脚尖稍翘起，脚掌与地面平行，用脚内侧部位击球的后中部。向左（右）侧踢球时，支持脚踏在球的后方，用右（左）脚脚弓对准出球方向，提起大腿，带动小腿由右（左）向左（右）横摆，同时身体重心向出球的相反方向移动，用推送动作将球踢出。踢空中球时，大腿在踢球前先屈膝抬起并外转，小腿拖在后面，脚弓对准出球方向，以髋关节为轴，利用小腿摆动平敲球的后部（图 11–1）。

图 11–1

2. 脚内侧踢球的练习方法

① 初学者先做踢球腿膝盖外转前后摆动的模仿动作。

② 二人一组，距离约 10m 左右，踢定位球。

③ 二人一组，行进间传接球。

④ 踢迎面传来的地滚球，近距离射门。

⑤ 抢球游戏：3 人传 2 人抢、3 人传 1 人抢、5 人传 2 人抢，规定只准用脚内侧踢球，犯规者出来抢球。

⑥ 脚内侧踢球射门练习。

3. 易犯错误

① 脚弓和球接触面不正确，影响了击球的准确性。

② 踢球脚离地过低，踢在球的底部，易成高球。

③ 动作过度紧张，使用力量不及时，特别是脚击球的一刹那，没有用力，只靠腿的摆动力量踢球。

4. 纠正方法

① 讲解示范，反复练习，体会动作要领，掌握动作方法。

② 一人持球，一人做脚内侧踢球，注意触球部位。

③ 一人脚踩球，一人做脚内侧踢球动作。

④ 原地和助跑踢静止球或正面、左右两侧地滚球，要求变换击球部位而踢出低球、平球、高球。

（二）脚背正面踢球

用脚背的正面部位（楔骨和跖骨的末端）踢球，其特点是踢球腿摆幅大、摆速快、踢球力量大。多用于长距离传球和射门等。

1. 动作要领

踢定位球时，直线助跑，最后一步稍大并积极着地，支撑脚踩在球的侧方

12~15cm 处，脚尖正对出球方向，膝关节微屈，两臂自然张开。踢球腿在支撑脚前跨和助跑的最后一步蹬离地面时，顺势向后摆起，膝弯曲，在支撑的同时以髋关节为轴，大腿带动小腿由后向前摆，当膝盖摆至接近球正上方的一刹那，小腿做爆发式的前摆，脚背绷直，脚趾扣紧，以脚背的正面踢球的后中部，踢球腿随球继续前摆（图 11-2）。

图 11-2

踢反弹球时，要判断好球的落点，当球要落地时，踢球腿的小腿急速前摆，在球刚反弹离地时，踢球的后中部。

踢体侧凌空球时，身体要侧对出球方向，支撑脚指向出球方向，上体向支撑脚一侧倾斜。当球落于髋部高度时，踢球腿的大腿高抬，并与地面平行。然后以大腿带动小腿急速挥摆，用正脚背踢球的后中部，身体随之向出球方向扭转。踢球后，面向出球方向。

踢勾球时，支撑腿的膝部弯曲，上体后仰，踢球脚以髋关节为轴尽力向上方摆动。当球落在头前稍高处时，用正脚背向后勾踢。

跳起踢倒勾球时，用踢球腿做支撑，上体后仰，另一腿向上方摆动。当上摆腿下落时，踢球脚蹬地并向上迅速摆起，两条腿在空中成剪式交叉动作。踢球后，两手掌先轻轻着地，然后背部、臀部着地。

转身踢球时，支撑脚最后一步稍跳动，再落在球的侧方，并以前脚掌着地，脚尖外转对准出球方向。在支撑脚着地的同时，以上体和髋关节的扭转带动腿的扭转，并迅速挥摆小腿，用脚背正面将球踢出。

2. 脚背正面踢球的练习方法与脚内侧踢球的练习方法相同

3. 易犯错误

① 踢球腿膝盖不在球的正上方，脚跟没有提起而将球踢出。
② 踢球时脚尖没有绷紧，踢球部位不正确，影响了踢球力量。
③ 摆动腿不是前后摆动，而是侧向摆动，容易把球踢偏或踢高。

4. 纠正方法

① 明确脚背正面踢球动作的要领，反复进行练习。
② 采用一人踩固定球，一人以脚背正面踢球的方式，练习踢准触球部位。
③ 摆动腿注意前后摆动，一边练习一边检查。

（三）脚背内侧踢球

用脚背内侧部位几个楔骨、趾骨末端击球，其特点是踢球腿的摆幅大、摆速快、踢球的力量大。由于助跑方向、支撑脚选位灵活性较大，出球方向变化幅度较大，因此可踢出平直球、远距离弧线球等，也便于转体踢球。在比赛中多用于中长距离的传球和射门等。

1. 动作要领

踢定位球时，斜线助跑，助跑方向与出球方向成45°角。支撑脚以脚掌外沿积极着地，踏在球的侧方向20~25cm处，屈膝，脚尖指向出球方向，身体稍向支撑脚一侧倾斜。在支撑脚着地的同时，踢球腿以髋关节为轴，大腿带动由后向前摆，在身体转向出球方向、膝盖摆到接近的内侧正上方的刹那，小腿做爆发式的前摆，脚尖稍外转，脚面绷直，脚趾扣紧，脚尖指向斜下方，以脚背内侧部位击球的后中部（踢高球时，击球的中下部），踢球脚继续前摆（图11-3）。

踢过顶球时，支撑脚可踏在球的侧后方，踢球脚不必过于绷直，踢球的后下部，稍有下切的动作。踢球后，脚不随球前摆，使球产生向后的旋转，以控制球速，使球成抛物线下落。这种球可使接球人便于接球。

图 11–3

转身踢球时，助跑最后一步略带跨跳动作，支撑脚的脚尖和膝关节要尽可能地转向传球方向，利用腰的扭转协助摆腿和踢球。

2. 脚背内侧踢球的练习方法

① 两人一组，相距 10~15m 对踢，要求踢球力量不要过大，着重体会踢球的部位。

② 两人一组，加大距离做长传球，要求传球准确。

③ 自己运球到罚球区附近射门，速度由慢到快。

④ 传球射门：一人向前传球，踢球者快速上前踢球射门。

3. 易犯错误

① 踢球时上体后仰，易把球踢高。

② 脚尖外转太多，踢球部位不正确，易把球踢偏。

③ 踢球时，踝关节松弛，往往踢在脚尖或脚内侧上，击球无力。

4. 纠正方法

① 踢固定球，练习斜线 45°助跑，脚触球，注意击球部位。

② 两人相距 10~15m 对踢，反复练习，体会动作要领，掌握动作方法。

（四）外脚背踢球

与正脚背踢球的动作基本相同，只是用脚背的外侧触球。在踢球的一刹那，脚背要绷直，脚趾用力下扣，脚尖内转，踢球的后中部（图 11–4）。

图 11–4

踢弧线球时，支撑脚踏在球两侧左右处，身体稍向支撑脚一侧倾斜，踢球脚的脚腕用力，并以外脚背切削球的侧后方。踢球后，踢球腿向支撑脚一侧的前上方摆出，以加大球的旋转力量。

二、停　球

停球是指运动员有目的地用身体的合理部位把运行中的球停挡在所需要的控制范围内。在比赛中停球不是最终目的，而是为传球、运球、过人和射门做准备。常用的停球方式有脚内侧停球、脚底停球、胸部停球、脚背外侧停球、脚背正面停球、腹部停球和大腿停球等。

（一）脚内侧停球

脚接触球的面积大，易将球停稳，并且便于改变方向和结合下一个动作，多用来停地滚球、反弹球和空中球。

1. 停地滚球动作要领

支撑脚正对来球，膝关节微屈，停球腿屈膝外转并前迎，脚尖稍翘起，当脚与球接触前的一刹那开始后撤，在后撤过程中用脚内侧接触球，缓冲来球力量，把球控制在衔接下一动作所需要的位置上（图 11–5）。

脚底停球

脚内侧停球

脚外侧停球

图 11–5

2. 停反弹球动作要领

支撑脚踏在球的落点的侧前方，膝关节弯曲，上体稍向前倾并向停球方向微转，同时停球腿提起，踝关节放松，用脚内侧对准来球的反弹路线，当球落地反弹刚离地面时，用脚内侧推球的中上部。

3. 停空中球动作要领

一种方法是根据来球的高度，将停球脚抬起前迎，脚内侧对准来球路线，在脚与球接触前的刹那开始后撤。在后撤过程中用脚内侧触球，缓冲来球力量，把球控制在所需要的位置上。另一种方法是将脚提起稍高于选择的停球点，在脚与球接触的一刹那开始下切，在下切过程中用脚内侧切于球的侧上部，将球停在地上。接空中球时，先提大腿，腿弓正对来球。触球时，小腿放松下撤。

4. 脚内侧停球的练习方法

① 二人一组，互踢停球，力量由轻到重。
② 二人一组，一人踢地滚球，另一人跑上停球。
③ 二人一组，互踢停球，要求停球后快速传球。

5. 易犯错误

停球脚上肌肉太紧张，当球与脚弓接触时未做后撤动作，使球停不到脚下。

6. 纠正方法

① 讲解示范，反复练习，领会动作要领，掌握动作方法。
② 一脚支撑身体重心，一脚练习停球的迎球和后撤动作。
③ 停低球或停反弹球时，可采用由同伴抛球的练习方法，先在原地，后可跑动，逐渐体会动作。

（二）脚底停球

脚底接触球面积大，易将球停稳。比赛中多用于停正面来的地滚球和反弹球。

1. 停地滚球动作要领

支撑脚站在球的侧后方，膝关节微屈。停球脚提起，膝关节自然弯曲，脚尖翘起高过脚跟（脚跟离地面稍低于球高），踝关节放松，用前脚掌触球的中上部（图 11–5）。

2. 停反弹球动作要领

支撑脚踏在球落点的侧后方。当球着地的一刹那，用前脚掌对准球的反弹路线，触球的后上部。

3. 脚底停球的练习方法

① 二人一组，互抛互停。
② 二人一组，互抛互停。要求少看停球脚停球。

4. 易犯错误

判断球的落点不准确，停球脚提起过高。

5. 纠正方法

① 一人脚内侧踢地滚球，一人用脚底停球。
② 一人踢低平球，一人用脚底接停反弹球。
③ 反复练习，体会要领，掌握动作方法。

（三）脚背正面停球

正脚背停球这种接球方法适用于接空中下落的球。

1. 动作要领

身体正对来球，接球腿屈膝提起，以脚背对准来球。当球与脚接触的一刹那，小腿和脚腕放松下撤，缓和来球力量，使球落在身前。另一种接法是接球腿稍抬起，在球接近地面时，用正脚背触球，随球下撤落地。

2. 脚背正面停球的练习方法

① 自抛自停，体会要领。
② 二人一组，互抛互停。

3. 易犯错误

停球脚接触球时，下撤过早或过晚。

4. 纠正方法

① 停球时要看准来球，支撑脚站在适当的位置。
② 停球脚以脚背对准下落的球，主动迎接球。

③ 当球接触脚背时，迅速放松小腿和做下引动作，以缓和来球力量。

（四）胸部停球

胸部停球面积大、有弹性、位置高，适于停高球和平直球。胸部停球有挺胸停球和收胸停球两种方法。

1. 挺胸停球动作要领

一般用于停高于胸部的下落球。身体正对来球，两臂前后开列，重心落在两脚之间，两膝微屈，两臂自然张开，上体稍后仰，收下颏。当球与胸部接触前的刹那，脚跟提起，向上挺胸，使球弹起，然后落于体前。

2. 收胸停球动作要领

一般用来停胸部高度的水平球。身体正对来球，两脚前后开立，两臂自然张开，挺胸迎球，当球与胸部接触的刹那迅速收胸、收腹，以缓冲来球力量，把球停在身前（图 11–6）。

胸部停球（向上控制）

胸部停球（向下控制）

大腿停球

图 11–6

3. 胸部停球的练习方法

① 两人一组，相距约 10m，互抛互停。
② 两人一组，相距约 10m，加大来球速度，互抛互停。

4. 易犯错误

缩胸过早或过晚，不能缓和来球力量，易将球弹出。

5. 纠正方法

① 明确动作要领。当球与胸部接触时，迅速收胸、收腹，以缓和来球力量。
② 通过讲解示范与反复练习，掌握正确的胸部停球方法。

（五）大腿接球

适用于接高空下落球。

1. 动作要领

接球时，大腿抬起迎球。当与球接触的一刹那即随球下撤，使球落在身前（图 11-6）。也可用大腿上抬垫球，使球平稳弹下。如做转体接球时，以支撑腿为轴向左（右）转体，把球接到身体左侧或右侧。

2. 大腿停球的练习方法

① 两人一组，相距约 10m，互抛互停。
② 自抛自停。

3. 易犯错误

不能正对来球，不能缓冲来球力量（或缓冲过早），不能将球停在自己控制的范围内。

4. 纠正方法

明确动作要领，反复练习。

（六）腹部接球

适用于接反弹球。

动作要领：身体正对来球，两脚平行站立。当球从地上弹起时，两臂张开，上体前倾，提气、收腹，缓冲来球力量以将球接在身前。

三、运　球

运球是运动员在跑动中用脚连续推拨球，使球处于自己控制范围内的动作，是完成个人突破与战术配合必不可少的技术。常用的运球方法有脚背正面运球、脚背内侧运球和脚背外侧运球等。

脚背外侧和内侧运球较为灵活，便于迅速奔跑和改变方向，是比赛中常用的运球方法。

1. 动作要领

跑动时身体自然放松，上体前倾，步幅可大可小。脚背外侧运球时，运球脚提起，脚尖稍内转，以脚背外侧推球前进。脚背内侧运球时，运球脚提起，脚尖稍向外摆，以脚背内侧推球前进。

2. 运球的练习方法

① 练习时要求步子小、轻松自然，两臂自然摆动。

② 在走步或慢跑中练习运球，由单脚到双脚，用脚背内、外侧运球。

③ 曲线运球绕 6 根标枪杆（杆距 2m），要求由慢到快（定距测验时间）。

④ 直线运球或绕杆曲线运球，要求少看球，多巡视四周情况。

3. 易犯错误

① 只是低头看球，而不是随时观察场上情况，不能达到及时完成传球或射门的目的。

② 运球时不是推拨球而是踢球，以致离人过远而失去控制。

4. 纠正方法

① 通过讲解示范，明确动作要领。

② 脚接触时不是踢球，而是推拨球前进，并注意触球部位。运球时注意抬头观察场上情况。

③ 反复练习直、曲线运球，才能熟练地掌握运球技术。

熟悉球性的练习，如图 11-7、图 11-8 所示。

颠球　　带球起练习一

带球起练习二

图 11-7

脚内侧带球　　脚外侧带球　　脚背正面带球

图 11-8

四、头顶球

头顶球是运动员在比赛中为了争取时间和取得空中优势，用头部的前额部位击球的动作，常用来传球、抢截球和射门，是进攻和防守中不可缺少的重要技术之一。头顶球分为前额正面顶球和前额侧面顶球。这两个部位都可以做原地顶球、跑动中顶球、跳起顶球和鱼跃顶球等。

1. 原地前额正面顶球动作要领

身体正对来球，两脚前后开立，膝关节微屈，两臂自然张开，上体稍向后仰，眼睛注视来球。当球运行到身体垂直部位前的一刹那，后脚用力蹬地，身体重心由后脚移向前脚的同时，迅速向前摆体，颈部紧张，快速摆头，用前额正面顶球的后中部，接着上体随球继续前摆。

2. 原地前额侧面顶球动作要领

两脚前后开立，出球方向的同侧脚在前，两膝微屈，上体和头部稍向出球的相反方向侧屈，身体重心放在后脚上，两臂自然张开，两眼注视来球。当球运行到出球方向同侧肩上方的一刹那，双脚用力蹬地，上体迅速向出球方向扭摆，同时颈部紧张地摆头，以前额侧面顶球的后中部（图 11–9）。

图 11–9

3. 头顶球的练习方法

① 徒手做头顶球模仿练习。
② 自抛自顶，体会顶球部位。
③ 两人一组，相距 5~7m，一人抛球，另一人原地将球顶成高、平、低球。

4. 易犯错误

① 顶球时没有后仰，没有用上腰腹力量。
② 没有摆头的动作。
③ 顶球时用眼看和低头。

5. 纠正方法

① 头部顶球位置要正确，顶球时要注意用上腰和腹部力量。
② 反复练习，掌握技术动作要领。

五、抢截球

抢截球是防守中的主动行动，是转守为攻的积极手段。抢截球包括抢球和截球两个内容。

1. 正面跨步抢球动作要领

面向对手两脚前后开立，两膝微屈，在对手运球脚触球后即将着地或刚着地时，支撑脚立即用力后蹬，抢球脚以脚内侧对着球跨出，膝关节弯曲，上体前倾，身体重心移至抢球脚上，另一脚立即前跨。如双方脚同时触球，则要顺势向上提拉，使球从对方脚背滚过，同时身体重心要迅速跟上，把球控制好。如离球稍远可用脚尖捅抢截。

2. 侧面冲撞抢截动作要领

当与对方平行跑动争球时，身体重心要降低，两臂紧贴身体，当对方近侧脚着地时，可用肩和上臂做合理冲撞动作，使对方失去平衡，从而截获其球。侧面冲撞抢截用于抢截者和运球者平行跑动时抢截球。

3. 侧后铲球动作要领

防守人追到距运球人侧后 1m 左右，可用脚掌或脚背外侧进行铲球。当运球人将球拨动时，先蹬腿，抢球腿跨出，以脚掌或脚掌外侧在地面滑行而将球踢出。小腿、大腿、臀部、上体依次着地。侧后铲球适用于对手运球刚越过防守者时。

4. 抢截球的练习方法

① 两人并肩走步中练习冲撞，慢跑和快跑中进行冲撞，体会合理冲撞的方法。

② 一人在慢跑中运球，另一人练习侧面并肩冲撞抢球。

③ 一对一抢截，正面抢截后相互交换，以抢到球为准。

④ 一对一抢截，正面、侧面抢截，以触到球为准，相互交换练习。

⑤ 原地练习铲球，一人站在固定球的后面佯做停球，一人从侧后方跑上来练习铲球倒地动作。

⑥ 助跑练习铲球，一人带球前进，一人在带球人身后，待球推出时铲球。

5. 易犯错误

① 抢球时犹豫不决，判断不准，盲目乱跑。

② 抢球时支撑脚重心不稳，轻易移动，重心落在抢球脚上，容易被撞倒。

6. 纠正方法

① 通过讲解示范，反复练习，体会动作要领，掌握动作方法。

② 抢截球时判断要灵敏、果断、准确。

③ 抢截球时要注意控制支撑脚重心，体会合理冲撞的方法。

六、假动作

假动作必须在接近对方适当距离时进行，假动作慢，真动作快、突然，真假的动作衔接要快速、适当，做到真真假假，使对方捉摸不定，防不胜防。

1. 踢球假动作

传球前可假做向左（右）方踢球动作，诱使对方向该方向堵截，待其重心移动后，突然向右（左）方踢球或运球突破。

2. 接球假动作

接球前，如对方上步抢截，可假做向左（右）接球，诱使对方堵截左（右）侧，然后突然改为向右（左）接球。

3. 运球假动作

对方迎面抢截球时，可采用身体虚晃动作，使对方捉摸不定，从而越过对手。对手侧面抢截，先快速带球前进，诱使对手追赶，这时带球人可突然降低速度或做假停球，使对手也放慢速度，然后又突然加速甩开对手，带球切进，运传射门。

七、守门员技术

守门员技术的高低、反应敏捷程度、竞争意识直接影响全队最后一道门户的牢固与士气。守门员的有球技术可分为接球、扑接球、拳击球、托球、掷球和抛踢球。

（一）接　球

接球包括接地滚球、接平直球和接高球。

1. 接地滚球

动作要领：接地滚球分直立和单膝跪立接球两种。直立接球时，两脚要自然并拢不留空隙，脚尖对准来球，上体前屈，两臂自然下垂近地，手指自然张开，手心向前，两手接球底部，接球后两臂同时弯曲，并互相靠拢，将球提至胸前紧抱。

单膝跪立接球时，两腿向侧前方开立，前腿弯曲，后腿跪立，膝关节接触地面，并靠近前脚跟，不留中空，上体前倾，两臂下垂，掌心对准来球方向，两手接球底部，接球后将球抱至胸前。

2. 接高球

动作要领：两手自然张开，拇指相对，食指与拇指成“桃形”，当手触球时，手腕和手指适当用力将球接住，同时屈肘、回缩并下引，顺势翻掌将球抱于胸前。要求判断球路与落点要准，跑动、起跳要准，控制高度要快。

3. 接平球

动作要领：接球前两臂屈肘置于胸前两侧，在球接触胸前的一瞬间，两臂夹紧，收缩两手抱住球的侧上部，迅速置于胸前。

（二）扑接球

扑接球分为侧地、鱼跃扑接地滚球和平高球。

侧地扑接低球时，先向来球一侧跨一步，接着身体以一侧小腿、大腿、臀部、上体和前臂依次着地，同时两臂向前伸出，同侧手掌对准来球，另一侧手在球的上方对准来球，触球后手指、手腕用力，屈肘把球收回胸前，然后起立。

（三）拳击球

可分为单拳击球和双拳击球。单拳击球时，屈肘、握拳于胸前，跳起快速冲拳，以拳面将球击出。双拳击球时，双臂屈肘握拳于胸前，两拳靠拢，当跳起到最高点时，双拳同时快速冲击，以拳面将球击出。

（四）托　球

起跳后身体成背弓，单臂快速上伸，手掌前部和手指用力将球向后上托出。

（五）掷球和抛踢球

掷球有单手低手和肩上掷球。抛踢球有自抛踢下落球和踢反弹球。

八、掷界外球

掷界外球时要充分发挥蹬地、腰腹和手腕的力量，整个动作过程要连续不停。

1. 原地掷界外球

动作要领：手指自然张开，持球的后半部，两脚前后或左右站立，膝微屈，将球举在头后，上体后仰，掷球时两脚蹬地，收腹屈体，两臂快速前摆将球掷出。

2. 助跑掷界外球

动作要领：助跑时将球持于胸前，在最后一步迈到的同时将球举至头后，蹬地、收腹、向前快速摆臂，并用扣腕力量将球掷出。

第二节 足球的基本战术

足球比赛攻守过程中采取的个人行动和集体配合，称为基本战术。

足球战术可分为进攻战术和防守战术两大类。在进攻战术和防守战术中都包含着个人和集体的战术。

一、比赛阵形

比赛阵形是指比赛场上队员的基本位置排列，是本队攻守力量搭配和分工的形式。选择阵形要以本队队员的特长、体能、技术水平与赛队的特点为依据。

根据队员的职责和排列的层次分为后卫线、前卫线和前锋线。阵形的人数排列原则是从后卫数向前锋，守门员不计算在内。

目前，世界上普遍采用的阵形有“4–3–3”“4–4–2”“4–1–2–3”“3–5–2”等。在以上阵形中，除“4–4–2”阵形以防守为主，反击为辅外，其他阵形均以进攻为主。尤以“3–5–2”阵形更为突出。

阵形绝不是僵化的规定，它只是队员在场上活动的大体安排。可根据临场情况不断变化，场上每个队员都应在明确基本位置和主要职责的前提下进行创造性的活动。

二、进攻基础战术

1. 个人进攻战术

它包括摆脱、跑位、运球过人等。这是在对方紧逼防守的情况下采取的有效措施，摆脱自己的对手，跑到有利的位置，接应控制球的同伴巧妙的传球配合以达到进攻的目的。

2. 局部进攻战术

它指两人以上的战术配合行动。此战术可以丰富和完善全队的进攻战术，是实施全队战术的基础。一般常用的有斜传直插二过一、直传斜插二过一、踢墙式二过一和三过二进攻配合等。

两人的局部配合是集体配合的基础。常用的两人配合有：

(1) 斜传直插二过一（图 11–10）

⑦横传给⑨，⑨斜线传球，⑦直线插入接球；⑥斜线传球给⑩的斜线传球。

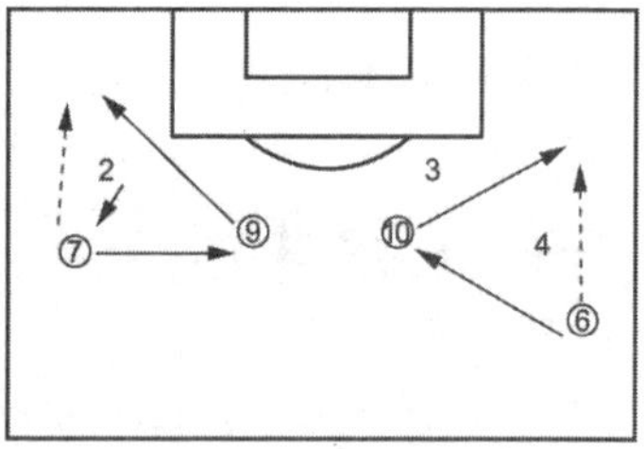

图 11–10

(2) 直传斜插二过一（图 11–11）

⑦横传给⑨，⑦立即斜线插上接⑨的直传；⑩运球过人后传给⑧，⑩立即斜线插上接⑧的直传。

(3) 反切二过一（图 11–12）

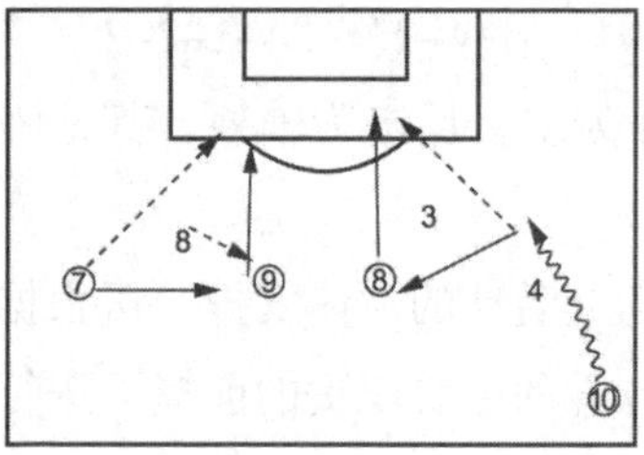

图 11–11

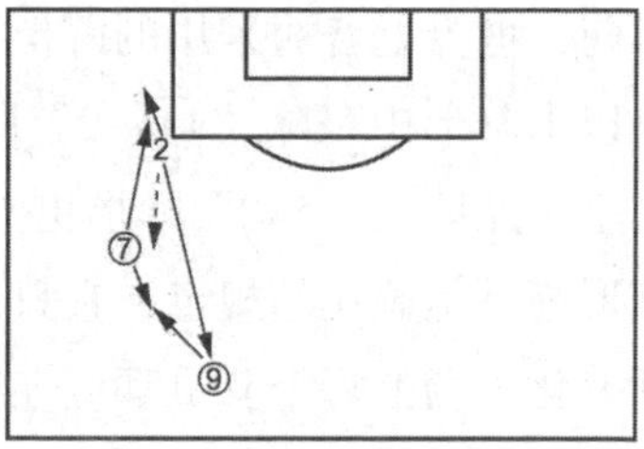

图 11–12

⑦回撤接⑨传球，如防守跟上紧逼时，⑦回传给⑨并转身切入，接⑨传至对手身后空当的球。

(4) 斜线运球交叉换位

3. 集体进攻战术

(1) 边路进攻

它主要通过边锋或交叉到边上的中锋，直接插上的前卫、边后卫，运用个人带球突破或传球配合突破对方防线，达到传中（外围传中、下底传中、切底迂回传中）的目的。由中锋的另一侧包抄射门。

(2) 中路进攻

中路进攻能直接威胁球门，但中间防守队员密集，不易突破。因此通过中锋、内切的边锋或插上的前卫间的配合或个人运球过人等方法突破对方防线。

(3) 转移进攻

当一侧进攻受阻，另一侧进攻有利时，要及时快速地转移进攻方向。此方法多是采用有效而准确的中长距离传球来实现的，以打开对方的一边防守，达到声东击西的进攻目的。

(4) 快速反击

在防御中积极拼抢，一旦得球，乘对方立足未稳时，快速传球，以多打少，达到射门得分取胜的目的。

三、防守技术

(一) 选位与盯人

选位与盯人也是防守战术中重要的个人技术。选位时防守队员一般应处于球门中心与对手之间的直线上（图 11–13）。盯人时应采用“有球紧，无球松”和“远松近紧”的方法，即对有球的、接近球和球门的对手采用紧逼的战术，对无球的、远离球和球门的对手采用松动盯人的战术。

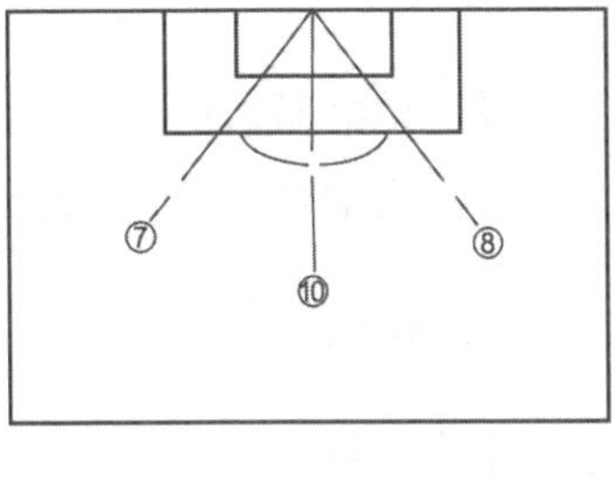

图 11–13

（二）保护与补位

保护是补位的前提，没有保护就不可能有效地补位，队员之间适当的斜线站位是保护的选位要求和后卫防守站位的基本原则。补位是防守队员之间的协同配合、相互帮助的一种方法。

补位有两种：一种是队员去补空当，如边后卫插上助攻时就由另一队员暂时补他的位置，以防插上进攻失误后对方利用此空当进行反击；二是队员间的相互补位，即交换防守（图 11-14）。相互补位一般应是临近的两个同伴之间的换位，这样出现漏洞的可能性就小。

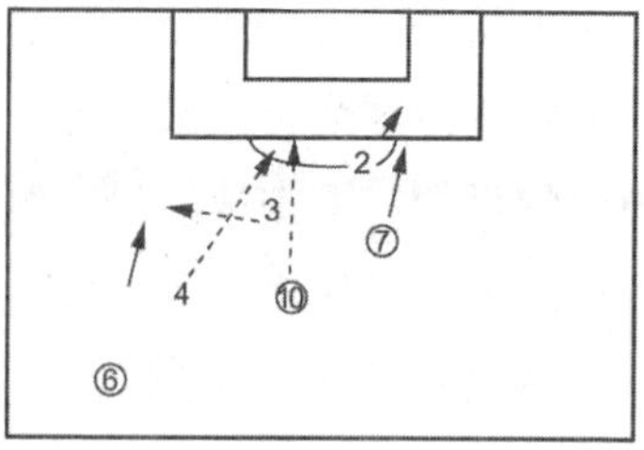

图 11-14

四、定位球战术

定位球进攻战术分角球、球门球、任意球、点球、中圈开球、掷界外球等战术配合。

1. 角球进攻战术

角球进攻战术有两种：一种是直接将球踢至门前，由头球能力强的同伴争抢头球射门；另一种是短传配合，它是在己方头球能力较差或碰到较大逆风时运用。

2. 球门球

发球门球的原则是及时、快速、准确、有效地发起进攻。发球门球时守门员与后卫做一次配合，以改变球路的传球方法，也可踢远球给进攻的一线队员。

3. 任意球

分直接任意球和间接任意球两种：罚直接任意球可采用穿墙和弧线球直接踢入，或者采用过顶吊入传切配合；罚间接任意球时，传球次数要少，运用假动作声东击西，传球要及时，以免越位。

4. 点　球

要求主罚队员沉着、机智，有高度的信心及熟练的假动作技术和过硬的脚法。

五、防守战术

1. 个人防守战术

它是局部和集体防守的基础，包括堵（迎面堵、贴身堵）、抢（迎面抢、侧面抢、侧后铲）、断等技术在防守中的运用。选位与盯人也是重要的个人防守战术。

2. 集体防守战术

有全攻全守的全场防守、半场防守、紧逼防守、区域防守，也有盯人结合区域防守、密集防守等多种防守战术。不论采用哪种战术，都要考虑到本队的特长，更要针对对方的进攻技术，采用有效的防守战术，阻止对方的进攻。

3. 造越位战术

它是防守队员主动制造对手越位的配合，以破坏对方的进攻节奏和攻势，是由守转攻的一种手段。

视　窗

现代足球运动

现代足球运动随着1863年英国足球协会的成立而开始发展。1904年，国际足球联合会成立，成为足球运动的世界性管理机构。足球是第一个进入奥运会的集体项目。英国垄断了早期的赛事，在前4届比赛中取得了3届冠军。尽管早在1900年足球就作为有奖牌的运动在奥运会上首次登台亮相，但直到1908年奥运会，才吸引了世界各国派代表队参赛。1928年奥运会之后两年，第一届世界杯足球锦标赛举行，举办国乌拉圭成为第一个世界杯冠军。

链　接

足球专业术语中英文对照

足球 football	守门员 goalkeeper	角球 corner ball
球场 pitch	后卫 defender	球门球 goal kick
射门 shoot	中场（队员）midfielder	点球 penalty
球门 goal	前锋 striker	任意球 free kick
传球 passing	越位 offside	冲撞 charging
踢球 kicking	角旗 corner flag	铲球 slide
头球 heading	掷界外球 throw-in	禁区 penalty box
停球 trapping		

思考题

1. 足球运动的特点及其锻炼价值是什么？
2. 试述脚背正面踢球的动作技术要领。
3. 常用的停球方法有哪些？
4. 脚背正面停球的易犯错误和纠正方法有哪些？
5. 结合图示说明斜传直插“二过一”的动作技术要领。
6. 谈谈如何发展足球运动员的耐力素质。

第十二章 篮球技术与锻炼方法

学习目标

☞ 领会篮球运动的锻炼价值。

☞ 掌握篮球的基本技术，积极参与此项运动。

☞ 学会欣赏篮球比赛。

篮球是以球投篮为竞赛内容的对抗性体育项目。始于1891年12月21日美国马萨诸塞州斯普林菲尔德市（春田）基督教青年会训练学校体育教师詹姆斯·奈史密斯在体育馆内组织学生进行的游戏。

国际篮联修改的新规则有：女子比赛不再使用小号球，使用7号球；运动员技术犯规后对方可获得1次罚球并得随后的球权；比赛时间实行4节（1、2节为上半场，3、4节为下半场），每节10分钟，每队每节如达4次犯规，则以后发生的所有犯规均要处以两次罚球；中场休息15分钟，首节与次节之间、3节与4节之间休息2分钟；进攻时间从30秒减至24秒，8秒之内必须使球进入前场；奥运会及世界锦标赛可采用3人裁判制。

篮球是一项魅力无穷的运动，今天在世界上已经拥有数亿的爱好者和观众。我国篮球运动的发展是令人瞩目的，特别在学校这个育人的场所，篮球运动开展得尤为普及，深受青年学生的青睐。经常参加篮球运动，能促进速度、灵敏、力量、耐力、柔韧等身体素质的发展，提高中枢神经系统的灵活性，增强心脏、血管、呼吸、消化系统的机能，促进肌肉和骨骼的生长发育，使身体得到全面发展。篮球运动是集体项目并具有强烈的竞争性和对抗性，因此能培养人的团结协作、互相配合的集体主义精神和勇敢顽强、机智果断等优良品质。

第一节　篮球的基本技术

一、传、接球

传、接球是篮球比赛中队员之间有目的地转移球，是组织进攻配合和实现战术的关键，也是一切组织进攻的基础。传球者将球越过防守自己的队员传给被防守的同队队员时，不但要使同伴安全地接到球，而且应使其接球后能顺利地衔接下一个进攻动作。因此，传、接球技术的好坏，直接影响战术的质量。在练习传、接球时，应正确判断，切实做到快速、准确、及时、隐蔽。

（一）传球技术动作要点和运用

1. 持　球

双手自然分开，拇指相对成“八”字，用指根以上部位握住球的两侧后下方，手心空出，两臂弯曲，肘关节下垂，持球于胸前。

2. 双手胸前传球

（1）动作要点

手臂伸向传球方向，两手腕下压、外翻，快速地抖腕拨指将球传出（图 12–1）。

图 12–1

（2）运用

常用于快速传球推进，阵地进攻时外围队员转移球以及不同距离的传球。它便于同投篮、突破等技术结合运用。

3. 双手头上传球

（1）动作要点

两手握球于头上，前臂稍前摆，用手腕和手指短促快速地抖动将球传出。

（2）运用

多用于高个儿队员转移球给中锋队员或传给切入篮下的队员。在抢到后场篮板球后，为避免对方封堵，可跳起用双手头上传球（图 12–2）。

4. 双手反弹传球

（1）动作要点

与双手胸前传球基本相同，两臂向前下方用力，腕、指快速抖动传球。球击地点和力量大小要以球反弹后接球队员能顺利接到为宜（图 12–3）。

（2）运用

多用于向内线传球，突破分球，快攻一传和结束段的传球。

5. 单手肩上传球

（1）动作要点

以右手传球为例，传球前，左脚向前跨半步，向右转体将球引至右肩侧上方。传球时，上体向左转动并带动肩肘，前臂快速前摆，扣腕，手指用力将球传出（图 12–4）。

图 12–2

图 12–3

图 12–4

(2) 运用

多用于中、远距离传球。在抢到防守篮板球后快攻第一传和接应队员把球传给跑向篮下的队员时，经常运用单手肩上传球。

6. 单手胸前传球

(1) 动作要点

持球方法与双手胸前传球相同。传球时，传球手的前臂快速前伸，手腕急促前扣，手腕、手指用力将球传出（图 12–5）。

(2) 运用

多用于近距离和快速传球。如果与防守队员较近，可以突然将球从防守队员头顶、耳旁传过。它便于和双手胸前投篮、运球突破结合运用。

图 12–5

7. 单手反弹传球

(1) 动作要点

单手反弹向前传球的手法与单手胸前传球基本相同，只是手臂向前下方用力，球击地后，反弹给同伴。

(2) 运用

它是小个子队员对付高大队员的传球方法。向内线队员和向空切篮下队员传球时，也多用此种传球方式。

（二）接球技术动作要点

1. 双手接球要点

① 双手接腰部以上的球时，手臂伸出迎球，两拇指相对成“八”字形，虎口相对，手指朝上。手指触球后，迅速收臂将球置于身前或体侧。

② 双手接腰部以下的球时，手臂伸出迎球，两拇指相对成“八”字形，虎口相对，手指朝下。手指触球后，迅速收臂将球置于身前或体侧。

2. 单手接球要点

单手接球时接球手自然伸出迎球，五指自然分开，手心对球。手指触球后，迅速收臂将球引至身前，另一只手迅速扶球。

3. 行进间双手胸前传、接球

(1) 动作要点

腾空接球时，左（右）脚落地后，右（左）脚上步，同时将球传出。双手接球后，马上收臂后引，然后迅速伸前臂，抖腕出球。

(2) 运用

多用于快攻时两人短传推进。

4. 常用的几种接球

(1) 向内线接球（图 12–6）

图 12–6

(2) 向外线接球（图 12–7）

图 12–7

（3）跳起转身接球（图 12-8）

图 12-8

（三）传、接球技术动作易犯错误及纠正方法

1. 持球手形不正确，掌心触球，传球无力

纠正方法：队员观察教练员正确的持球手形，看图片或录像。可采用两人持一球互相推传的练习，使队员体会正确的持球和出手用力方法。

2. 双手持球，两肘外张，传球时形成挤球动作

纠正方法：掌握正确持球手形，分析肘外张多是手指朝上握球，两臂与肩、手腕、手指紧张造成的。练习时要求队员持球手形正确，上肢各部位肌肉放松。

3. 双手传球时用力不一致，传出的球侧旋

纠正方法：保持正确的基本站立姿势和持球手法。然后两人一组做持球与不持球的传球模仿练习，体会传球动作的连贯性和上下肢的协调配合。再做由慢到快、由近到远的两人传接球练习，体会两手翻腕、拨指动作。

4. 单手肩上传球时，手指指向衣领部形成推铅球式的传球

纠正方法：先采用徒手模仿练习，体会蹬地、转体、甩臂、扣腕协调动作。然后由近到远练习单手传球，体会和提高传球技术。

5. 接球时手形不正确，手臂未伸向来球方向，无缓冲动作

纠正方法：要求以正确的手形迎球，臂、肘放松，手臂伸向来球方向，接球时顺势后引。二人练习传、接球，掌握接球时机和接球后的缓冲动作。移动中练习接球，提高判断来球方向及速度的能力，加强接球手法与步法的协调配合。

6. 行进间双手胸前传、接球时，手与脚步动作配合不协调，腾空较高，出现交叉步、跳步等

纠正方法：在走动、慢跑中做行进间模仿练习，练习时要求自然跑动。可采用在慢跑中先接、传固定球的练习，再进行跑动中传、接球，体会正确动作，逐渐增加练习难度。

二、投　篮

投篮是篮球比赛中的主要进攻技术。比赛中运用任何进攻技术、战术的最终目的都是为了投篮，比赛的胜负是由两个队的得分多少而定的，因此要取得比赛的胜利，就必须正确和熟练地掌握投篮技术，提高投篮命中率。

投篮技术发展的主要特点是：投篮是在快速移动中完成的，多在移动中接球，利用假动作时间差或改变方向，或紧贴对手投篮。投篮应与突破、传球等技术相结合，投篮方式多、变化多、出手点高。

（一）投篮技术动作要点和运用

1. 原地双手胸前投篮

（1）动作要点

双手持球于胸前，肘关节自然下垂，上体稍前倾，两腿微屈。投篮时，两腿蹬地，两臂向前方伸展，手腕同时外翻，最后用拇指、食指、中指将球投出（图 12–9）。

图 12–9

(2) 运用

此投篮方法能够充分发挥身体和臂部力量，适用于远距离投篮。女子运用较多，罚球中也常用。其特点是握球牢，便于与突破、传球相结合。

2. 原地单手肩上投篮

(1) 动作要点

以右手投篮为例，右手五指自然分开，向后屈腕、屈肘，持球于肩上；左手扶球，右脚在前，两腿微屈。投篮时从下向上发力，同时提肘且手臂向前上方充分伸展，最后通过食指、中指指端将球投出。球出手后，手腕前屈，手指向下（图 12–10）。

图 12–10

（2）运用

适用于中、远距离投篮。其特点是出手点高、变化多、较为灵活。

3. 行进间单手高手投篮

（1）动作要点

以右手投篮为例，接球和运球上篮时，右脚跨出一大步的同时，双手持球，左脚紧接着跨出一小步，用力蹬地起跳。当身体接近最高点时，右手手指向后，掌心向上，托球的下部向球篮的方向伸臂，用食指、中指以柔和的力量拨球，最后球从指端投出（图 12–11）。

图 12–11

（2）运用

多在快攻和切入篮下时运用。这种投篮的优点在于出手点高，易用身体保护。

4. 行进间单手低手投篮

（1）动作要点

以右手投篮为例，接球和运球上篮时，右脚跨出一大步的同时，双手持球，左脚紧接着跨出一小步，用力蹬地起跳。当身体接近最高点时，右手手指向前，掌心向上，托球的下部向上伸展。当接近球篮时，用食指、中指、无名指以柔和的力量向上拨球，最后球从指端投出（图 12–12）。

图 12–12

(2) 运用

在快攻、突破中已经超越对手时，多用低手上篮。它具有伸展距离长，出手点离球篮近的特点。

5. 原地跳起单手肩上投篮

(1) 动作要点

投篮时屈膝降低重心，两脚掌用力蹬地向上起跳；同时双手举球至肩上，右手托球，左手扶球的左侧方。当身体接近最高点时，左手离球，右臂向前上方伸展，手腕用力前屈，通过食指、中指的力量将球投出。球出手后，指、腕自然前屈。

(2) 运用

当防守队员离持球队员较近时，持球队员运用传球、突破等假动作，诱使防守队员失去重心而突然起跳投篮。

6. 急停跳起投篮

(1) 动作要点

① 接球急停跳起投篮。移动中跳起腾空接球后，两腿同时或先后落地，脚尖对篮筐，两膝弯曲，迅速跳起投篮，投篮出手动作同原地跳起单手肩上投篮。②运球急停跳起投篮。运球过程中及时降低重心，用跨步急停或跳步急停，持球屈膝跳起投篮，投篮出手动作同原地跳起单手肩上投篮（图 12–13）。

图 12–13

(2) 运用

进攻队员向篮下移动中接球或运球突破时，利用防守队员向后移动防守的惯性，果断运用急停跳投，可达到良好效果。

(二) 投篮易犯错误及纠正方法

1. 持球时，掌心触球，手指没有自然分开，影响手腕、手指用力

纠正方法：清楚手持球的部位，对墙或两人相对，做投篮模仿练习和投篮练习，相互纠正动作，体会正确的持球方法和用力动作。

2. 持球时，肘关节外展，投篮出手时，球不是向后旋转而是侧转

纠正方法：投篮时球向侧旋转是持球的手臂肘关节外展，以及持球手形、握球部位不对和球出手的用力顺序不正确造成的。可先做徒手模仿练习，一人一球自投自接练习，两人一球相互投篮，练习时自己与同伴注意观察持球的姿势，手腕、手指的用力与全身协调配合，然后过渡到投篮练习。

3. 投篮出手角度小，球飞行的弧线低

纠正方法：造成此问题的原因，在于投篮时手臂向前推而没有向上提肘伸臂

动作。在投篮练习时，队员面前站一人，并向上举起双臂，迫使投篮队员改变投篮角度和提高投篮的弧线，同时还可以帮助队员克服投篮时向前冲的毛病。

4. 行进间投篮时步法乱，手脚配合不协调

纠正方法：同伴站在篮下适当的位置托球，自己先走动后跑动，以正确的步法去拿同伴的球投篮。跑动中自抛自接球做行进间投篮练习，以掌握跑动的节奏、步幅和手脚的协调配合。在此基础上，在跑动中接前、侧、侧后方的传球进行投篮练习。

5. 起跳投篮时身体重心不稳，失去平衡，跳起投篮出手晚，在身体下落时球才出手

纠正方法：熟悉跳投的3个环节，即起跳（垂直向上）、引球上举（空中短暂停顿）、投篮出手。可做原地持球上一步跳投练习，拍一次球上步拿球跳投练习。练习时，可运用语言刺激，如“跳”“举”“投”，以建立正确的概念和掌握跳投的动作顺序。

三、运　球

持球队员在原地或移动中用手连续按拍球，借助地面使球反弹起来叫运球。

运球是篮球比赛中个人控制球、支配球、突破防守的重要手段，是组织全队进攻配合的桥梁。合理地运球，可以创造有利的进攻机会。若滥用运球，则会影响全队进攻和贻误战机。

（一）运球技术动作要点和运用

1. 高运球

（1）动作要点

抬头，目视前方，上体稍前倾，手按拍球的后上方，球的落点在身体的侧前方，球反弹高度约在腰胸之间（图12–14）。

（2）运用

多用于快速直线推进，如从后场向前场推进，快攻接应后的快速推进，摆脱防守接球后加速运球上篮等。

2. 低运球

（1）动作要点

抬头，目视前方，两膝深屈，身体半蹲，手按拍球的后上部，球的落点在身体侧面，球的反弹高度约在膝腰之间（图 12–15）。

图 12–14

图 12–15

（2）运用

在防守密集、接近防守队员或防守队员抢球时，可运用低运球。

3. 运球体前变方向

（1）动作要点

运球队员从防守队员右侧变方向时，用右手按拍球的右侧后上方，使球反弹至左手外侧，右脚迅速向左前跨步，向左侧转体探肩，及时换手继续向前运球（图 12–16）。

图 12–16

(2) 运用

当防守队员堵截运球队员进攻路线时或运球队员运球接近防守队员时，为了摆脱和突破对手，可运球体前变方向。

4. 运球背后变方向

(1) 动作要点

运球队员从防守队员右侧变方向时，变向前一次运球，要把球控制于身体右侧后方，左脚前跨，右手按拍球侧后方，球经身后拍到左前方，右脚迅速前跨，换用左手运球继续前进（图 12–17）。

图 12–17

(2) 运用

当防守队员堵截运球队员，而且与运球队员距离较近时，运球队员为了突破对方而主动靠近对手后，都可以运用运球背后变方向。

5. 运球急停急起

(1) 动作要点

快速运球中运用两步急停，同时按拍球的前上方，目视前方。急起时，后脚（或异侧脚）用力蹬地，上体迅速前倾，手按拍球的后上方，快速起动。

(2) 运用

当运球队员被防守得很紧时，可利用运球急停——急起——急停速度的变化，摆脱对手，超越对手。

6. 运球后转身

⑴ 动作要点

右手运球后转身时，把球运到身体后侧，按拍球的右侧前上方，左脚向前跨一步，以左脚的前脚掌为轴，右脚用力蹬地后撤做后转身动作，同时右手向后拉球，然后换左手运球。

⑵ 运用

当运球队员向防守队员一侧突破被堵截，而且与对手距离较近，又无法改用变方向运球时，可用运球后转身从另一侧突破。当运球队员从防守队员右侧突破时，可先主动靠近防守队员左侧，然后用运球后转身突破。

（二）运球易犯错误及纠正方法

1. 运球时低头，不能观察场上情况，易失去进攻机会

纠正方法：可采用看固定目标或老师手势进行运球练习。然后可采用甲、乙两人一组，每人一球，甲做各种运球练习，乙观察并跟着甲做各种运球练习。

2. 运球时，用手打球，而不是用手腕、手指的动作按拍球

纠正方法：老师讲解并示范运球时是以肩关节为轴，用前臂、手腕、手指力量柔和地随球上下按拍的动作要领，然后在老师指导下做原地运球练习，逐步过渡到做行进间运球练习。

3. 运球时，不能合理地用身体保护球，易被对方打掉

纠正方法：老师讲解并示范运球时的身体姿势，手臂协调配合的方法与防守的位置、距离，使同学看清保护球的重要性。可组织同学做边运球、边打对方球的练习，以提高运球中保护球的能力。

4. 在变向、变速运球或运球转身时，形成明显的翻腕动作，造成两次运球违例现象

纠正方法：老师向同学示范并分析产生错误的原因主要在于手触球的部位是

在球的下方或侧方。可组织同学在慢速练习中体会手触球的部位正确与否所产生的结果，然后逐渐在快速练习中进行。

四、防守技术

防守技术是队员在防守时为了阻挠和破坏对手的进攻，达到夺球反攻的目的所采取的各种专门动作的总称（图 12-18）。

①基本姿势　　②横跨步　　③交叉步

图 12-18

（一）防守无球队员（图 12-19）

① 站在对手与球篮之间偏向有球一侧，做到“以球为主，人、球、区兼顾”，“内紧、外松、近球紧、远球松、松紧结合”。

② 不让对手在限制区及其附近范围内接球。

③ 要积极破坏对手接球后的身体平衡，使其不便于衔接下一个动作。

图 12-19

（二）防守持球队员

1. 位置和距离的选择

当对手接到球后，必须迅速调整位置和距离，占据对手与球篮之间的有利位置，并与对手保持适当距离。一般来说，对手离篮远则离其远，离篮近则离其近，还要根据对手善投、善突等特点和战术的需要而有所调整。

2. 动作方法

由于持球队员的特点、意图以及与球篮的距离不同，所以防守持球队员有两种方法：①平步防守，即向持球队员平行站立的防守姿势。这种步法防守的面积大，便于左右滑动，对防守突破比较有利（图 12–20）。②斜步防守，即两脚前后斜步站立的防守姿势。这种步法便于前后移动，对防投篮有利（图 12–21）。

图 12–20

图 12–21

3. 视　野

眼睛主要看进攻队员的腰部，这是重心所处的部位，用眼睛余光观察对手是否投篮。

4. 双手的姿势

左脚在前，左臂屈肘上举，手指朝上，臂不完全伸直，以免失去重心；右脚在后，右手置于体侧，手指朝下，防止传球和突破运球。

5. 防守姿势

投球时，要保持良好的防守姿势，掌握好挑球时机，手掌向上，要由下而上挑球，其优点是：①不容易失去平衡；②不容易犯规。

五、持球突破

持球突破是持球队员运用脚步动作与运球技术相结合的快速超越对手的一项攻击性很强的进攻技术。

（一）持球突破技术动作要点和运用

1. 原地持球交叉步突破技术（以右脚为中枢脚，从防守队员右侧突破）

动作要点：两脚左右开立，两膝微屈，持球于胸前，突破前先做瞄篮或其他假动作。突破时，左脚内侧蹬地，并向右前方迈出大步，上体右转，左肩向前下压，将球引至右侧，在右脚离地前用右手推拍球于迈出脚的侧前方。同时，右脚用力蹬地，迅速超越对手（图 12–22）。

图 12–22

2. 原地持球同侧步突破技术（以左脚为中枢脚，从防守队员左侧突破）

动作要点：准备姿势与原地持球交叉步突破相同。突破时，左脚向内侧蹬地，右脚迅速向防守队员左侧跨出，上体稍右转，同时探肩，重心前移。在左脚离地前，用右手推拍球于右脚的侧前方。同时，左脚用力蹬地，加速超越对手（图 12–23）。

图 12–23

3. 跳步急停持球突破技术

动作要点：跳步持球前应根据自己与防守队员的位置、同伴的传球方向调整好准备姿势，向前或向侧面跳步急停。接球时，要向来球方向伸臂迎球。同时，用一脚蹬地，向前或向侧跃出，在腾空中接球（一般使用移动方向异侧脚）。然后两脚前后或平行落地，两腿微屈，重心落在前脚掌上。根据防守队员的情况，用交叉步或同侧步超越。

六、抢篮板球

篮球比赛中，抢篮板球是获得控制球权的重要手段之一。进攻时，有效地控制篮板球不仅可以增加进攻次数和投篮得分的机会，而且还可以增强队员投篮的信心和减少对方发动快攻的机会。防守时，有效地控制篮板球不仅可以中止对方连续进攻，造成进攻队员外线中投的顾虑，而且还为本队发动快攻创造了有利的条件。因此，一个球队对抢篮板球技术掌握的好坏，对在比赛中的主动与被动、胜利与失败起着很重要的作用。抢篮板球的要点如下：

① 当对方或同伴一投篮，必须想到可能不中，要积极地抢篮板球。

② 防守时抢篮板球，必须把对手挡在外面。挡人方法有两种：A、前转身挡人。当对手与你的距离稍远，动作很快时，用前转身挡人。前转身挡人比后转身快，但占据的面积小。B、后转身挡人。对方离身体较近，为抢占较大面积，多用后转身挡人。后转身挡人应注意，第一，必须贴紧对方，最好用臀部、腰部

顶住对方；第二，挡住人以后，稍停1秒，再冲到篮下去抢篮板球，因为中距离投篮时，一般球在空中运行1~2秒；第三，要冲到篮下抢占投篮方向的对面，因为球碰到篮圈后，一般有70%的机会球反弹后落在对面。

③ 到篮下立即屈臂，两臂要张开，占据空间面积，腿和腰及全身要用力起跳，技术动作要求力量强，起跳迅速，即使被对方冲撞也不能失去平衡，仍然能跳起来。抢前场篮板球时，只要挤进一条腿、一只手臂，就要跳起来拼抢。

④ 只要手指触到球，就要用力抓紧、下拉，以便控制住球。在空中要转身观察同伴的接应情况，并抓住球，保护好球，将球举到头上，不要拿在胸前。落地的同时要向边线一侧后转身，同时观察接应同伴的位置，以最快的速度做第一传。

⑤ 一传出手后，借后转身的动作把和自己争抢篮板球的对手挡在后面，立即起动快跑跟进参加快攻。

第二节　篮球的基本战术

一、篮球战术的概念

篮球战术是指在比赛中为了战胜对手，队员个人技术的合理运用和队员之间相互协调的组织形式。

二、篮球战术基础配合

战术基础配合是两三人之间协同动作组成的简单配合。

（一）进攻战术基础配合

1. 传切配合

传切配合是两三名队员利用传球和切入组成的简单配合。

传切配合的要点：①合理选择进攻位置，队形要拉开，按战术路线跑动；②持球队员运用投篮和突破等假动作，吸引对手，以便及时把球传给切入的同伴；

③切入的队员要先靠近对手，然后突然快速侧身跑，摆脱对手向篮下切入，并随时注意接球进攻（图 12–24）。

2. 掩护配合

掩护配合是进攻队员选择正确的位置，运用合理的技术，以身体挡住同伴的防守队员的移动路线，给同伴创造摆脱防守、获得进攻机会的一种配合方法。

掩护配合的要点：①掩护队员要站在同伴的防守队员的移动路线上；②掩护配合行动要突然、快速，运用假动作造成防守队员错觉，完成掩护配合；③同伴之间必须掌握好配合动作的时间；④当防守队员交换防守时，掩护队员运用掩护后的第二个动作，突然转身切入篮下或寻找其他的进攻机会；⑤进行掩护的过程中，掩护队员和同伴都要做一些进攻动作，吸引住对手，达到隐蔽掩护配合的意图（图 12–25~图 12–27）。

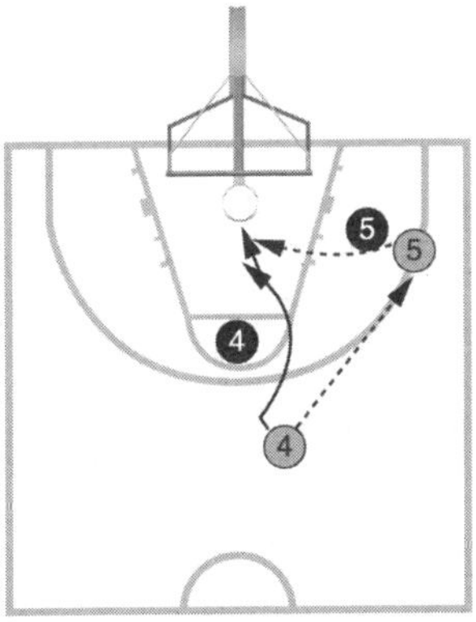

图 12–24

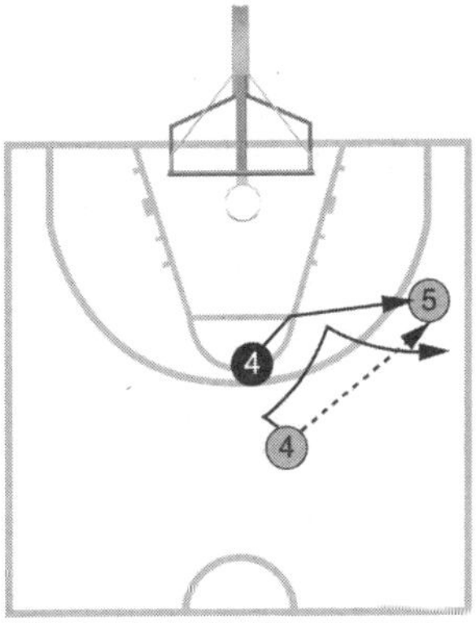

图 12–25

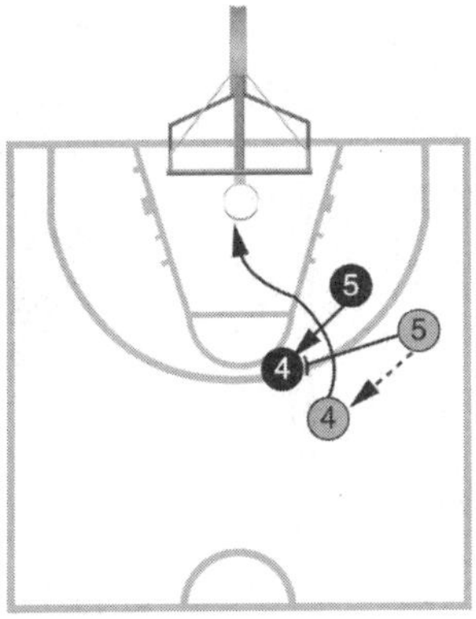

图 12–26

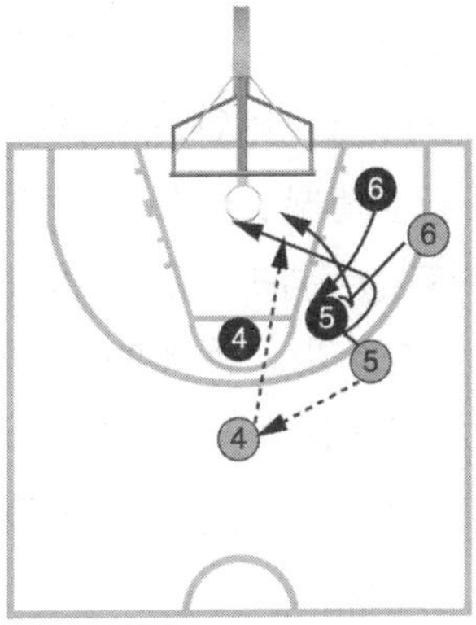

图 12–27

（二）突分配合

突分配合是持球队员运用突破打乱防守部署或吸引防守，并及时将球传给同伴，使同伴获得进攻机会的配合方法。

如图 12–28 所示：❺从防守者的左侧突破，并吸引 7 上来和 5 “关门” 防守。此时❼及时跑到有利的进攻位置上去接⑤传来的球投篮或做其他进攻配合。

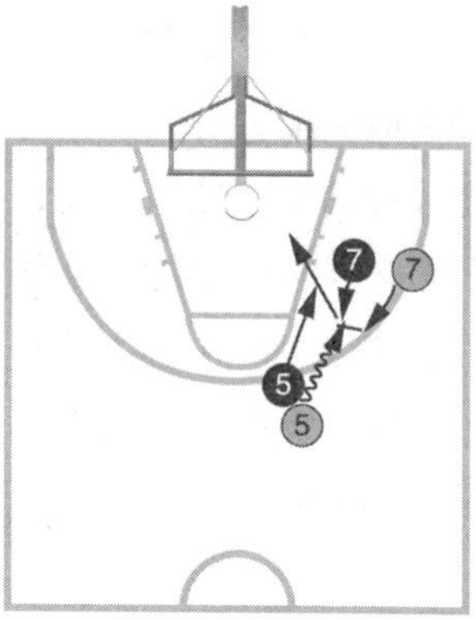

图 12–28

突分配合的要点：①突破队员的动作要突然、快速。在突破过程中，既要有传球的准备，又要有投篮的准备；②突破队员在突破过程中，要始终注意观察场上攻、守队员的位置变化，及时分球或投篮；③场上其他进攻队员要掌握时机跑到有利的进攻位置上去接球。

（三）策应配合

策应配合是指进攻队员背对或侧对球篮接球，并以他为枢纽，与同伴相互配合而形成的里应外合的进攻方法。

策应配合的要点：①正确选择策应点，迅速摆脱防守，抢占策应的位置；②策应队员接球后两脚开立，两腿弯曲，上体稍前倾，两肘微屈，两手持球于腹前，用臂和身体保护好球，要随时注意观察场上情况，以便及时将球传给有进攻机会的同伴或自己伺机进攻；③策应队员在策应过程中，运用好跨步、转身来调整策应方向和位置，以便协助同伴摆脱防守或为自己创造进攻机会；④同队队员传球给策应队员后要及时摆脱、接应或切向篮下进攻。

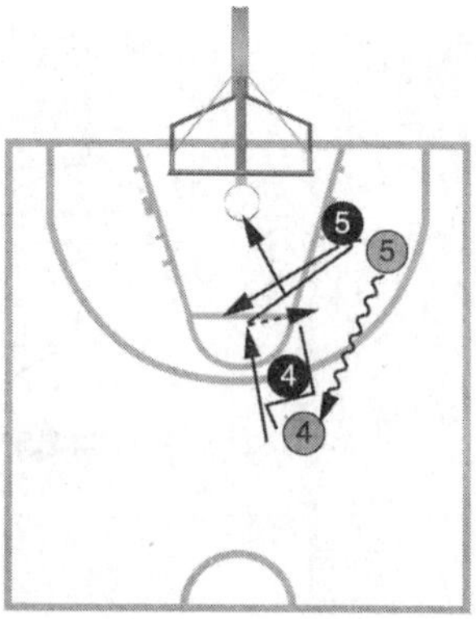

图 12–29

如图 12–29 所示：❺将球传给❹后，向底线做切入的假动作，突然摆脱❺跑到罚球线后接❹的传球作策应。❹传球后摆脱防守跑到❺面前接球跳投或上篮。

三、防守战术基础配合

防守战术基础配合是两三名队员在防守中运用协同防守配合的方法，它包括挤过、穿过、交换防守、“关门”、夹击、补防等防守配合，是组成全队防守战术的基础。

（一）挤过配合

挤过配合是当掩护队员在进行掩护的一刹那，被掩护的防守队员主动上前，靠近自己的防守对象，并随其移动，从两名进攻队员之间侧身挤过去，继续防守自己对手的配合方法。

挤过配合要点：①防守掩护的队员应及时提醒同伴注意对方掩护，自己随移动应稍向后撤，以便补防；②被掩护的防守队员要及时、主动地上步贴近自己的对手。

（二）穿过配合

当进攻队员进行掩护时，防守掩护的队员主动后撤一步，让同伴（即被掩护的防守队员）及时从自己和掩护队员之间穿过去，以便继续防守住自己的对手，称为穿过配合。

穿过配合要点：①当对方掩护时，防守掩护的队员要主动、及时地后撤一步；②被掩护的队员要快速穿过堵住的进攻路线。

（三）交换防守配合

交换防守是当对方进行掩护或策应时，两名防守队员及时交换自己防守对手的一种配合方法。

交换防守配合要点：①交换防守前，防守掩护的队员要及时地把换人的信号告诉同伴并积极堵截切入队员的路线；②被掩护的防守队员接到换人的信号后，积极堵截掩护队员向内线切入的移动路线。

（四）“关门”配合

“关门”是当进攻队员持球突破时，防守突破的队员向侧后滑步。同时，临近突破一侧的防守队员迅速向进攻队员的突破路线滑动，与防守突破的队员靠拢，像两扇门一样地关起来，堵住持球突破队员的一种配合。

“关门”配合要点：①防守突破队员要积极防守，堵住进攻队员的突破路线，临近突破一侧的防守队员及时、快速地向同伴靠拢进行“关门”，不给突破队员留空隙；②“关门”后，突破队员一停球，协助“关门”的队员迅速回防自己的对手。

（五）夹击配合

夹击配合是两个防守队员利用有利的区域和时机，封堵持球队员的传球路线，造成持球队员传球失误或违例的一种协同防守的配合方法。

夹击配合要点：①正确选择夹击的区域和时机；②夹击配合时，行动要果断、突然，两名夹击队员应充分运用身体、两臂严密固守持球队员，两人的双脚位置约成 90°，不让对手向场内跨步；③夹击时，应防止身体接触或抢球造成的不必要的犯规动作；④防守的两名队员在夹击配合过程中，其他防守队员要紧密配合，放弃远离球的进攻队员，严防近球的进攻队员接球。

（六）补防配合

当防守队员被对手突破或绕过时，临近的其他防守队员主动放弃自己的对手而去补漏防守的配合方法，称为补防配合。

补防配合要点：①当同伴被对方突破后，临近的防守队员要大胆放弃自己的对手，果断、突然、快速地补防；②补防时，应合理运用技术，避免犯规；③被对手突破而漏防的队员应积极追防，补防同伴的对手，注意观察对方传球路线，争取断球。

四、快攻与防守快攻

（一）快　攻

快攻是指在由防守转入进攻时以最快的速度、最短的时间，在人数上造成以多打少的优势，或在人数相等以及人数少于对方的情况下，乘对方立足未稳，果断而合理地进行攻击的一种快速进攻战术。

快攻战术是全队战术的主要组成部分，是篮球比赛中得分的重要方法，为国内外篮球队所重视。因此，在快攻训练中，必须加强快攻基础战术及攻防转化意识的练习，培养勇猛顽强的意志品质和勇于取胜的集体主义精神，不断提高快攻战术质量。

1. 发动快攻的时机

① 抢到防守篮板球时发动快攻。

② 抢、打、断球，获球时发动快攻。

③ 掷界外球时，要想到发动快攻。

④ 跳球，获球后发动快攻。

2. 快攻战术的形式和组织结构

快攻的形式分为长传快攻、短传快攻和结合运球突破快攻三种。

（1）长传快攻

长传快攻是防守队员在后场获球后，快速地用一次或两次传球给迅速超越对手的同伴进行投篮的一种配合方法。

长传快攻的要点：①全队要有快攻意识；②由守转攻获球队员迅速观察场上情况，机警、快速地传球；③快攻队员要全力快跑超越对手，并准确判断来球的方向和落点，在跑动中完成接球和投篮（图 12–30）。

（2）短传快攻

短传快攻是防守队员获球后，立即以快速的短传推进和快速跑动获得投篮机会的一种配合方法（图 12–31）。

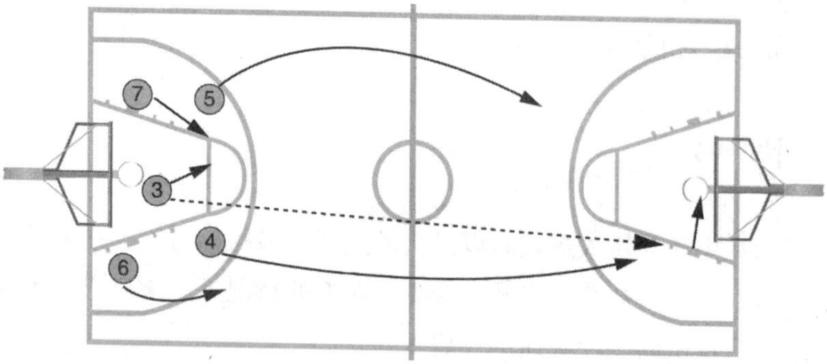

图 12-30

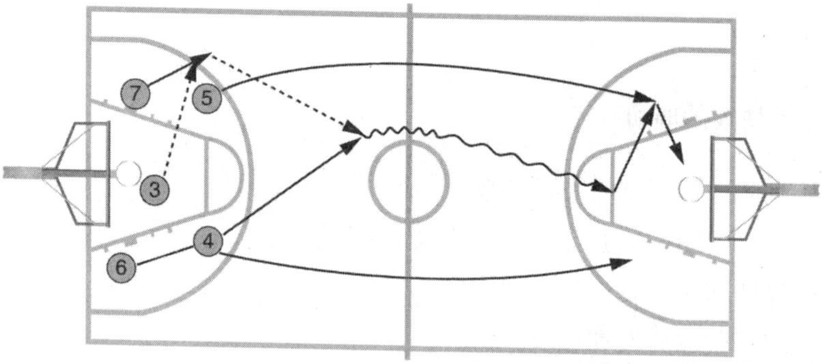

图 12-31

（二）防守快攻

防守快攻是防守战术的主要组成部分。它是在进攻转入防守的刹那间，快速地、有组织地制约对方的反击速度和破坏对方快攻路线的配合方法。

防守快攻的要点：

① 提高投篮命中率，拼抢篮板球。从比赛规律看，抢篮板球发动快攻的次数最多。因此，提高投篮命中率，减少对方抢篮板球的机会最重要。即使投篮不中，也要拼抢篮板球，破坏对方在空中点拨球发动第一传。

② 封第一传，堵接应。当对方控制了篮板球时，离持球队员最近的队员要迅速上前封堵对手的传球路线，其他队员应判断好接应点，阻挠对方接应第一传

和有组织地退守。

③ 堵中路，卡好两边。除封第一传和堵接应外，还应组织力量堵截中路，迫使对手沿边线推进。同时卡好两边，以防对方偷袭快攻。

④ 提高以少防多的能力。防守快攻结束阶段，若遇以少防多时，防守队员要沉着冷静，有信心，充分发挥防守的积极性，判断准确，积极移动，合理运用技术，及时补位，提高防守效果。

五、阵地进攻

阵地进攻要求过中场后，落位要快，进攻要连续，根据防守的情况和持球同伴的动向，相应地移动寻找防守缺口。

阵地进攻的战术队形常用的有“1–2–2”“1–3–1”“2–1–2”“2–3”等。

由于篇幅有限，这里仅介绍“1–3–1”进攻方法。这种队形队员分布面广、攻击点多、便于内外联系、左右配合，有助于组织抢篮板球和保持攻守平衡（图 12–32）。

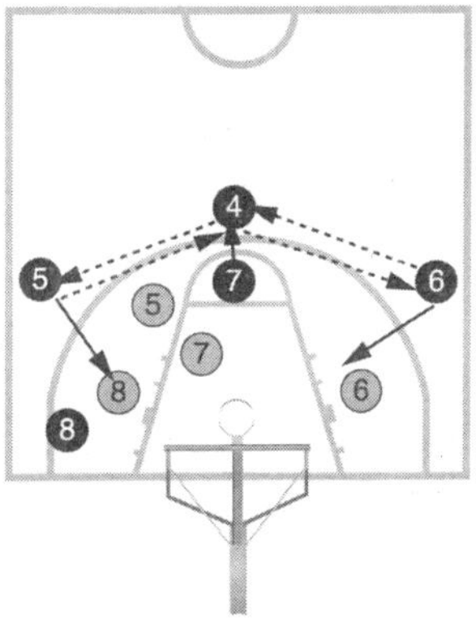

图 12–32

六、防守战术的基础配合

防守战术的基础配合有挤过、穿过、换防、补防、“关门”和夹击配合等形式。

1. 挤过、穿过配合

当对方进行掩护时，如果防守者发觉，可根据对方掩护者和被掩护者的距离远近，决定向前一步挤过（图 12–33）或后撤一步穿过（图 12–34）及时防住对手。

2. 换防配合

换防配合是为了破坏对方的掩护配合，防守队员之间彼此及时地交换自己所防守的对手的一种配合方法（图 12-35）。

3. 关门配合

“关门”是临近的两个防守队员协同防守突破的配合方法（图 12-36）。

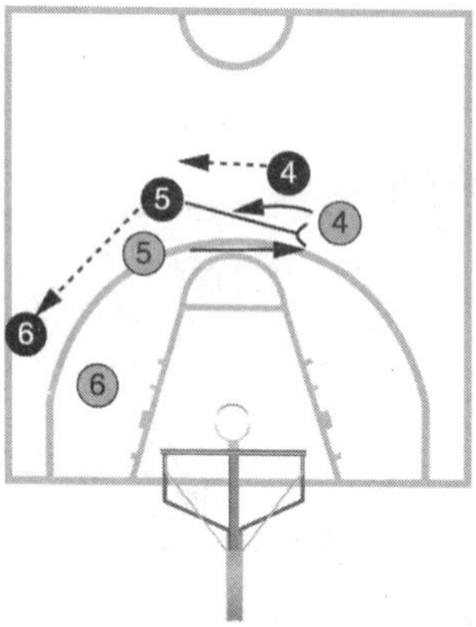

图 12-33

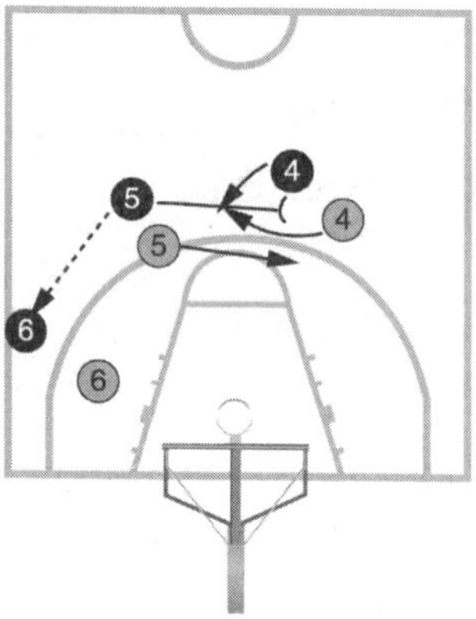

图 12-34

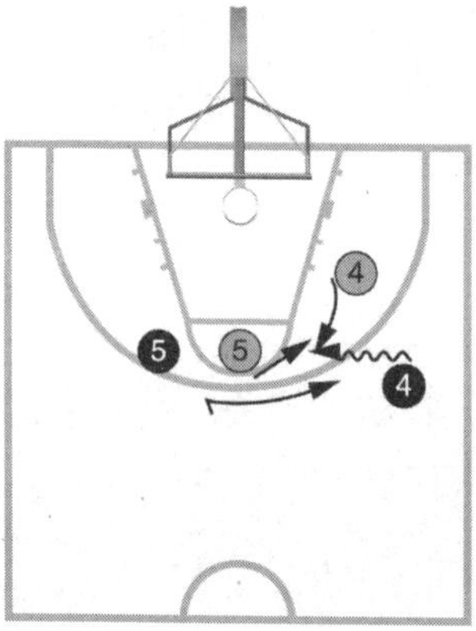

图 12-35

图 12-36

4. 夹击配合

夹击配合是两名防守队员运用合理的防守技术，积极防守一名进攻队员的配合方法。

5. 补防配合

补防配合是两三名防守队员之间的一种协同防守的配合。当同伴失去有利防守位置，进攻队员有直接得分的可能时，临近的防守队员要立即放弃自己的对手进行补防。

七、区域联防

区域联防是防守时每个人分工负责防守一定的区域，严密防守进入该区域的球和进攻队员，并与同伴协同防守的集体防守战术。

区域联防要求合理地分配队员的防守区域，在分工负责防守区域的基础上，五名队员必须协同一致，积极随球移动，加强对有球一侧的防守，做到近球者紧，远球者松；有球者上，无球者补。区域联防的战术队形常用的有“2–1–2”“2–3”“3–2”“1–3–1”等。

区域联防应根据进攻队的特点和本队的条件来决定采用哪种站位队形进行防守。

“2–1–2”联防是区域联防的基本形式，五名队员位置分布较均衡，移动距离短，便于相互协作，能相对减少犯规（图 12–37，阴影部分为防守的薄弱带）。防守战例见图 12–38、图 12–39、图 12–40。

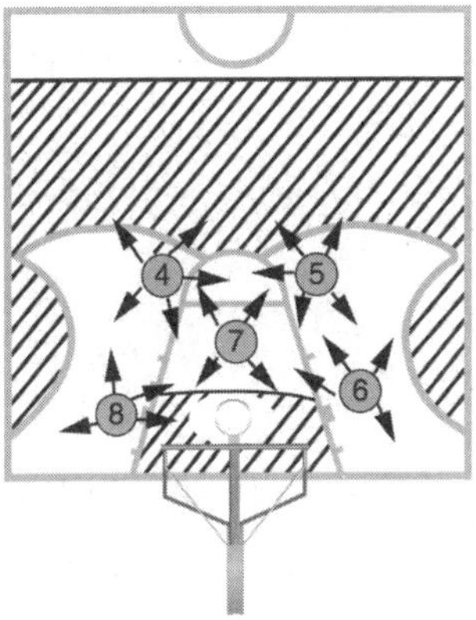

图 12–37

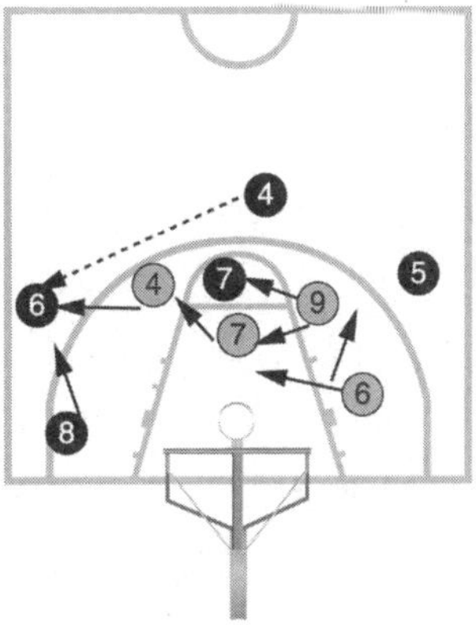

图 12–38

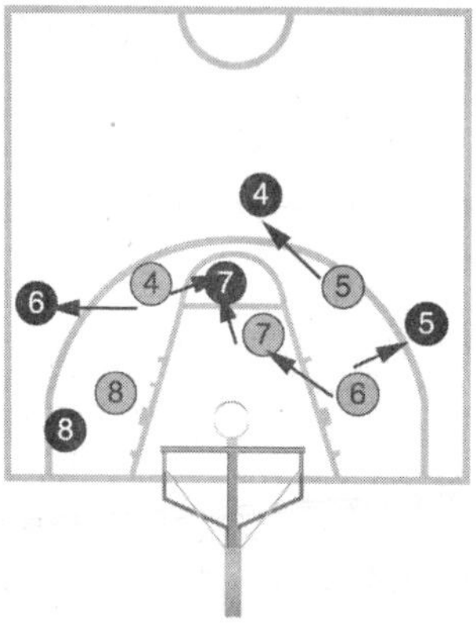

图 12-39

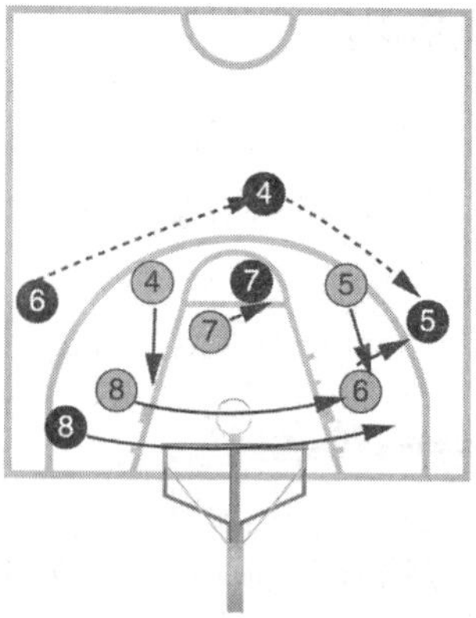

图 12-40

八、半场人盯人防守

半场人盯人防守是指在后场每名防守队员盯住一名进攻队员，同时协助同伴完成集体防守任务的全队防守战术。其特点是以盯人为主，分工明确，能有效控制对方进攻的重点。半场人盯人防守分为有球一侧防守与无球一侧防守。

有球一侧防守：球在正面圈顶一带时，要错位防守，以防守对方接球为主。球在 45°角一带时，要侧前防守。

无球一侧防守：球在圈顶一带和 45°角时，无球侧防守者应注意协防和篮下。进攻人盯人防守有各种阵形打法，主要是由传切、掩护策应等局部配合组合而成。篮球还有其他许多攻守战术，限于篇幅，这里就不再赘述了。

视　窗

大学生篮球联赛

从 1998 年至 2007 年，CUBA 联赛已成功地举办了 10 届。CUBA 是中国体育界第一个面向高校、面向社会，以培养高素质、高水平篮球后备人才为目标，采取社会化、产业化运作模式的大学生专项运动联赛。CUBA 是开放的，它为高校打开了一扇展示形象的窗口，为大学生精英提供了一个释放活力的舞台，为无数有篮球天赋的少年铺就了一块进入大学殿堂的跳板，为社会带来了更加时尚、多元的篮球文化；CUBA是真实的，在这里，不用怀疑你的眼睛看到的是否是真相、不用怀疑你所处人群的格调和品味。CUBA带您走进校园篮球的动感地带，让您感受篮球文化的魅力前线，和您一起开创大场面。

CUBA联赛蓬勃开展以来，始终立足于“培养人才，以教育为本，淡化功利，强调篮球运动的重要功能团队精神”，这将有利于培养学生的竞争意识、合作精神和坚强毅力。同时，大学生篮球联赛的开展，对于参赛高校及全国其他高校来说，都将产生积极且深远的影响，为进一步拓展高校素质教育的空间，提供了良好的契机。

链　接

篮球专业术语中英文对照

篮球 basketball	传球 passing	暂停 time-out
篮板 bank	8秒违例 8 second violation	跳球 jump-ball
运球 dribble	犯规 foul	联防 zone defence
投篮 shoot	跨步 stride	人盯人 man-to-man
助攻 assist	撞人 charge	紧逼防守 pressure defence
篮板球 rebound	阻挡 obstruction	全场紧逼 all-court press
扣篮 dunk	叫停 stop the course	请求暂停 ask for time-out

思考题

1. 试述篮球运动的特点及其锻炼价值。
2. 篮球运动有哪些基本技术？试述单手肩上投球的动作技术要领。
3. 结合图示说明“1-2-1”战术的特点。
4. 结合自己的实际情况谈谈如何提高自己的篮球运动技术水平。

第十三章　排球技术与锻炼方法

学习目标

☞ 领会排球运动的锻炼价值。

☞ 掌握排球的基本技术，积极参与此项运动。

☞ 学会欣赏国内外重大排球比赛。

排球运动于1895年诞生于美国，由马萨诸塞州霍利奥克城基督教青年会体育干事威廉·摩根（William Morgan）发明。排球比赛是两队以中间球网为界，用手通过发球、垫球、传球、扣球、拦网等动作来组织进攻与防守的球类运动。

排球比赛场地呈长方形，长18m，宽9m，由中线将球场分为两个相等的场区，中线上方设置长9.50m、宽1m的球网（男网高2.43m，女网高2.24m）。

排球运动是人们比较熟悉和喜欢的运动项目，它对场地设备要求不高，参加者不受年龄、性别的限制，可根据自己的体力来掌握运动量。经常参加排球运动锻炼，能促进身体的全面发展，增进内脏器官的功能；能提高弹跳、灵敏、耐力、速度、力量等身体素质以及反应能力。此外，它还可以培养人们团结战斗的集体主义精神、精确快速的判断能力以及勇猛顽强、坚毅果断、机智灵活等意志和品质。

第一节　排球的基本技术

一、传　球

传球是排球运动的基本技术，是进行比赛与组织战术的基础，主要用于衔接防守和进攻。

(一) 二传技术的分析与运用

1. 正面双手上手传球

它是传球中最基本的方法，又是掌握和运用其他传球技术的基础（图 13–1）。

图 13–1

（1）准备姿势

用稍蹲准备姿势，身体站稳，上体适当挺起看球，双手自然抬起置于脸前。

（2）迎球或击球

当来球接近额前时，开始蹬地、伸膝、伸臂，两手微张从脸前向前上方迎球。击球点在额前上方约一球距离处。

（3）手型

当手触球时，两手自然张开呈半球形，使手指与球吻合，手腕稍后仰，以拇指、食指和中指托住球的后下部，手指、手腕保持适当的紧张，以承担球的压力，两拇指相对，接近“一”字形，两手间要有一定距离（不超过球的直径）。用拇指内侧、食指全部、中指的二三指节接触球，无名指和小指在球的两侧辅助控制传球方向。两肘适当分开，两前臂之间约成 90°角。

（4）用力

传球动作是由多种力量合成的，如伸臂力量，手指、手腕的反弹力量，身体伸腿蹬地的力量，主动屈指屈腕的力量以及球的弹力等。正面传球主要靠伸臂的力量，配合蹬地的力量，通过球压在手上使手腕所产生的反弹力将球传出。

运用正面双手传球，可以传正面一般拉开球、传正面集中球（包括传小夹角球、传大夹角球、传平冲来球、传近网高球、传低球）。

2. 背　传

二传队员背对传球目标的传球叫背传，主要用于组织进攻。

动作要领：传球前背对传球目标，上体保持正直或稍后仰，击球点比正面传球要高，迎球时，微仰头挺胸，在下肢蹬地的同时，上体向后上方伸展，击球时手腕适当后仰，掌心向后上方击球的底部，利用抬臂、送肘的动作和手指、手腕主动向后上方传出。

运用背传可以传拉开球，也可以传近体快球和短平快球。

3. 侧　传

二传队员侧对传球目标，并将球向体侧方向传出叫侧传。

动作要领：传球前的准备姿势、手型与正面传球相同，迎球时通过下肢蹬地使身体向上伸展，但上体和手臂应向侧上方用力，触球下方，传球方向异侧手臂的动作幅度和用力要大于同侧手臂。

由于侧传具有隐蔽性的特点，可以传各种快球以增强进攻的力量。

4. 其他姿势的传球

如调整二传、倒地二传，这两种姿势的传球是针对一传不到位而采取的传球办法。晃传、二传伴扣后转移传球主要是传快球，以增大网上的进攻面。

（二）传球的练习方法

① 徒手模仿正面传球动作。

② 同上。由老师统一口令练习伸臂击球动作，然后全身协调动作传球。

③ 三人一组，三角传球，开始可以一抛一传一接，轮流做。接下来可顺时针或逆时针方向传球，要求先转身面对传出球的方向，然后再传球。

④ 抛、传球练习。向上自抛 40~50cm，当球落到手中时手指、手腕放松而

有一定弹性，使球轻松地反弹起（指腕不主动用力）；接由 4m 距离以外抛来的球，每人一球，距离墙（挡网）3m 左右，自抛自传出；两人相距 4~5m，一抛一传，互相将球传出（可先做反弹低球而不传出的练习）。

⑤ 移动中二人对传，一人定位，一人向前后或两侧移动传球。

⑥ 四人一组，沿边线四角传球，不能传对角线，要求先转身面对传球的方向，也可以边传边转体。

⑦ 前后排四角传球，四人一组，后排向前排做对角线传球，前排向后排做直线传球，后排传球后，沿传出球方向移动换位；前排传球后，绕行跑动换位，每次传球后都换位。

（三）传球易犯错误及纠正方法

1. 手型不正确，触球部位离身体太远，大拇指朝前

纠正方法：①自传中观察手型，用传球手接球，然后检查手型或先摆手后放球来检查；②对墙连续近距离轻传；③传小篮球等，加强手感，形成正确手型。

2. 击球点过高或过低

纠正方法：①击球点偏低，多练背传、自传、近墙自传反弹球、近网对传等；②击球点过高，多做平传、坐地传、自抛传远球。

3. 传球时上体后仰

纠正方法：①向前移动中传球；②先向前自传一次，再立即跟上传出；③传后跟进保护垫球；④传球出手后，手触地板一次。

二、垫　球

垫球主要用于接发球、接扣球、接拦网球，有时也用来组织进攻。按动作方法可分为正面双手垫球、跨步垫球、体侧垫球、挡球等。

（一）垫球技术

1. 正面双手垫球

（1）准备姿势

根据球的落点，迅速移动成半蹲姿势站立。

（2）手型

当球接近腹前时，两手掌根紧靠，两手手指重叠后合掌互握，两拇指平行，手腕下压，两臂外翻形成一个平面（图 13–2）。

图 13–2

（3）击球

当球距腹前一臂距离时，两臂夹紧前伸、插到球下，向前上方蹬地抬臂，垫击球的后下部。身体重心随击球的动作前移。

（4）用力

主要靠手臂上抬力量增加球的反弹力，同时配合蹬地、跟腰动作，使重心向前上方移动。两个手臂要适当放松，便于灵活控制垫球的方向和力量。

（5）垫球部位

保持腹前击球，触球时用前臂腕关节以上 10cm 左右桡骨内侧平面为宜。

（6）手臂角度

根据来球的角度和要垫出的方向，运用入射角与反射角相等的原理，调整手臂与地面的角度和转动左右手臂平面来控制垫球方向。

2. 体侧垫球的动作要领

球向体侧飞来，队员来不及对正来球时，可用双臂体侧垫击。如球向左侧飞来，右脚前脚掌内侧蹬地，左脚向左跨出一步，重心移至左脚上，左臂弯曲夹紧向左侧伸出，右肩微向下倾斜，用向后转腰收腹的动作，配合两臂自左后方向前截住球飞行的路线，用两前臂垫击来球的后下部，切忌随球向左侧摆臂击球，这样会造成球飞向侧方（图 13–3）。

垫球　　　　体侧垫球

图 13–3

3. 滚翻垫球的动作要领

做滚翻垫球时应快速向来球方向移动，最后跨出一大步，重心下降并落在跨出脚上，上体前倾，使胸部贴近大腿，双臂或单臂伸向来球方向，同时两脚继续用力蹬地，使身体向来球的落点方向腾出，用前臂、虎口或手腕部分击球的下部，击球后脚尖内转，以大腿外侧、臀部侧面、背部以及跨出腿的异侧肩部依次着地，然后顺势低头、收腹、团身做单肩后滚翻成低蹲姿势。

（二）垫球的练习方法

1. 徒手试做

随着教师口令做原地垫球动作；看教师手势做前后、左右移动垫球。

2. 垫固定球

一人双手持球于腹前，另一人体会手臂触球部位的用力。

3. 配合练习

① 两人一组，一抛一垫，两人距离由近到远，一人抛球，一人原地垫球，

然后过渡到移动垫球。

② 两人相距 7~8m，一掷一垫或一发一垫一传。

③ 2~4 人一组，相距 9m 以上，一人发球或抛球，另外的人轮流接发球，要求做好准备姿势，对正来球后垫击球。

④ 3 人一组进行发、垫或隔网一人发球，一人传球，一人垫球。

⑤ 6 人站位接发球练习。

4. 自己连续垫球

两臂抬平向上自垫时注意身体协调用力；对墙垫球时，要求手臂角度固定，用力适当，控制球的高度。

5. 转方向垫球

练习时队员应判断来球方向，选好垫球位置，面对垫球方向，控制垫球弧度和力量。要尽量快速移动，争取正面垫球。

（三）垫球易犯错误及纠正方法

1. 屈肘两臂关不拢，不会用力

纠正方法：模仿练习，垫固定球，自垫发球练习。

2. 移动慢，对不正球

纠正方法：移动抢球，双臂夹球移动垫球。

3. 两臂用力不等，动作不协调

纠正方法：垫固定球，体会用力和协调发力。

三、扣　球

扣球是排球的基本技术之一，是得分、争发球权的主要手段。扣球的成败体现了全队的战术质量和效果，是能否取胜的关键。

现代排球运动的扣球技术，已打破位置分工的限制，更多地运用各种变步、变向的助跑起跳，充分利用网长和纵深，采用立体进攻。

（一）扣球技术

1. 正面扣球动作要领

（1）准备姿势

采用稍蹲姿势，两臂自然下垂，观察来球，做好向各个方向助跑起跳的准备。

（2）助跑

助跑的步数要视球的远近和个人习惯采用一步、两步、三步等不同的步法。扣球助跑可采用并步法起跳、跨跳法起跳（图 13–4）。

图 13–4

现以两步助跑右手扣球为例，助跑时左脚先向前迈出一步，接着右脚再迅速跨出一大步，左脚及时并上，踏在右脚之前，脚尖稍向右转。第一步小，第二步大，脚跟先着地过渡到全脚掌着地，两臂也配合起跳，有力地向上摆动。两腿从弯曲制动的最低点，猛力蹬地向上起跳。

（3）空中击球

起跳后挺胸展腹，上体稍向右转，右臂向后上方摆起，身体成反弓形。挥臂时以迅速转体和收腹动作发力，依次带动肩、肘、腕各关节成鞭甩动作向前上方挥击。击球时五指微呈勺形，并保持紧张，以全手掌包满球，掌心为击球中心，击球的后中部，同时主动用力屈腕指向前推压，使扣出的球加速上旋。击球点在起跳的最高点和伸直手臂最高点的前上方。

(4) 落地

前脚掌先着地，再过渡到全脚掌着地，顺势屈膝、收腹。

2. 近体快球

快球有近体快球、背快、短平快、背平快、半快球、平拉开快、调整快等许多种，不论采用哪种都应注意以下两点：

① 助跑的步伐要轻松、快速、灵活、有节奏；起跳动作应蹲得浅，起跳快，起跳时间要准确。

② 击球时上体动作和挥臂动作的振幅要小，主要利用前臂和手腕加速甩动击球。

近体快球动作要领：近体快球是在二传队员前或体侧约 50cm 处扣的快球。扣球队员要在二传托球的同时，助跑到网前，助跑角度一般与网成 45°角左右。当二传队员传球时，扣球队员应在二传队员前近网处迅速起跳。紧接着快速挥臂，将刚刚传出网口的球扣过网去。击球时，利用含胸、收腹动作带动前臂和手腕迅速甩挥，以全手掌击球的后上部。

（二）扣球的练习方法

① 一人一球，对墙自抛自扣，练习手法与击球点。

② 一人将球举在网上扣固定球练习。

③ 一人连续抛球，队员轮流地跑、起跳、扣球。

④ 一人连续扣前排 3 个位置的球。

⑤ 连续左右扣球，球员在 3 号位置扣左方或右方来球。

⑥ 传扣结合，在网前 3 号位和 4 号位各站一人，教师在后排给 3 号位做二传，4 号位扣球，随即又抛给 4 号位做二传，由 3 号位扣球。

⑦ 两人一组，相距 6~8m，对面站立，练习者用左手持球于左肩的前上方，然后挺胸、拉臂、收腹、挥臂做原地扣球练习，二人交替进行。

⑧ 降低球网，做原地的自抛自扣练习（将球扣过球网）。

（三）扣球易犯错误及纠正方法

1. 助跑起跳前冲，击球点保持不好

纠正方法：进一步明确起跳位置；进行限制性练习，如在地上画上线（起跳线），防止前冲；扣固定球或助跑起跳接球练习。

2. 上步起动时间早、起跳早

纠正方法：以口令、信号或触动队员身体，使他们体会起动上步时间。

3. 挥臂动作不正确（僵硬、拖肘）

纠正方法：①原地扣球，用中等力量放松鞭甩；②掷皮球或小垒球。

4. 击球手法不正确（打不转、未包满球）

纠正方法：①击固定球，练习包满球；②手腕推打以使球旋转，用中等力量。

5. 击球点不高（肘关节弯曲）

纠正方法：用小网原地扣球，升高击球点。

6. 扣快球时起跳离网近（出现触网或过中线）

纠正方法：①助跑距离不要过长，前面一步要大；②明确二传队员与扣球者关系，确定起跳点。

7. 手臂、手腕鞭甩不正确

纠正方法：原地扣球练习，注意提肩肘、甩扣。

四、发　球

发球技术有正面发球、侧面下手发球、正面上手发球、正面上手飘球、勾手大力发球、高吊球等。近几年又出现了跳起发球和上手砍式发球。发球技术由准备姿势、抛球和击球几部分组成。

（一）发球技术（以右手发球为例）

1. 侧面下手发球

这种发球法比较省力，能利用身体的力量，适于初学女生，但攻击性不强。

动作要领：左肩对网，两脚左右开立，与肩同宽。两膝微屈，上体稍前倾，重心落在两脚之间，左手持球于腹前。左手将球平稳抛至胸前约一臂距离，离手约 30cm 高。在抛球的同时，右臂摆至右侧下方，接着利用右脚蹬地向左转体的力量，带动右臂向前上方摆动，在腹前用全掌击球的后下方（图 13–5）。

图 13–5

2. 正面上手发球

这种发球便于观察对方，发球的准确性高，易控制落点。发球时能利用屈体动作，加大发球的力量和速度。适用于初级水平的练习者。

动作要领：两脚自然开立，左脚在前，左手托球于身前。用抬臂和手掌的平托上送，将球平稳地垂直抛于右肩的前上方，高度适中。在左手抛球的同时，右臂抬起，屈肘后引，肘与肩平，上体稍向右侧转动。挥击时利用蹬地使上体向左转动，同时收腹带动手臂挥动。在右侧肩上方伸直手臂的最高点，用全手掌击球的中下部，击球时手指自然张平与球吻合，手腕要迅速主动做推压动作，使击出的球呈上旋飞行。击球后随着重心前移，迅速进场比赛（图 13–6）。

图 13-6

3. 正面下手发球

动作要领：发球前，面对球网，两脚前后开立，左脚在前，右脚在后，两膝微屈，上体前倾，左手持球置于腹前，右臂自然下垂，两眼注视球。发球时左手将球在体前右侧抛起，离手 20~30cm。在抛球的同时要做好右臂的后摆动作。击球时，右脚踏地，身体重心前移，右臂伸直，以肩为轴，向前摆动到腹前，用虎口、掌根或手掌击球的后下部。随之重心前移，迅速入场（图 13-7）。

图 13-7

（二）发球技术要领

1. 抛球稳

要求掌心向上平稳地把球抛起。

2. 击球准

要求用力方向必须与所要发出球的方向相一致，如击球的后下方，球向前上方飞出；击球的正下方，球向正上方飞出；击球的后中部，球向正前方飞出。

3. 手法正确

击球的手法不同，发球性能就不同。如发旋转球时，必须使手掌包住球，在击球时有推压动作。

（三）发球的练习方法

1. 持球者面对球网反复做抛球练习，使球垂直平稳地起落。
2. 对墙发球或两人一组近距离互相发球，体会抛、挥臂击球的手法。
3. 近距离发球过网，主要体会发球用力和身体协调动作。
4. 发球区内发球，并练习发球后进场。
5. 发直线、斜线、前场、后场以及发到指定区域。
6. 用各种不同力量、速度、弧度做发球练习。
7. 结合接发球练习发球技术。
8. 连续发球，巩固技术，逐步学会手型、力点的变化。

（四）发球易犯错误及纠正方法

1. 正面上手发球抛球不准，击球点太靠后；做不出推后带腕动作；动作不协调，用不上全身的协调力量

纠正方法：①明确动作要领，向固定目标抛球；②眼看球，对墙轻发，体会手抛球动作，使球打转；③掷实心球，做排球的发球练习。

2. 飘球抛球不正；时高时低；挥臂动作不正确；击球的部位不准

纠正方法：①多做固定目标的抛球，挥臂击球练习；②强调手掌根部击球，通过球体重心，不使球旋转。

3. 正面下手发球准备姿势和击球位置过高，影响发球的准确性；挥臂击球方向不正确，击球时手臂在肘关节处弯曲过大，击球不准

纠正方法：①明确动作概念，反复进行抛球练习；②击固定吊球练习；③结合抛球进行挥臂练习。

五、拦　网

拦网是防守的第一道防线，也是得分的重要手段之一。

（一）拦网技术

1. 单人拦网动作要领

① 准备姿势：队员面对球网，两脚平行站立，约与肩同宽，两膝稍屈，两臂在胸前自然屈肘。

② 移动：运用并步、交叉点步、跑步移动。

③ 起跳：起跳时重心降低，两膝弯曲，用力蹬地，使身体垂直起跳，起跳技术要与跑步技术相结合。

④ 空中击球：起跳时两手从额前贴近并从平行于球网上沿的前上方伸出，两臂伸直，尽量上提。前臂靠近网，两臂保持平行。拦网时，两臂尽力过网伸向对方上空，两手自然张开，屈指、屈腕呈勺形。当手触球时，两手要突然紧张，手腕用力下压盖住球的前上方。

⑤ 落地：如已将球拦回，可面对对方，屈膝缓冲，双脚落地。如未拦到球，则在下落时就要随球转头，转身面对后场，做下一个动作的准备。

2. 集体拦网动作要领

集体拦网有双人和三人拦网两种。集体拦网技术动作除要求具备个人拦网技术外，还应着重注意互相配合。

（二）拦网的练习方法

① 两人一组，隔网站立，一人向网的上沿抛球，一人跳起拦网。

② 3 号位队员移动拦网。教师站在网边，队员隔网站在 3 号位前排成纵队，根据教师手臂信号，依次轮流做向左右移动的拦网练习。

③ 依次向 2、3、4 号位移动，进行单人移动拦网。

④ 教师站在高台扣自抛球，队员隔网进行拦网练习。

⑤ 两人连续扣拦。分为两人一队的扣拦组，由另两人在两边 2 号或 3 号位做二传，一人先扣球，另一人拦，接着由后者扣，前者拦。

⑥ 做向侧跨一步起跳的拦网练习。

⑦ 两人一组隔网站立，用相同的节奏，做向侧跨步同时起跳的拦网练习。

（三）拦网易犯错误及纠正方法

1. 起跳过早

纠正方法：运用节奏控制和加强信号刺激，判断起跳时间。

2. 双手前扑、触网

纠正方法：徒手模仿或结合矮网原地拦；运用提肩屈腕方法把球拦下。

3. 过中线或碰网

纠正方法：练习原地起跳含胸微收腹。

4. 手网之间漏下，不看扣球动作，盲目起跳伸臂

纠正方法：① 徒手轻跳拦固定球；② 判断扣球人的路线，快速移动对正慢跳；③ 原地徒手和结合球的扣球练习。

第二节　排球的基本战术

一、个人战术

（一）发球的个人战术

根据临场比赛的情况，采用发准确性球控制落点，发攻击性球和不同性能的球，从而达到直接得分和削弱对方进攻战术的目的。

① 加强攻击性发球：尽量准确地发出弧度平、速度快、力量狠、旋转性强或飘度大的攻击性球，以破坏对方一传并争取直接得分。

② 控制落点的发球：可将球准确地发到对方两个队员之间的连接区、前区、后区死角、三角地带或对方交换位置活动区，以破坏对方一传。

③ 发给一传差、信心不足、连续失误、情绪不稳、精力分散的队员。

（二）扣球的个人战术

根据对方情况，灵活运用个人扣球技术。如避开拦网队员的手，利用拦网队员的手，找人、找点扣球。临场时针对对方的弱点实施进攻，力求主动，达到得分和削弱对方进攻的目的。

1. 扣球时避开拦网队员的手

① 扣球时运用路线的变化，灵活采用扣直线、斜线和小斜线等；

② 运用转体、转腕的扣球技术，达到突然改变扣球线路的目的；

③ 运用扣球或吊球技术，从拦网队员手上方进行突破；

④ 运用时间差扣球使对方达不到拦网目的。

2. 扣球时利用拦网队员的手

① 利用打手出界来破坏对方严密拦网；

② 运用轻扣拦网队员的手，造成球随拦网队员一起落下。

3. 根据临场情况采用的扣球战术

① 运用二次球扣球，或佯传突然转扣使对方来不及拦网；

② 找人、找点扣球，找对方技术差者或空当进行扣球。

（三）一传的个人战术

本队集体战术成功的基础就是一传，多变的集体战术因而要求有多变的一传个人战术，具体用法有：组织快攻、两次球战术、交叉战术和短平快战术。

（四）二传的个人战术

二传队员是组织全队战术的核心，二传个人战术主要利用时间差、位置差、空间差和动作的变化为进攻创造有利的形势。

① 二传队员可根据本队的特长组织集中与拉开、近网、中网与远网、弧度高与弧度低等传球技术，组织进攻战术。

② 可根据对方拦网部署，选择拦网薄弱环节强攻。

③ 掌握对方心理特点，利用多种战术变化，打乱对方的防守步骤。

④ 根据临场情况处理球或调整球。

（五）拦网的个人战术

拦网是被动技术，要变被动为主动，关键在于隐蔽，造成对方扣球队员判断错误而使己方拦网成功。

① 拦网队员可站直拦斜、站斜拦直、正拦侧堵、侧堵正拦，并可运用取位和空中变化的假动作迷惑对方。

② 有时可制造假象，使对方受骗。如假装露出中路空当，引诱对方队员扣中路，待对方扣中路之后突然拦关门球。

③ 如发现扣球队员要打手出界或平扣时，可在空中及时将手撤回而造成对方扣球出界。

④ 在估计到对手扣球威力不大时要防止对方吊球、轻扣等。

二、接发球及其进攻战术

接发球进攻，简称一攻。一般由一传、二传、扣球三部分组成。接发球进攻战术有如下四种形式：

（一）中一二进攻战术

这是进攻战术中最简单、最基本的战术形式。由 3 号位队员做二传把球传给

2 号位或 4 号位队员扣球。

1. 中一二进攻战术的特点

中一二战术的特点是：战术容易组成，但变化少，只能有二点进攻。战术意图易被对方识破，其突然性和攻击性弱。

2. 中一二战术的应用

（1）集中与拉开

二传队员根据临场情况向 2 号位或 4 号位队员用忽而集中、忽而拉开的传球迷惑对方拦网。

（2）跑动掩护进攻

为了增加战术的突然性，可以通过主、副攻手的跑动、换位和相互掩护，变定点进攻为活点进攻，设法摆脱对方的集体拦网，造成一对一的局面。

（二）边一二进攻战术

接发球时，把球垫给前排 2 号队员，由 2 号队员传给 3 号或 4 号队员扣球。

1. 边一二进攻战术的特点

其特点是两个进攻队员可以互相配合，起一定掩护作用，而且可以有较多的战术配合变化，它的攻击性比“中一二”战术强。

2. 边一二进攻战术的应用

边一二战术形式除去组织两人定位、定点扣以外，还可以组织快球掩护拉开、前交叉、围绕、快球掩护夹塞、梯次、短平快掩护拉开、掩护活点进攻等战术变化，特别是 3 号位队员的进攻面大、路线多。

（1）快球掩护拉开战术

3 号位队员上前扣快球（或作佯攻），掩护 4 号位打拉开球。

（2）前交叉战术

4 号位队员扣快球，3 号位队员从 4 号位身后交叉扣一般低球。

(3) 围绕战术

4号位队员扣拉开球，3号位队员绕到2号位二传队员的身后进攻。运用围绕战术时，2号位的二传队员稍靠3号区站位，做背传球不宜太拉开。

(4) 掩护夹塞战术

3号位队员扣短平快球（或佯作进攻掩护），4号位主攻队员向内直插起跳扣半高球（俗称“夹塞”）。

(5) 重叠进攻战术

3号位队员扣球或佯装进攻掩护，4号位队员跑到3号位队员后扣半快球；或4号位队员佯扣，3号位队员扣半快球。

(6) 短平快掩护拉开进攻战术

4号位队员扣短平快球，3号位队员掩护；或4号位队员掩护，3号位队员扣球。

（三）插上进攻战术

插上进攻战术是指己方一个后排队员在对方发球时，迅速跑到前排担任二传，使前排成为3人进攻的形式。

1. 插上进攻战术特点

它的特点是可组成多种快速多变的战术配合，造成对方拦网判断困难。

2. 插上进攻战术的应用

插上战术形式中的几种战术变化如下：

(1) 中间快球、两边拉开

3号位队员打快球或快球掩护，2、4号位队员两边拉开进攻，这是插上进攻的最基本打法，在实战中运用较多。这种打法能充分利用球网的全长组织进攻，可以破坏对方集体拦网，但对方可以组成人盯人的一对一的单人拦网。两边拉开进攻时，4号位可运用一般拉开或平拉开快球，2号位可运用背快球或背平快球。

(2) 交叉进攻

这是在快球掩护的基础上形成的战术变化。①前交叉进攻战术：4号位队员内切快球掩护，3号位队员与4号位队员交叉跑动扣球，完成战术配合后自然换位，成死球后各返原位；②后交叉进攻战术：3 号位队员快球掩护，2 号位队员与 3 号位队员交叉跑动，绕至二传队员前扣半快球或半高球。

(3) 梯次进攻

这也是在快球掩护的基础上形成的一种战术。进攻时利用 3 号位队员扣快球或做掩护，另一队员在 3 号位队员的背面起跳扣球。①由 4 号位队员跑动至二传队员面前扣快球，运用快球掩护造成对方拦网队员起跳，而二传队员改传为平高球，供给跟上来的 3 号位队员进攻；②由 3 号位队员跑快球，2 号位队员在其身后扣梯次战术的半高球。

视 窗

我国排球运动的发展

1954 年国际排联接纳中国为正式会员，从此中国排球队参加了一系列的重大国际比赛，汲取了国际先进经验，技战术水平有了迅速提高。男排独创了盖帽式拦网以及单拉开、前飞、背飞等先进技术，并形成了自己快速、灵活、多变、全面的技战术风格，在世界排球运动的发展中起到了积极的推动作用。我国女子排球队，在 1981—1986 年的世界重大比赛中创造了“五连冠”的奇迹，为祖国争得了荣誉。

链 接

排球专业术语中英文对照

排球 volleyball	上手发球 over-hand service	发飘球 floating service
拦网 block	持球 hold	滚 roll
扣球 smash	换发球 change service	鱼跃 dive
主攻手 ace spiker	垫球 dig	连击 dribbling
二传手 setter	大力扣球 spike	触网 touch net
吊球 drop shot	地上救球 sprawl	

思考题

1. 试述排球运动的特点及其锻炼价值。
2. 排球传球时的易犯错误及其纠正方法有哪些？
3. 排球有哪些基本战术？通过图示说明中一二战术的特点。

第十四章　健美操与锻炼方法

学习目标

☞ 学会在健美操运动中塑造积极、乐观的性格。

☞ 提高在音乐韵律中进行健美操运动的协调性。

健美操是把音乐、舞蹈和身体锻炼融为一体，既健身又健心的新型体育活动。它通过人体动作、人体造型，充分挖掘人类创造美的潜能，有利于增进健康、延缓衰老和提高艺术修养。

根据健美操的竞赛规则，在健美操比赛中，要求运动员在规定的时间内完成包括 3 个特定动作及 10 秒连续跑跳在内的成套动作。所谓特定动作，是指连续 4 次高踢腿。而成套动作中不得做单、双臂支撑经倒立位置的技巧动作与空翻，不得做易造成伤害的动作。高腾空、大幅度的姿态跳和单腿支持的转体不得超过两次。总之，健美操编排的难度、新颖度、技巧展现和动作的健、力、美，是评价竞技健美操运动员水平高低的重要标准。

健美操的基本动作是根据人体结构的机能特征来选择的，包括：

1. 头部运动——屈、转、绕、绕环。

2. 肩部运动——提、沉、绕、绕环。

3. 上肢运动——举、伸、屈、摆、振、旋、绕、绕环（手型包括拳、分掌、合掌）。

4. 胸部运动——含、挺、移。

5. 腰部运动——屈、转、绕、绕环。

6. 髋部运动——顶、提、绕、绕环。

7. 下肢运动（基本步）——滚动步、踏步、跑跳步、V 字步、交叉步、点弓步、开合跳、吸腿跳、踢腿跳、弹踢跳、弓步跳、后屈腿跳。

1998 年 9 月国家体育总局颁发了《全国健美操大众锻炼标准》，下述几节将作一介绍。

第一节　三级测试动作

三级测试动作是健美操大众锻炼标准初级中的最后一部分，同时也是初级与中级的衔接部分。共有 61 个八拍，在二级的基础上进一步掌握健美操基本步伐和典型动作，并在此基础上稍加变化，保持中低强度的有氧训练。动作的创编主要以对称为主，重复次数相对减少，在一个八拍当中出现两个动作。基本步伐有弹动、踏步、点步、高提膝、开合跳、弹踢和 V 字步等，并增加了 90°的方向变化。素质练习以地面动作为主，在二级的基础上加大了强度。在学习这些动作时，应注意动作要领，并注意肌肉的控制与感觉。

前奏：1×8 拍

1–2　站立。左脚向左迈一步，双臂经体侧屈肘向上伸直至上举。

3–4　还原到准备状态。

5–6　右腿向右迈一步，双臂经体侧向外划至头前，屈肘、分掌、掌心向外，身体不变。

7–8　还原到准备姿态。

A. 8×8 拍

① 1–4　　5–8　　　　② 1 ———————— 4

① 1–4　原地弹动四次，双臂向上振动四次。

5–8　腿不变，双臂向下振动四次。

② 1–4　向前走四步。

5–8　向后退四步。

③—⑧同①—②。

B. 4×8 拍

① 1 ———— 4　　　5 ———— 8　　　③ 1–2　　3–4

① 1–4　双腿弹动四次，脚尖、脚跟依次向外以踝关节为轴移动，同时双肘向上、下开合。

5–8　与 1–4 相反。第八拍击掌。

② 同第一个八拍。

③ 1–2 左脚向左迈一步，半蹲，双臂体前小绕环。

3–4 收回左腿直立，击掌两次。

5–8 与 1–4 拍相反。

④ 同③。

C. 8×8 拍

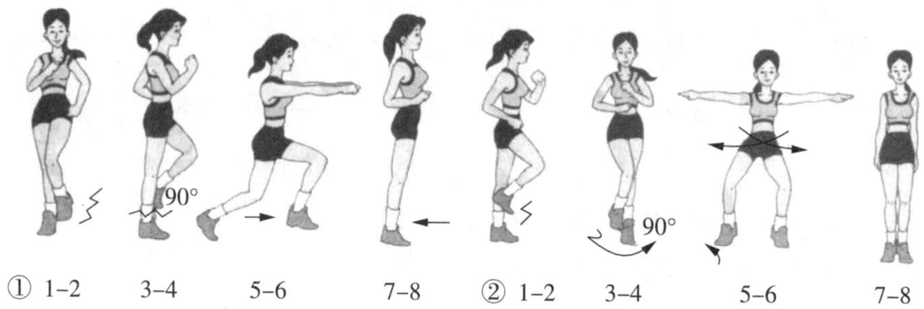

① 1–2 原地踏步两次。

3–4 向左转踏步两次。

5–6 左腿向前弓步，右腿屈膝，大腿垂直地面，双臂出拳前平举。

7–8 身体直立。

② 1–4 动作与第一个八拍 1–4 相反。

5–6 右腿向后迈成左脚在前的弓步，双臂侧平举。

7–8 身体直立。

③—④与①—②相反。

⑤—⑧同①—④。

D. 8×8 拍

① 1–2 向左侧点步。

3–4 与 1–2 相反。

5–8 与 1–4 相同。

② 同①。

③ 1–2 腿部动作与第一个八拍的 1–2 相同，双臂侧上举至体侧屈肘握拳。

3–4　与 1–2 相反。

5–8　与 1–4 相同。

①1　2　3　4　③1　2　3　4　⑤1

5　6　7　8　5　6　7　8

④ 同③。

⑤ 1–4　连续两侧点步。

5–8　与 1–4 相同。

⑥ 同⑤。

2　3　4　⑦1　2　3　4

⑦ 1–4　腿部动作与第五个八拍相同。

1　左臂体侧屈肘，并掌。

2　左臂下垂。

3　左臂伸直侧上举。

4　与 2 相同。

5–8　与 1–4 相反。

⑧ 同⑦。

E. 4×8 拍

① 1–4　　5–6　　7–8

① 1–4　向左 45°踏步四次。

5–6　提膝跳。

7–8　与 5–6 相反。

② 动作与第一个八拍相同，只是向右后踏步。

③—④与①—②相反。

F. 4×8 拍

① 1　　2 ——— 8　　② 1–8

① 开合跳四次。

② 向左转体 360°做弹踢，双臂由下至上举，做四次。

③—④与①—②相反。

G. 8×8 拍

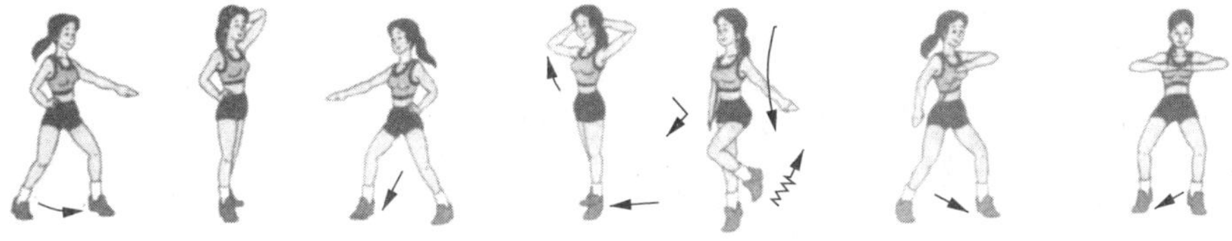

① 1　　2　　3　　4　　5–8　　② 1　　2

① 1　左脚向左前迈一步，左臂侧下垂，右臂叉腰。

2　右脚向左并步，重心在两腿间，右臂不变，左臂屈肘，手扶头后。

3–4　与 1–2 相反。

5–8　腿部动作与 1–4 相反，向后退，双臂由上举摆至下方。

3　　4

② 1–2　左脚开始 V 字步，同时左右臂依次胸前平屈。

3–4　左右腿依次还原，同时双手胸前击掌，还原。

5–8　同 1–4。

③—④与①—②相反。

⑤—⑧同①—④。

H. 2×8 拍

① 1–4　　5–6　　7　　8　　② 1–2　　3–4　　5 ——— 8

① 1–4　向前走四步。

5–6　双腿并拢半蹲。

7–8　向上纵跳，落地缓冲。

② 1–2　左脚向左迈一步成半蹲，双臂绕至侧平举。

3–4　身体向左转 90°成单膝跪，胸前屈肘握拳。

5–8　双手撑地，成屈膝坐。

I. 7×8 拍

① 1–2　身体向上撑起，左腿前伸。

3–4　左腿还原，屈肘。

5–8　与 1–4 相反。

② 同①，只是 7–8 仰卧。

③ 仰卧起坐。

④ 与③相反。

⑤—⑥同③—④。

⑦ 1–4　坐起，右腿成单膝跪立。

5–8　站立，同时左转 270°。

J. 7×8 拍

① 半蹲，左手搬右肘（两拍一次）。

② 身体向左转 90°，右腿半蹲，左腿前伸勾脚。双手扶左膝，身体下压。

③ 身体面对前方半蹲，身体前屈做波浪一次。

④—⑥与①—③相反。

①1–8　② 1–8　③ 1–8

⑦ 1–4　5 ———— 8

⑦ 1–4　双腿分立，身体立直，双臂上举。

5–6　双臂胸前屈肘。

7–8　双臂向下。

第二节　四级测试动作

四级测试动作是大众健美操的中级课程。本级动作共 68 个八拍，专为热衷于健美操的爱好者而设计。在初级基础上，增加了健美操的典型动作和复合动作，其内容丰富，动作变化较多，节奏加快，运动量逐渐增大，对心肺功能及各项身体素质的要求提高。

全套操动作基本上是以整段重复或反方向重复。拍节整齐，动作变化有规律，音乐节奏清晰，容易掌握。

前奏：2×8 拍站立。2×8 拍踏步。

A. 8×8 拍

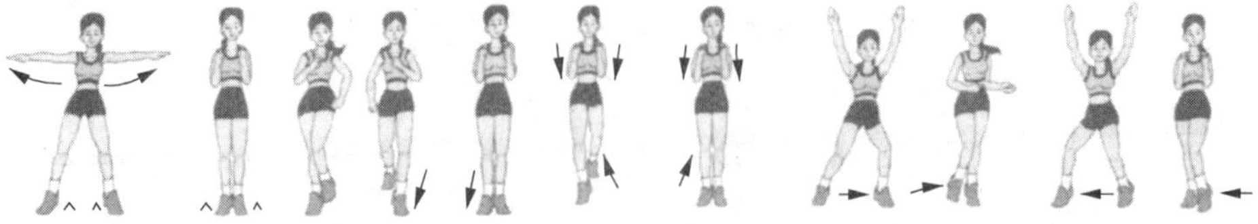

① 1–2 3–4 5–8 ②1 2 3 4 5 6 7 8

① 1–4 左脚开始依次成开立、还原。

5–8 踏步。

② 1–4 左脚开始前前、后后，两臂依次胸前屈。

3–4 两臂同时向下振动两次。

5–8 左右侧并步，两臂经肩侧屈上举。

③ 1 2 ④ 1 2 3 4 5 6 7 8

③ 1–4 向左两次侧并步。

5–8 向右两次侧并步。

④ 1–4 左脚开始 V 字步。

5–8 再做一次 V 字步，同时左右击掌。

⑤—⑧同①—④。

要求：还原成并立时稍屈膝，稍含胸。注意膝关节的弹性。并腿时稍屈膝。V 字步每次要还原到原位。

B. 8×8 拍

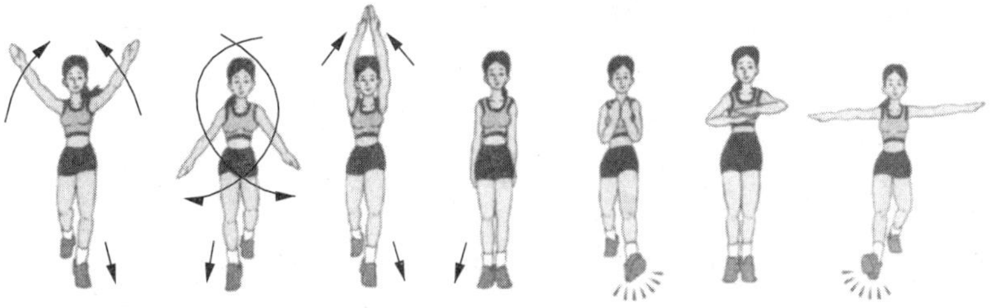

① 1　2　3　4　5　6　7　8

① 1–4　走四步，两臂经体侧向上做体前大绕环一周半，头上击掌经侧举还原。

5–8　左脚开始脚跟点地，两臂经胸前前臂上屈、胸前平屈、侧平举，还原至体侧。

② 1–4　5　6　7　8

② 1–4　后退四步。

5–8　左脚开始吸腿跳，两臂动作同①5–8 两臂动作。

③—⑧重复三次①—②的动作。

要求：前后移动应体现步伐的流动性。注意主力腿的弹性。

C. 8×8 拍

① 1–2　3–4　5–6　7–8　② 1　2　3　4

① 1-2　右转 90°，左脚上步成分腿半蹲，两臂由右经上举绕至侧举和胸前平屈。

3-4　左转 90°，左脚落于右脚后，重心后移，右脚原地垫一步，臂向后摆，不加转体。

5-8　向左侧交叉步，两臂前后摆动。

② 1-4、5-8 右脚原地小跳四次，同时左腿摆至侧下举、右前下举、左侧下举、还原。

③—④同①—②，方向相反。

⑤—⑧同①—④。

要求：分腿半蹲时，重心应在两脚之间。

D. 12×8 拍

① 经左腿小跳、右脚侧摆，右、左腿依次向左跨三步、右手撑地，左转90°前屈，两手触脚。

② 1–4　上体后倒成仰卧，两臂胸前平屈依此上下摆动。

5–8　分腿、屈膝，两臂经体侧至头后屈。

③—⑥四次仰卧起坐。

⑦ 仰卧向右翻转 180°成跪俯撑。

⑧—⑪四次跪俯卧撑。

⑫ 1–4　上体后移成跪俯撑。

5–8　左脚向右前方上步，右脚并于左脚站起。

要求：向侧跨步时，重心逐渐下降，手臂水平摆动。上体抬起和下落要匀速，四拍上四拍下，除腹肌外其他部位均不参与运动。收腹，臀部稍翘，头颈自然前伸，起落要匀速。手臂在头两侧垂直上下交换。

E. 4×8 拍

① 1 —— 4　　5 —— 8　　③ 1–4　　5 —— 8

① 1–4　左脚开始侧弓步，两臂经屈肘至侧上举，拳心向下。

5–8　左脚开始向后弓步，两臂屈肘上摆。

② 同①。

③ 1–4　左脚开始向前走四步，两前臂依次向前绕环。

5–8　开合跳两次，左右臂在体侧依次向上屈伸。

④ 同③，但 1–4 向后退，两臂向后绕环。

要求：弓步时脚跟应有弹性地着地、还原。

F. 4×8 拍

① 左脚开始向前跑四步，经半蹲小分腿跳，落地缓冲。

② 1–2　左脚向右前方上步，右脚在后原地垫一步。

3–4　左脚向侧并步跳。

5–8　右脚向后弧形跑。

③—④同①—②，方向相反。

要求：小分腿跳时要求收腹拔背，四肢在同一垂直面内。

G. 8×8 拍

① 1–4　左脚开始踏步。

5–8　左脚开始侧点地，两臂经体前交叉摆至侧下举。

② 左脚开始向侧弹踢两次。

③ 左脚开始向左前方、右前方做上步并步，两臂随之前摆击掌。

④ 左脚开始向左后方、右后方做侧滑步，两臂自然向侧、向内摆动。

⑤—⑧与①—④相反。

要求：点地时注意膝关节的弹动。最后一拍动作为下一拍的准备动作。上步并步动作应经弓步向前并步。

H. 12×8 拍

① 1–2　左转 90°，右脚上步，左腿提膝。

3–8　重心后倒成直角坐，再左转 90°成侧卧。

② 1–4　右腿侧摆一次。

5–8　右腿后摆一次。

③ 同②。

④ 右腿屈膝、侧摆、屈膝、还原。

⑤ 同④，但最后两拍右转 180°成右侧卧。

⑥—⑨同②—⑤换左腿做。

⑩ 左转 180°，右脚上步站起。

⑪ 1–2　左脚侧步，右腿后屈，同时转体 180°。

3–4　右脚侧步，左腿后屈。

5–8　同 1–4。

⑫ 1–4　左脚开始做侧步后屈半蹲，双手在左侧击掌三次。

5–6、7–8　两腿伸直，上体稍右转，左臂前举，右臂头后屈。

要求：重心后倒时左脚先着地，再双手撑地。侧摆腿不超过 45°。后摆腿时禁止脊柱和头后屈。在做侧步屈膝时大腿屈伸要有力，富有弹性。

视　窗

国际健美操组织

1. 国际健美操联合会（IAF）：成立于 1983 年，总部设在日本，目前有 20 多个会员国，每年举办健美操世界杯赛。

2. 国际健美操与健身联合会（FSAF）：成立于 20 世纪 80 年代中期，总部设在澳大利亚，有 40 多个会员国。除每年举办健美操专业比赛外，还组织各种健美操培训班，并颁发国际健身指导员证书。

3. 国际健美操冠军联合会（ANAC）：成立于 1990 年，总部设在美国，每年举办 ANAC 世界健美操冠军赛。

4. 国际体操联合会健美操委员会（FIG）：成立于 1881 年，最初有体操、艺术体操等项目，于 1994 年接受健美操为其所属的委员会，并且从 1995 年开始每年举办 FIG 健美操世界锦标赛。

链　接

健美操专业术语中英文对照

健美操 calisthenics	大众的 popular	蹲 squat
节拍 rhythem	屈 bend	直立 erect
舒展 unfo1d	还原 restore	重心 centre of gravity
健美的 bonny	摆动 sway	

思考题

1. 健美操的锻炼价值及其特点是什么?
2. 为什么说大众健美操可以起到健身和健美的作用?
3. 结合自己的实际情况谈谈如何能较快地学好健美操。

第十五章 体育舞蹈的锻炼方法

学习目标

☞ 通过体育舞蹈逐步提高自己的社会交往能力，陶冶个人情操。

☞ 掌握体育舞蹈的基本动作，领会体育舞蹈的风格特点。

国际标准交际舞（或称体育舞蹈）是现代国际社会流行的一种国际性的竞技舞蹈。它包括10种舞蹈，分为两类。第一类为现代舞（或称摩登舞），包括华尔兹、探戈、狐步、快步、维也纳华尔兹5种舞蹈。第二类为拉丁舞，包括伦巴、恰恰、桑巴、帕索多不里（或称斗牛舞）、加依布（或称牛仔舞）5种舞蹈。

首先我们介绍跳舞的基本礼节和站位握持法。

一、国际标准交际舞的礼节

1. 参加交际舞舞会时，应穿着大方，仪态端庄。

2. 应事先从头、领、衣、裤、鞋等方面做些准备，但梳洗打扮时不要过分。

3. 在舞场上，一般是男方邀请女方。

4. 男方走到女方前，应向女方鞠躬或伸出左手半鞠躬，并轻声地说："请您跳舞好吗?"

5. 女方同意后，女方将右手伸出，男方左手轻握女方右手，女方即为舞伴，一同步入舞池。

注意要点：

1. 在男方邀请女方跳舞时，如女方已有舞伴或答应和别人跳这一曲时，女方应向男方表示歉意地说："对不起，有人邀请我跳了，下个舞曲再和您跳。"

2. 一般情况下，女方尽可能不要谢绝男方的邀请，不要以貌取人。如果表示谢绝，可说："对不起，我累了，想休息一下。"在这种情况下，男方便不要强求、强拉。

二、国际标准交际舞的站位和握持法

现代舞中的华尔兹、狐步、快步和维也纳华尔兹的站位和握持动作都是相同的，男女舞伴相对，都以右脚尖对准对方两脚间的线，男士身体重心放在右脚上，女士身体重心放在左脚上。男女舞伴的右胯相贴，头向左斜视45°。男左手掌心和女右手掌心相对，虎口相交轻轻相握，肩膀抬起打开，上臂和前臂成90°角。男右手放在女左肩胛下方，掌心附在女伴身后。女左手抬起放在男右肩上，前臂放在男上臂上，身体向左后方倾斜的角度以保持重心的稳定为准。

探戈舞由于风格不同，在站位和握持上有自己的特点，如男女舞伴相对，都以右脚尖对准对方两脚间的线。男女身体重心放在双脚上，左脚向前迈半步，双膝弯曲，膝盖向内。男女右膝以上至腹部为双方右部相接部位。男左臂成90°，右手掌放在女脊椎骨与肩胛骨下方。头部各自向左斜45°。女左臂放在男右臂外，前臂夹住男上臂，手的虎口张开，架在男上臂下。

第一节　华尔兹

华尔兹源于德国，舞曲节奏为3/4拍，舞曲速度为每分钟28~30小节，每小节为两秒钟，全曲通常64小节。基本舞步为一拍跳一步，每小节三步。但在较高的技艺中，每小节跳六个半拍，如前后锁步、并步等都是以半拍规范的，而在跳犹豫步时则一小节跳两步。跳叉形犹豫步和翼步时则一小节跳一步。

在跳华尔兹时，能够掌握住升降动作、摆荡动作、反身动作和倾斜动作的技术，再跳狐步、快步、维也纳华尔兹就容易多了，而且也会感到舞中的情趣。

步法组合如下：

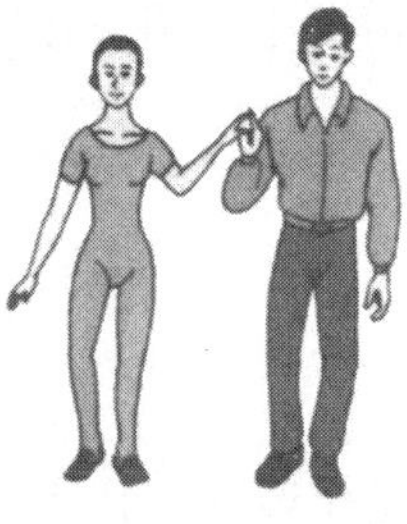

图 15–1

图 15–2

图 15–3

图 15–4

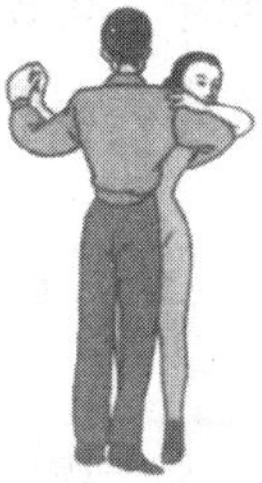

图 15–5

图 15–6

图 15–7

图 15–8

图 15–9

图 15–10

图 15–11

图 15–12

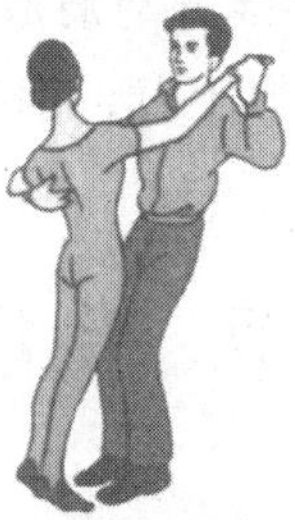

图 15–13

图 15–14

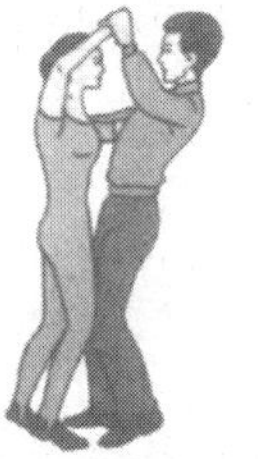

图 15–15

图 15–16

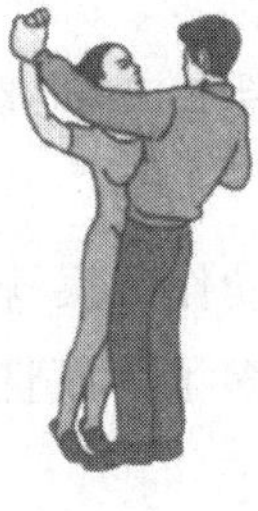

图 15–17

图 15–18

图 15–19

图 15–20

图 15–21

图 15–22

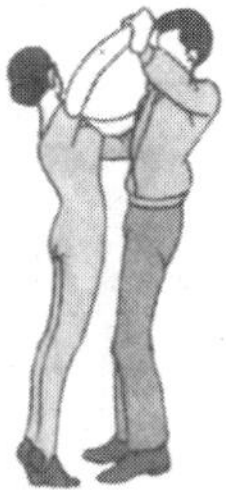
图 15–23

图 15–24

图 15–25

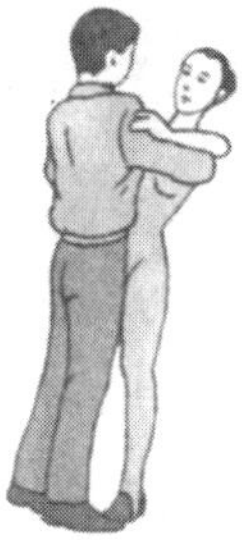
图 15–26

图 15–27

图 15–28

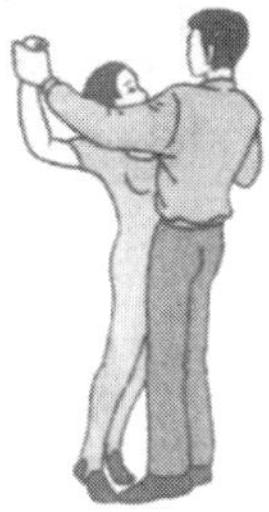
图 15–29

图 15–30

图 15–31

图 15–32

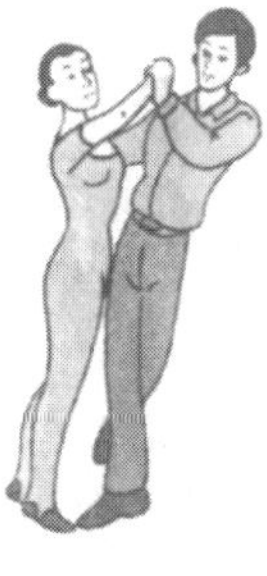
图 15–33

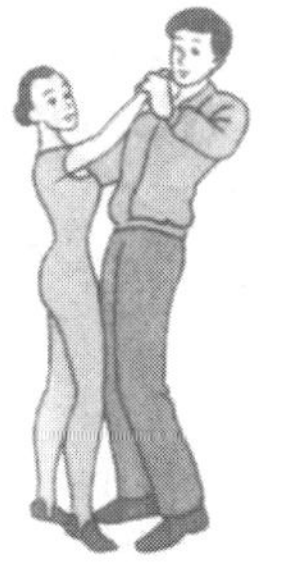
图 15–34

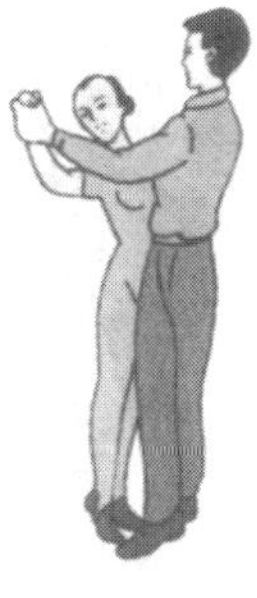
图 15–35

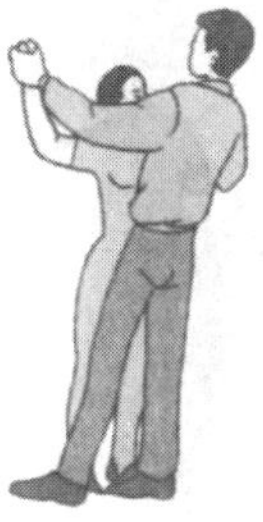
图 15–36

图 15–37

图 15–38

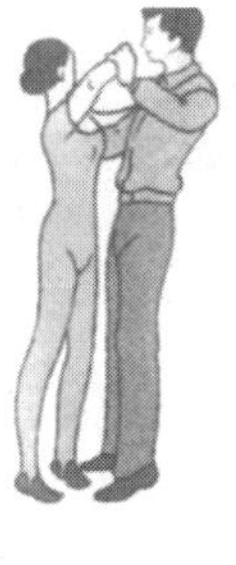
图 15–39

图 15–40

图 15-41

图 15-42

图 15-43

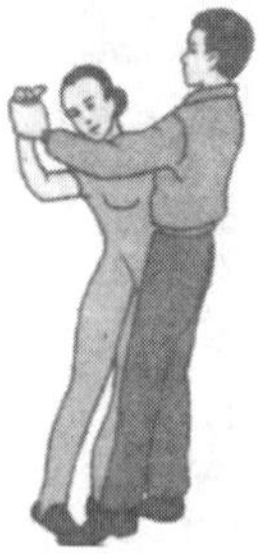
图 15-44

图 15-45

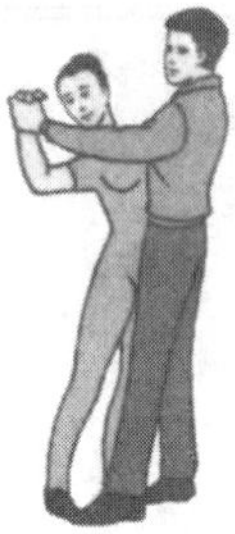
图 15-46

图 15-47

图 15-48

图 15-49

图 15-50

图 15-51

图 15-52

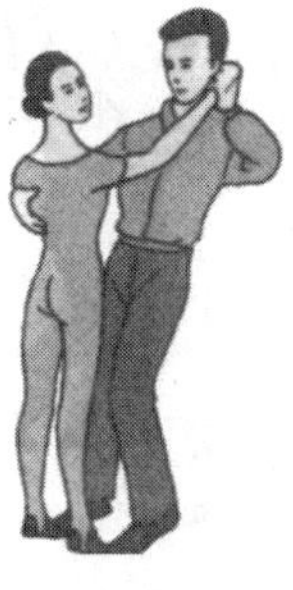
图 15-53

图 15-54

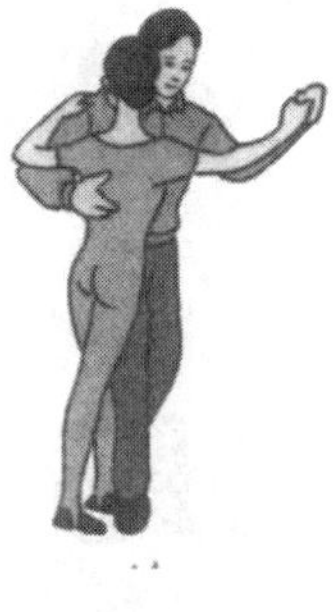
图 15-55

图 15-56

图 15-57

图 15-58

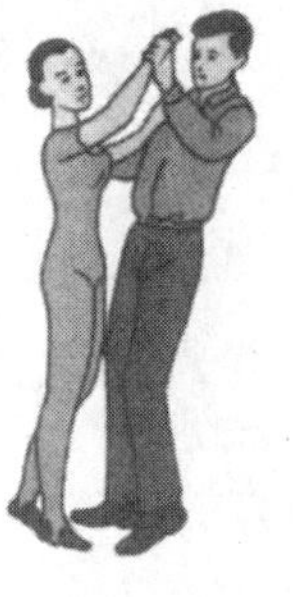
图 15-59

第二节　探　戈

探戈源于阿根廷，舞曲节奏为 2/4 拍，舞曲速度为每分钟 30~34 小节。在跳探戈舞时要注意以下几个要领：

1. 基本节奏口诀是：慢、慢、快、快、慢（S、S、Q、Q、S）。

2. 身体重心垂直在脚上，舞动中不要摆荡和起伏。

3. 行进中注意运用脚内侧和脚外侧。

4. 巧妙地运用上体的转动，在完成各种反身动作中，做好分身动作和闭位动作。

5. 头的闪动规律是欲左先右，同时要与上身的转动相配合，而不要以头动为主。

步法组合如下：

图 15-60

图 15-61

图 15-62

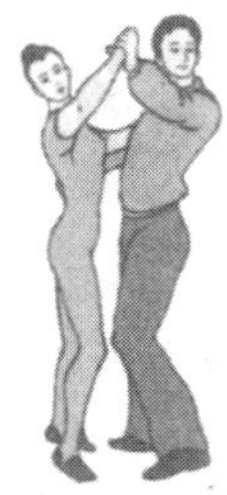
图 15-63

图 15-64

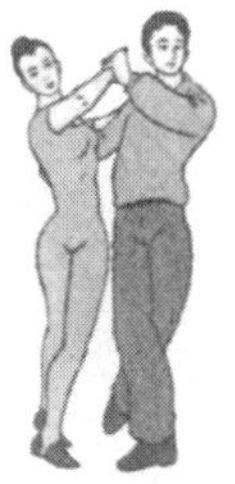
图 15-65

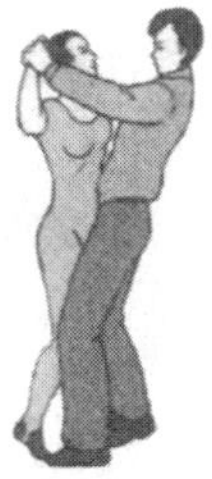
图 15-66

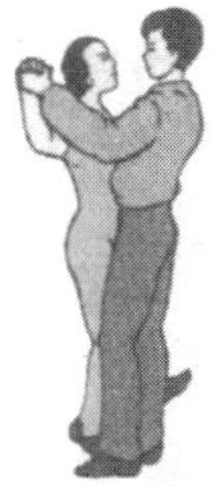
图 15-67

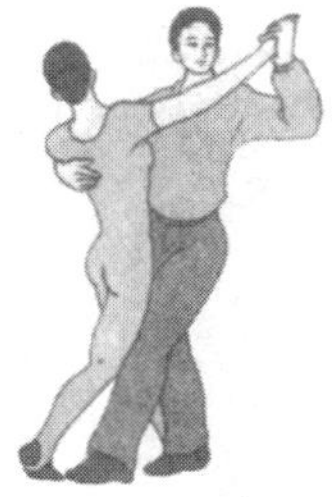
图 15-68

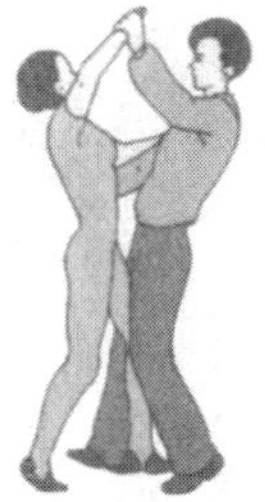
图 15-69

图 15-70

图 15-71

图 15-72

图 15-73

图 15-74

图 15-75

图 15-76

图 15-77

图 15-78

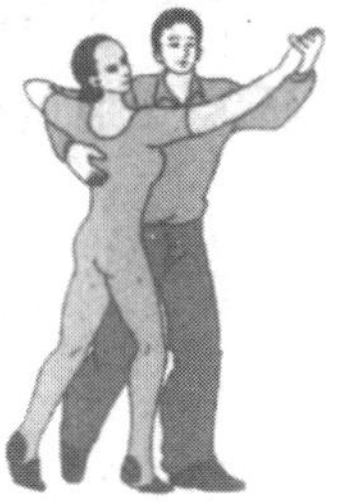
图 15-79

图 15-80

图 15-81

图 15-82

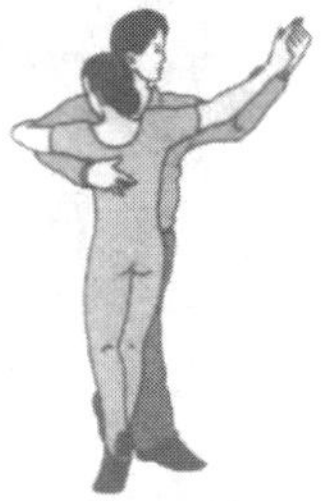
图 15-83

图 15-84

图 15-85

图 15-86

图 15-87

图 15-88

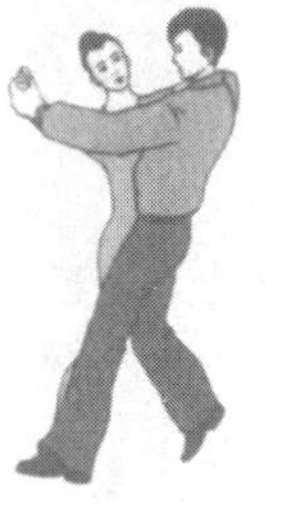
图 15-89

图 15–90

图 15–91

图 15–92

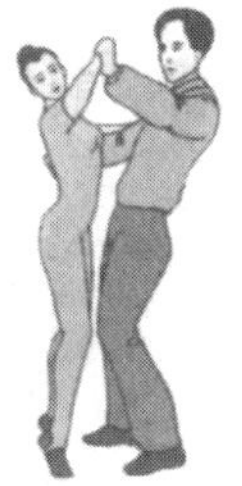

图 15–93

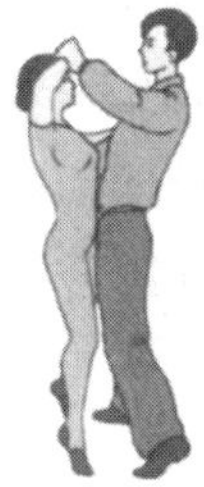

图 15–94

图 15–95

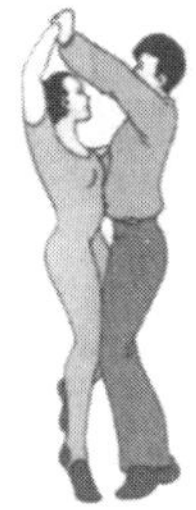

图 15–96

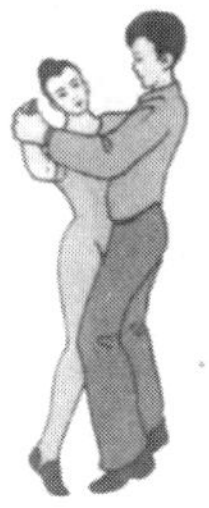

图 15–97

图 15–98

图 15–99

图 15–100

图 15–101

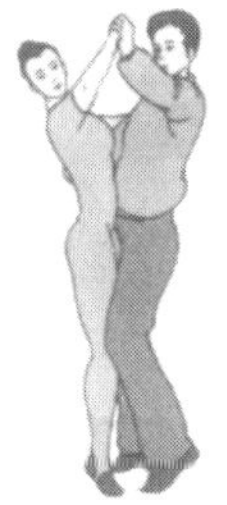

图 15–102

第三节 伦 巴

伦巴源于古巴，舞曲节奏为 4/4 拍，音乐速度为每分钟 27~29 小节，基本节奏为二、三、四、一。二、三拍为移动步，四、一拍为逗留步，即快、快、慢。

伦巴舞富于热恋情调，是表达男女爱慕之情的舞蹈。在表现时要充分地运用躯体，才能够体现伦巴的风韵和魅力。其要点是胯部的转动带动腿和手臂的运动，在节奏中一张一弛。二、三拍移动步中的前半拍为张力，后半拍为松弛；四、一拍逗留步中的第四拍和第一拍的前半拍为张力，第一拍的后半拍为松弛。这样胯的摆动就形成了。

步法组合如下：

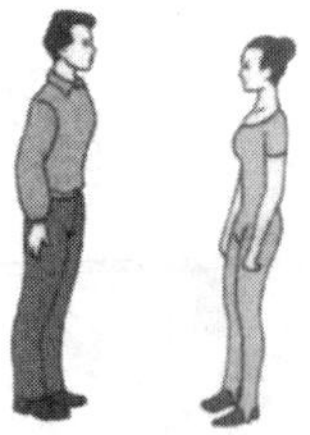

图 15–103

图 15–104

图 15–105

图 15–106

图 15–107

图 15–108

图 15–109

图 15–110

图 15–111

图 15–112

图 15–113

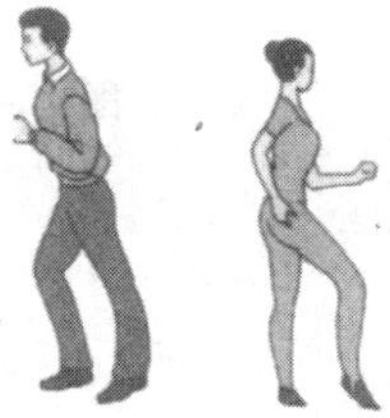

图 15–114

图 15–115

图 15–116

图 15–117

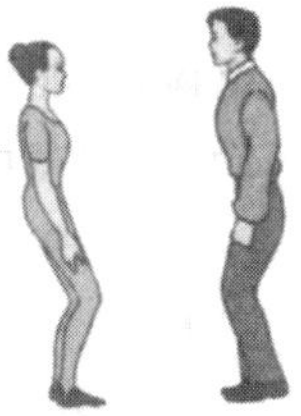

图 15–118

图 15–119

图 15–120

图 15–121

图 15–122

图 15–123

图 15–124

图 15–125

图 15–126

图 15–127

第四节 恰 恰

恰恰源于墨西哥，舞曲节奏为 4/4 拍，音乐速度为每分钟 30~32 小节，基本节奏为二、三、四、一。二、三拍为单步，一拍走一步；四、一拍为恰恰卡，两拍走三步。

恰恰舞富于情趣，节奏轻快，动作活泼。舞动中应强调重心向下踩，胯部动作与伦巴舞相同，但要有力度，把握节奏准确，风格才能表现出来。

步法组合如下：

图 15–128

图 15–129

图 15–130

图 15–131

图 15–132

图 15–133

图 15–134

图 15–135

图 15–136

图 15–137

图 15–138

图 15–139

图 15-140

图 15-141

图 15-142

图 15-143

图 15-144

图 15-145

图 15-146

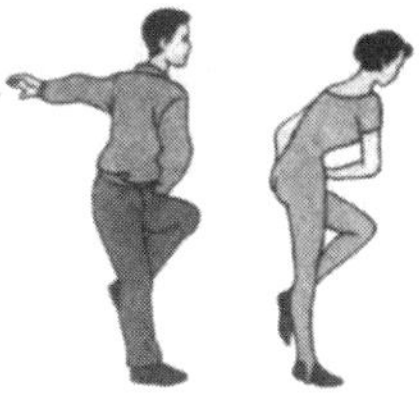
图 15-147

图 15-148

图 15-149

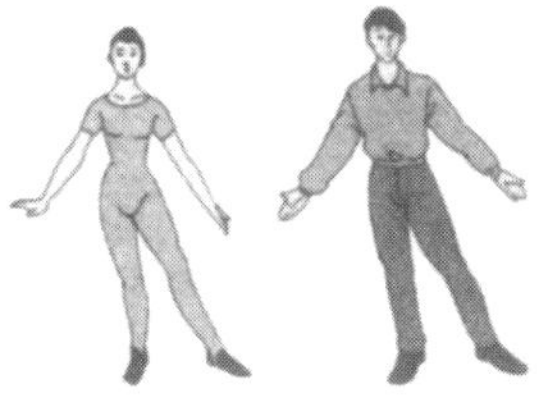
图 15-150

图 15-151

图 15-152

图 15-153

视　窗

体育舞蹈的分类

现代舞：起源于欧洲，具有端庄、含蓄、稳重、典雅的风格和绅士风度。舞步流畅、轻柔洒脱、舞姿优美、起伏有序、音乐节奏清晰、舞蹈富于技巧性，是老少皆宜开展的项目。

拉丁舞：起源非洲和拉丁美洲，具有热情、奔放、浪漫的风格特点。舞蹈动作豪放粗犷、速度多变、手势和脚步内容丰富、充满激情、音乐节奏鲜明强烈，尤为中青年人所宠爱。

团体舞：是现代舞和拉丁舞的混合舞，由8对选手组成。借助音乐的引导，将5种舞蹈在变化莫测的队形中编织出丰富多样的图案，它将音乐、舞姿、队形、图案和选手们的和谐配合融为一体，达到了完美的统一，使体育舞蹈的风格特点得到了更鲜明的表现。

链　接

体育舞蹈专业术语中英文对照

体育舞蹈 sports dancing

华尔兹 Waltz

探戈 Tango

伦巴 Rumba

恰恰 Cha Cha

起步 beginning step

快步 quick step

轴转 pivot turn

慢步 slow step

换步 step change

交叉步 cross chass´e

前进步 progressive step

横进步 the progressive side step

思考题

1. 试述国际标准交际舞的基本礼节和跳舞时的注意事项。
2. 国际标准交际舞的分类有哪些？

第十六章　武术的锻炼方法

学习目标

☞ 掌握中国传统体育项目的健身原则。

☞ 通过学习武术，进一步提高个人的意志、品质和修养。

武术是以技击的攻防动作为主要内容，以套路和格斗为运动形式，并注重内外兼修的中国传统体育项目。武术具有浓郁的民族文化特色，是中华民族在长期的生活和斗争实践中逐步积累、巩固和发展完善起来的一项宝贵的文化遗产，在我国有着悠久的历史和广泛的群众基础。经常进行武术锻炼，不仅可防身自卫、强健体魄，同时更有利于我们锻炼意志、陶冶情操、丰富生活和增进友谊。

第一节　武术基本功

一、基本手型、手法的练习

1. 拳

四指并拢卷握，拇指紧扣食指和中指的第二指节处（图 16–1）。拳眼向上为立拳，拳心向下为平拳。

2. 掌

四指并拢伸直，拇指弯曲紧扣虎口处或外展成八字掌（图 16–2）。

3. 勾

五指第一指节捏拢在一起，屈腕（图 16–3）。

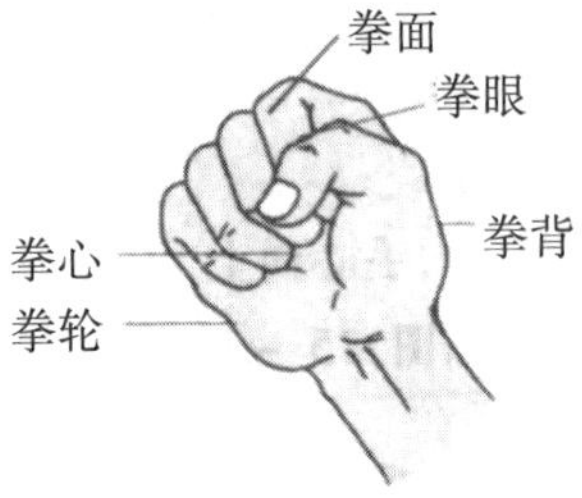

图 16–1

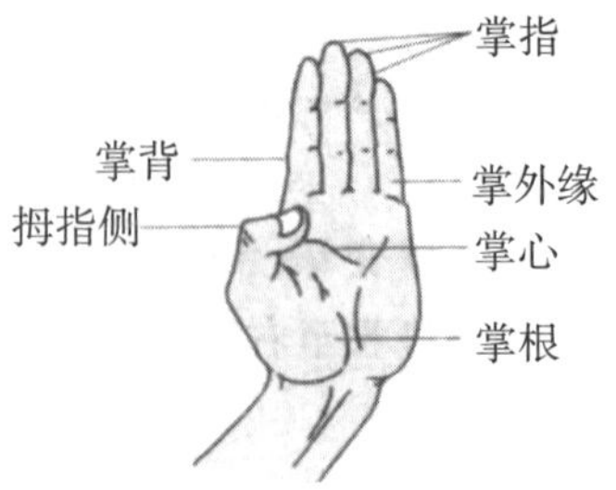

图 16–2

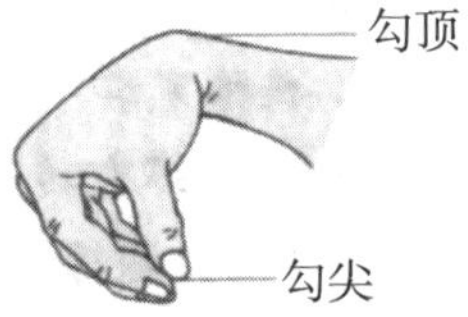

图 16–3

二、五步拳

五步拳包括拗弓步冲拳—弹踢冲拳—马步架打—歇步冲拳—提膝穿掌—仆步穿掌—虚步挑掌。

(一) 预备姿势

并步抱拳（图 16–4）。

(二) 拗弓步冲拳

左脚向左迈出一步成左弓步；同时左手向左平搂后收回腰间抱拳，右拳向前冲拳；目视前方（图 16–5、图 16–6）。

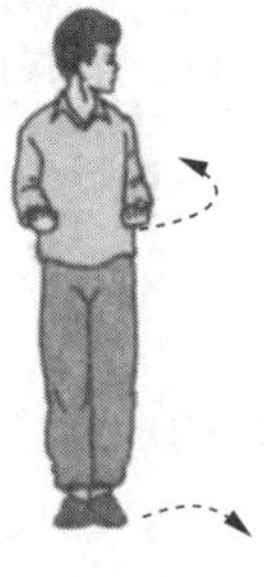

图 16–4

图 16–5

图 16–6

（三）弹踢冲拳

右腿向前弹踢；同时左拳由腰间向前冲拳，右拳收回腰间抱拳；目视前方（图 16–7）。

（四）马步架打

右脚落地，左转体 90°下蹲成马步；同时左拳变掌，屈臂上架，右拳由腰间向右冲拳；目视右方（图 16–8）。

图 16–7

图 16–8

（五）歇步冲拳

左腿后叉成右歇步；同时右拳变掌经头上向下盖，掌外沿向前，身体左转 90°，左掌收回腰间抱拳；目视右手。紧接着左拳向前冲拳，右掌变拳收回腰间；目视左拳（图 16–9、图 16–10）。

（六）提膝穿掌

起立，身体左转。随即左拳变掌，手心向下，右拳变掌，手心向上，由左手背穿出；同时左腿提膝，左手顺势收至右腋下；目视右手（图 16–11）。

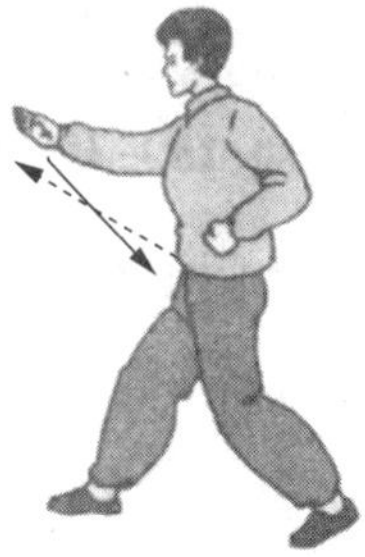

图 16–9

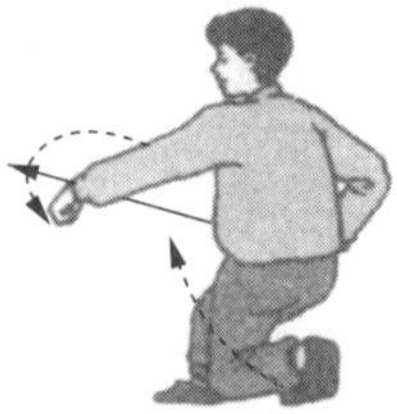

图 16–10

图 16–11

（七）仆步穿掌

左脚落地成左仆步；左手指朝前，沿左腿内侧穿出；目视左掌（图 16–12）。

（八）虚步挑掌

左腿屈膝支撑，右脚上步成右虚步；同时左手向上挑起，向后划弧成勾手，略高于肩；右手由后向下、向前，顺右腿外侧挑掌，高与肩平；目视前方（图 16–13）。

（九）收势

左脚向右并步，抱拳（图 16–14）。

图 16–12

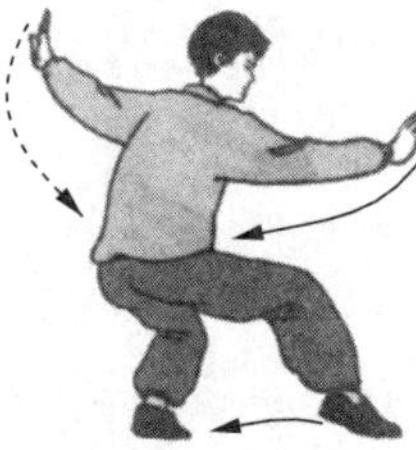

图 16–13

图 16–14

第二节 二十四式简化太极拳

太极拳是我国传统的民族体育项目之一，是一种重要的健身与预防疾病的手段。打太极拳除了可增强体质外，还是辅助治疗高血压、溃疡病、心脏病、肺结核等疾患的好方法。太极拳是一种合乎生理规律、轻松柔和的健身运动，练习太极拳除全身各个肌肉群、关节需要活动外，还要配合均匀的呼吸与横膈运动，并且特别要求人们在打拳时尽量做到“心静”，全神贯注，这样就对中枢神经系统起到良好的作用，加强了心血管与呼吸系统的功能，能减少体内淤血，改善消化作用与新陈代谢过程。所以，从医学的观点来看，太极拳是一种很好的保健体操和医疗体操。

二十四式简化太极拳是按照由简到繁，由易到难的原则，对已在群众中流行的太极拳进行改编、整理而成的。它改变了过去那种先难后易的锻炼顺序，去掉了原有套路中过多的重复动作，集中了原套路的主要结构和技术内容，便于掌握，易学易懂。这套拳共 8 组，从起势到收势共 24 式。练习者可连贯演练，也可以选择单式或分组练习。

一、起　势

图 16–15

图 16–16

图 16–17

图 16–18

图 16–19

二、左右野马分鬃

图 16–20

图 16–21

图 16–22

图 16–23

图 16–24

图 16–25

图 16–26

图 16–27

图 16–28

图 16–29

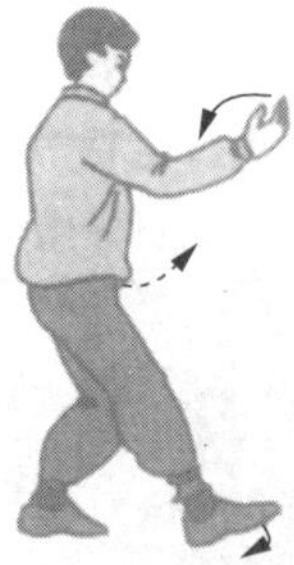
图 16–30

图 16–31

图 16–32

图 16–33

图 16–34

三、白鹤亮翅

图 16–35

图 16–36

图 16–37

四、左右搂膝拗步

图 16–38

图 16–39

图 16–40

图 16–41

图 16–42

图 16–43

图 16–44

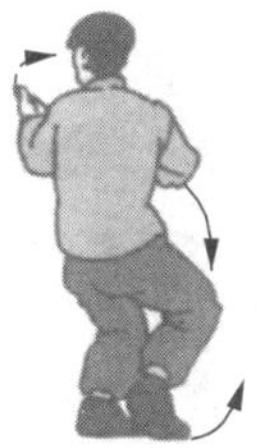
图 16–45

图 16–46

图 16–47

图 16–48

图 16–49

图 16–50

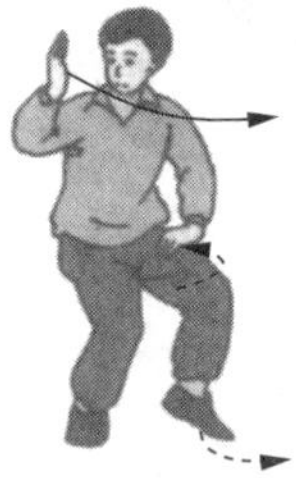
图 16–51

图 16–52

五、手挥琵琶

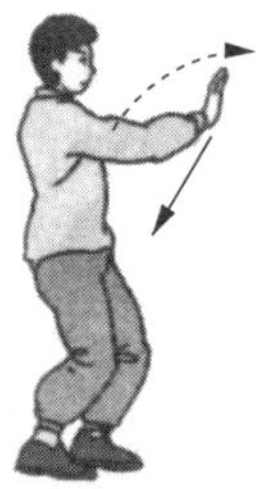
图 16–53

图 16–54

图 16–55

六、左右倒卷肱

图 16–56

图 16–57

图 16–58

图 16–59

图 16–60

图 16-61

图 16-62

图 16-63

图 16-64

图 16-65

图 16-66

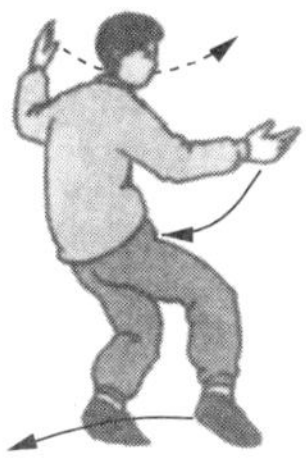

图 16-67

图 16-68

七、左揽雀尾

图 16-69

图 16-70

图 16-71

图 16-72

图 16-73

图 16-74

图 16-75

图 16-76

图 16-77

图 16-78

图 16-79

图 16-80

图 16-81

八、右揽雀尾

图 16-82

图 16-83

图 16-84

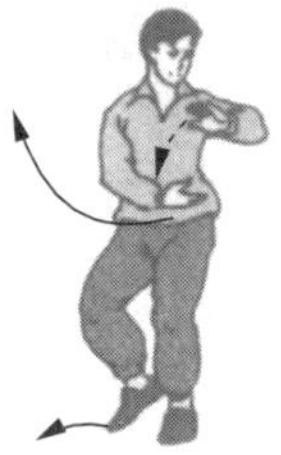

图 16-85

图 16-86

图 16-87

图 16-88

图 16-89

图 16-90

图 16-91

图 16-92

图 16-93

图 16-94

图 16-95

九、单　鞭

图 16–96

图 16–97

图 16–98

图 16–99

图 16–100

图 16–101

十、云　手

图 16–102

图 16–103

图 16–104

图 16–105

图 16–106

图 16-107

图 16-108

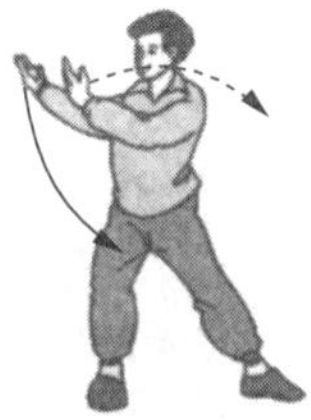
图 16-109

图 16-110

图 16-111

图 16-112

图 16-113

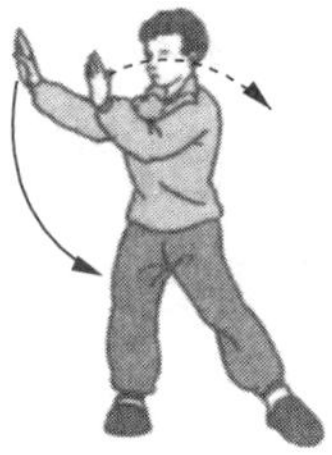
图 16-114

图 16-115

图 16-116

十一、单　鞭

图 16-117

图 16-118

图 16-119

图 16-120

图 16-121

十二、高探马

图 16-122

图 16-123

十三、右蹬脚

图 16-124

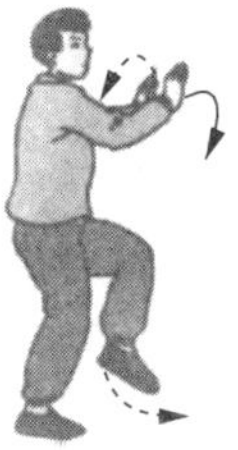

图 16-125

图 16-126

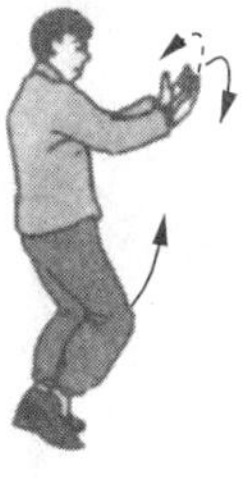

图 16-127

图 16-128

图 16-129

十四、双峰贯耳

图 16-130

图 16-131

图 16-132

图 16-133

十五、转身左蹬脚

图 16-134

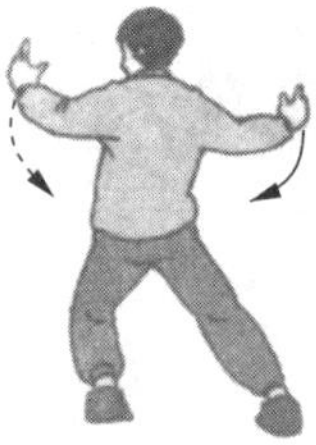
图 16-135

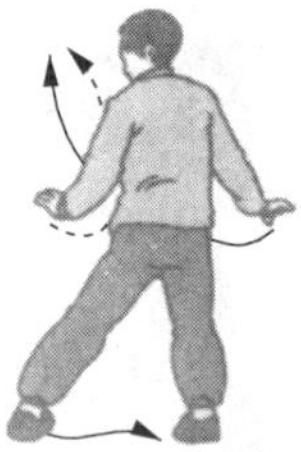
图 16-136

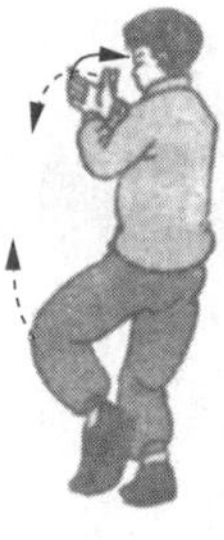
图 16-137

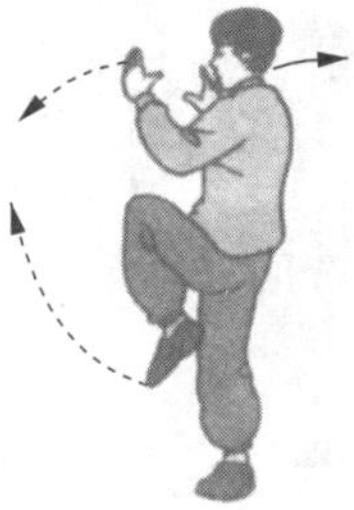
图 16-138

图 16-139

十六、左下势独立

图 16–140

图 16–141

图 16–142

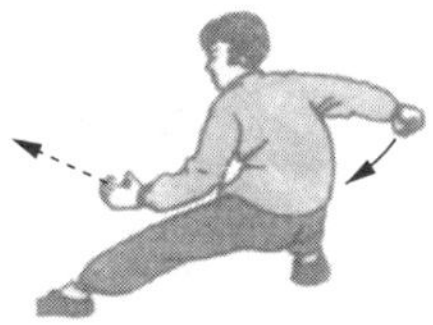

图 16–143

图 16–144

图 16–145

图 16–146

十七、右下势独立

图 16–147

图 16–148

图 16–149

图 16–150

图 16-151

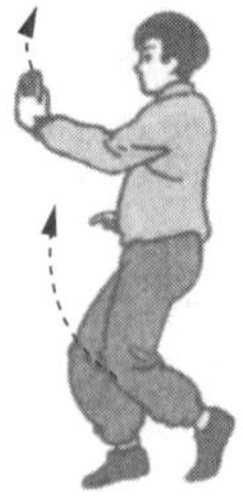

图 16-152

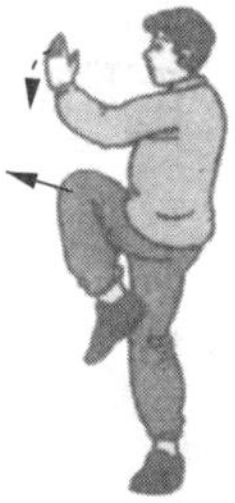

图 16-153

十八、左右穿梭

图 16-154

图 16-155

图 16-156

图 16-157

图 16-158

图 16-159

图 16-160

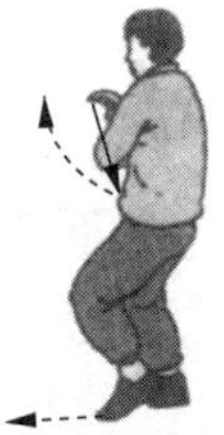

图 16-161

图 16-162

图 16-163

图 16-164

十九、海底针

图 16–165

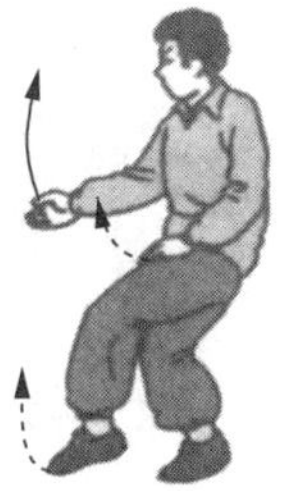

图 16–166

二十、闪通臂

图 16–167

图 16–168

图 16–169

二十一、转身搬拦捶

图 16–170

图 16–171

图 16–171 附图

图 16–172

图 16–172 附图

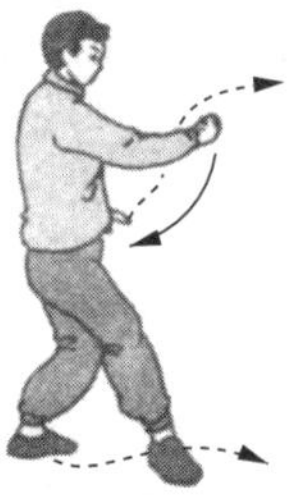

图 16–173

图 16–174

图 16–175

图 16–176

二十二、如封似闭

图 16–177

图 16–178

图 16–179

图 16–180

图 16–181

图 16–182

二十三、十字手

图 16–183

图 16–184

图 16–185

图 16–186

二十四、收　势

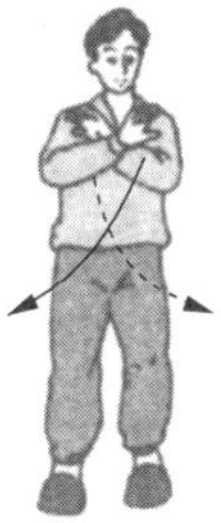

图 16–187

图 16–188

图 16–189

图 16–190

第三节　三十二式太极剑

太极剑属于太极拳中的一种剑术套路。它具有太极拳和剑术的运动特点及健身价值。本套剑术取材于传统的杨式太极剑套路，全套动作除“准备动作”和“收势”外，共有 32 个动作，分 4 组，每组 8 个动作，往返两个来回。

准备动作

（一）预备势

两脚开立，身体正直；两臂自然垂于身体两侧，左手持剑，剑尖向上，右手握成剑指，手心向内；眼平视前方（图 16–191）。

要点：头正身直，含胸拔背，两肩松沉，两肘微屈。剑身贴左前臂后侧，不要使剑刃触及身体。

（二）起　势

1. 两臂前举

两臂慢慢向前平举，高与肩平，手心向下（图 16–192）。

2. 转体摆臂

上体略向右转，重心移于右脚，屈膝下蹲，随之左腿提起向右腿内侧收拢（左脚尖不点地）；同时右剑指边翻转边由体前下落，经腹前向上举，手心向下；左手持剑经面前屈肘落于右肩前，手心向下，剑平置于胸前；眼视剑指（图 16–193）。

3. 弓步前指

身体左转，左脚向前迈出，成左弓步；同时左手持剑经体前向左下搂至左胯旁，剑直立于左前臂后，剑尖向上；右臂屈肘，剑指经耳旁随转体向前指出，指尖自然向上，手心斜向下，高与眼平；眼视剑指（图 16–194）。

图 16–191

图 16–192

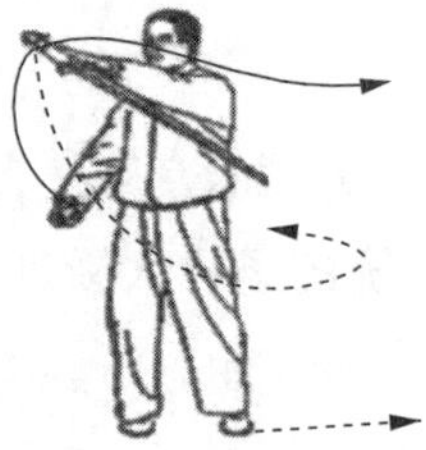
图 16–193

图 16–194

4. 盖步穿剑

身体右转，左手持剑屈肘上提，手心向下，经胸前从右手上穿出并内旋，左臂平展，剑身自然贴于左臂内侧；右手外旋，剑指翻转（手心向上），经腹部向下、向后摆至身体右侧，手臂平展与肩同高，手心向上；同时右脚提起向前横落，脚尖外撇，两脚交叉，两膝关节前后相交，左脚跟提起，重心稍下降，成交叉半坐姿势；眼视剑指（图 16–195）。

图 16–195

5. 弓步接剑

左手持剑稍外旋，手心转下，剑尖略下垂；左脚上步成左弓步；同时身体左转，右剑指经头右上方向前落于剑把上，准备接剑；眼平视前方（图 16–196）。

要点：两臂前举，肩宜松沉，不能耸起。转体、迈步和两臂动作协调柔和，弓步横向距离约 30 厘米。上体自然挺直，重心移动平稳。

图 16–196

第一组

（一）并步点剑

右手松开剑指，虎口对着护手，大拇指向下，握住剑把，然后腕关节绕环，使剑在身体左侧划一立圆，向前点出，力达剑尖；左手握成剑指，附立于右腕部，手心向前；同时右脚向左脚靠拢成并步，身体半蹲；眼视剑尖（图 16–197）。

图 16–197

要点：剑身立圆向前环绕时，两臂不可上举。点剑时，持剑要松活，主要用腕部的环绕将剑向前下点出。并步时，两脚不宜并紧，两脚掌要全部着地，身体略下蹲，身体保持直立。

（二）独立反刺

1. 撤步抽剑

右脚向后方撤步；同时身体重心后移，右手持剑撤至腹前，剑尖略高；左剑指附于右腕处随剑后撤，手心向下（图 16–198）。

2. 收脚挑剑

身体右后转，随之左脚收至右脚内侧，脚尖点地；同时，右手持剑继续反手抽撩至右后方，然后右臂外旋，右腕下沉，剑尖上挑，剑身斜立于身体右侧，左手剑指随剑后撤，立于右上臂内侧，手心向右；眼视剑尖（图 16–199）。

3. 提膝反刺

上体左转，左膝提起成独立步；同时右手持剑上举，使剑经头右侧上方向前反手立剑刺出，手心向外，力注剑尖；左剑指经额下向前指出，手心斜向前下方，指尖自然向上，高与肩平；眼视剑指（图 16–200）。

图 16–198

图 16–199

图 16–200

要点：提膝时，右腿自然直立，左脚面展平，小腿和脚掌微内扣护裆，左膝要正向前方，与左肘上下相对，不要偏向右侧，独立稳定。刺剑是使剑通过伸臂刺出，力贯剑尖，注意避免将剑身由下向上托起的错位做法。

（三）仆步横扫

1. 撤步劈剑

上体右后转，右腿屈膝，左腿向左后方撤步，膝部伸直；在转体的同时，剑随转体向右后方劈下，右臂与剑平直，左剑指落于右腕部，手心斜向下；眼视剑尖（图 16–201）。

2. 仆步横扫

右膝弯曲下蹲成半仆步，随着重心逐渐左移，左脚尖外撇，左腿屈膝，成左弓步；身体左转，左剑指经体前、左肋向后反插，并向上方划弧举起，手心斜向上；右手持剑外旋，手心转向上，使剑由下向左前方划弧平扫，高与胸平；眼视剑尖（图 16–202）。

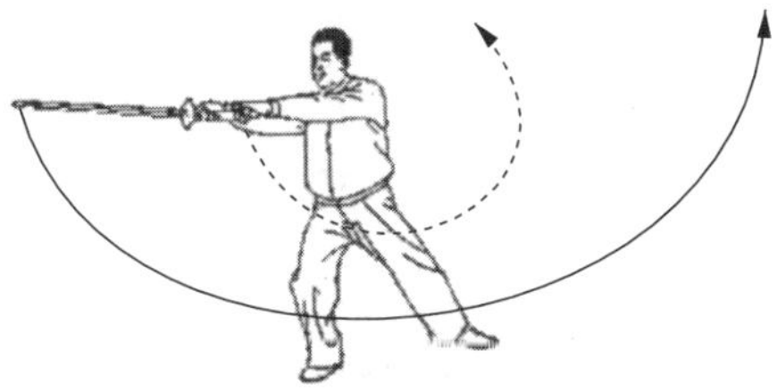

图 16–201

图 16–202

要点：劈剑与扫剑转换过程中步型应为半蹲仆步，也可做成全蹲仆步，身体应保持直立。扫剑时，持剑要平稳，有一个由高到低（与膝或与踝同高）再到高的弧线，力达剑刃，不要做成拦腰平扫。定势时，左手停在左额前上方，剑尖置于体前中线，高与胸平。

（四）向右平带

右脚提起收至左脚内侧（脚尖不点地）；同时右手持剑稍向内收引，手心向上；左剑指落于腕部，手心向下。右脚向右前方迈出一步，脚跟着地；同时右手持剑略向前引伸，左剑指仍附于右腕部。重心前移，右脚踏实成右弓步；右手持剑内旋，手心翻转向下，向右后方斜带，左手剑指仍附于右腕；眼视剑尖（图 16–203）。

图 16–203

要点：带剑时，剑应边翻转边斜带，剑把左右摆动幅度要大，而剑尖则始终控制在体前中线附近，力在剑刃，不要过多地左右摆动；剑的回带和弓步要协调一致；带剑时应注意由前向后带，不要横向右推或做成扫剑。

（五）向左平带

左脚提起收至右脚内侧（脚尖不点地），再向左前方上步，脚跟着地，成左弓步；同时右手持剑屈臂后收，然后手臂外旋，并向前伸展，再将剑向左后方弧线平剑回带，握剑手带至左肋前方，力在剑刃；同时左剑指翻转收至腰间，再继续向左上方划弧举至额左上方，手心斜向上；眼视剑尖（图 16–204）。

图 16–204

要点：同向右平带，唯左右相反。

（六）独立抡劈

1. 转体抡剑

右脚收至左脚内侧，脚尖着地；身体左转，右手持剑由前向下、向后划弧立剑置于身体左下方，手心向里；左剑指下落，手心向外，两手交叉于腹前；眼视左后方（图 16–205、图16–206）。

2. 独立劈剑

右脚向前上步踏实，左腿屈膝上提，成右独立步；同时右手内旋上举，持剑划弧举于头上方，再向前下方立剑劈下，力在剑刃，右臂与剑成一条斜线；左手剑指向后、向上划弧举至左上方，掌心斜向上；眼视前下方（图 16–207）。

图 16–205

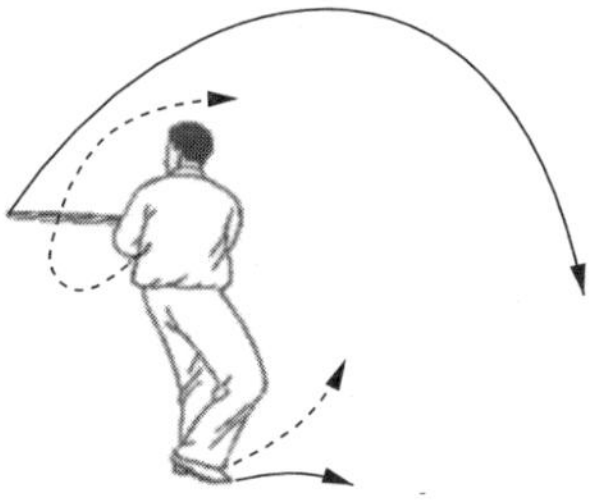
图 16–206

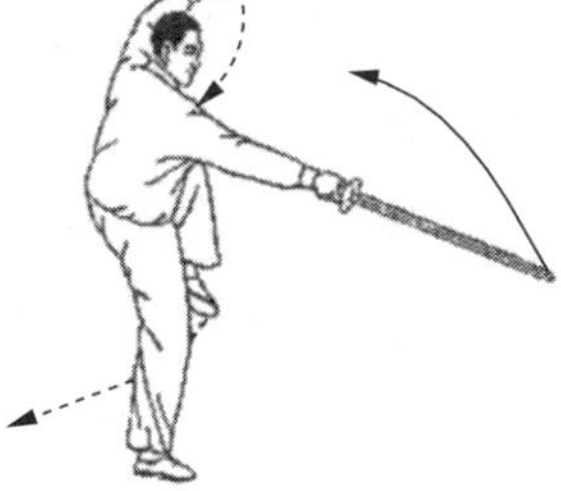
图 16–207

要点：抡剑、举剑、劈剑应连贯抡绕成立圆，并与转腰、旋臂、独立配合一致，连贯不停。左手的运动要和持剑的右手相互配合，当右手持剑向前下方劈出时，左剑指由后向上划弧至头侧上方，两手一上一下、一前一后，对称交叉划立圆。

（七）退步回抽

左脚向后落下，同时重心后移，右脚随之撤回半步，成右虚步；同时右手持剑外旋上提，再持剑回抽，剑把收于左肋旁，手心向内，剑尖斜向上；左剑指落于剑把上随剑回收；眼视剑尖（图 16–208）。

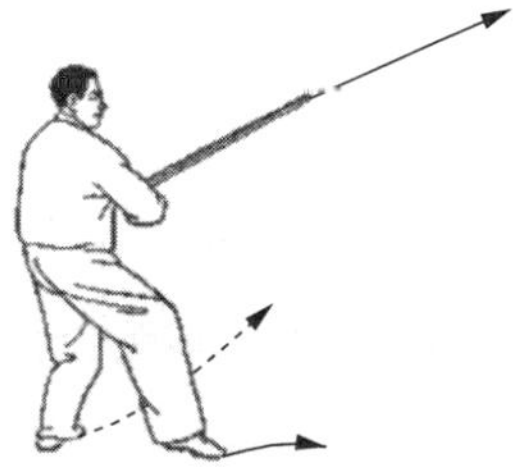
图 16–208

要点：抽剑是立剑由前向后划弧抽回，力点沿剑刃滑动，右手手心先翻转向上将剑略上提，随后由体前向后划弧收至右肋旁，避免将剑直线抽回。左脚后落的步幅不要过小，重心前后移动要充分，两脚虚实要分明。定势时，两臂撑圆合抱，上体左转，剑尖斜向右上方，两肩要松沉，不可紧贴身体。

（八）独立上刺

身体微向右转，面向前方，右脚稍向前上步踏实，左腿屈膝提起；同时，右手持剑向前上刺出（手心向上），力注剑尖，剑尖高与头平；左剑指附在右腕部；眼视剑尖（图 16–209）。

要点：上步步幅不超过一脚长，上刺剑时，手与肩同高，两臂微屈。趁上刺之势，上体可微向前倾，不要耸肩、驼背。

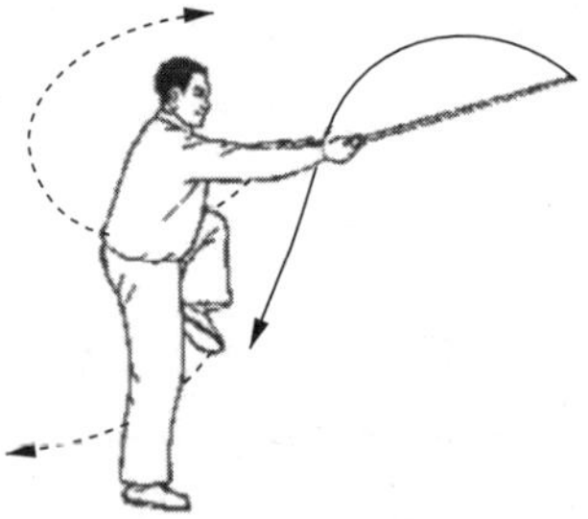
图 16–209

第二组

（九）虚步下截

左脚向左后方落步，右脚随即微向后收，脚尖点地，成右虚步；同时右手持剑随转体向左平摆，再随身体右转经体前向右、向下截按，剑尖略下垂，高与膝平；左剑指向左、向上绕举于头左上方（掌心斜向上）；眼平视右前方（图 16–210）。

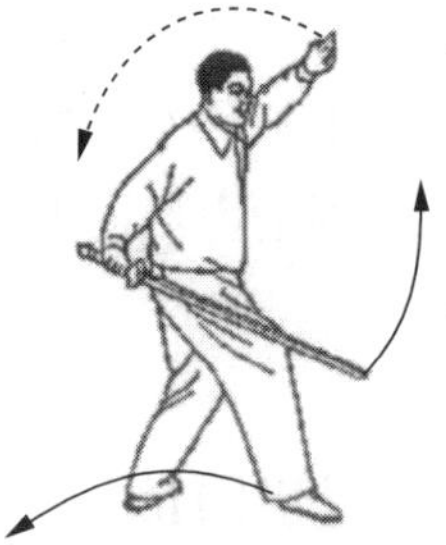
图 16–210

要点：下截剑时，主要用转体挥臂来带动剑向右下方截出，身、剑、手、脚要协调一致，剑身置于身体右侧。右虚步的方向左偏约 30°，转头目视的方向是偏右约 45°。

（一十）左弓步刺

1. 退步提剑

右脚向后退一步，重心右移，身体右转；同时，右手持剑向体前提起，高与胸平，剑尖指向左前方约 30°，再经头前后抽，手心翻转向外；左剑指附于右腕随剑一起回撤；眼视剑尖（图 6-211）。

2. 弓步前刺

身体左转，左脚收至右脚内侧（脚尖不点地），再向左前方迈出，脚跟着地，前移成左弓步；同时上体左转，右手持剑收于右腰间，再向左前方刺出，手心向上，力注剑尖；左剑指向下、向左、向上绕至左上方，手心斜向上，臂要撑圆；眼视剑尖（图 16-212）。

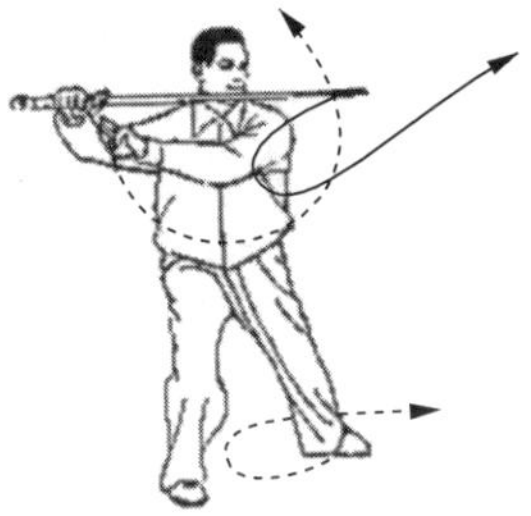

图 16-211

图 16-212

要点：右手持剑向下卷收时，前臂外旋，使手心转向上；同时仍要控制剑身，使剑尖指向将要刺出的方向。全过程要在转腰的带动下，圆活、连贯、自然完成。

（一一）转身斜带

1. 扣脚收剑

重心后移至右腿，上体右转，左脚尖内扣，然后右脚提脚转体，贴在左小腿内侧，重心再移至左腿上；同时右手持剑屈臂后收，横置胸前，手心向上；左剑指落在腕部；眼视剑尖（图 16-213）。

图 16-213

2. 弓步右带

图 16–214

身体右后转，右脚向右前方迈出，成右弓步；同时右手持剑向左前方伸送，再内旋翻转，手心向下，向右平带（剑尖略高），力在剑刃；左剑指仍附立于右腕部，手心斜向下；眼视剑尖（图 16–214）。

要点：弓步的方向为中线偏右约 30°，斜带是指剑的走向。

（一二）缩身斜带

图 16–215

身体重心后移至左腿，右脚随之收到左脚内侧，脚尖点地成丁步；同时，右手持剑外旋翻转，手心向上，向前微送，然后右手将剑向左平带（剑尖略高），力在剑刃，手心向里；左剑指屈腕经左肋反插，向身后穿出，再向上、向前绕行划弧落于右腕部；眼视剑尖（图 16–215）。

要点：收剑时上体挺直，稍向右转。上体略向前探，送剑方向与弓步方向相同。收脚带剑时，身体向左转，重心落于左腿；要保持上体正直，松腰松胯，臀部不外凸。

（一三）提膝捧剑

1. 虚步分剑

右脚后退步，重心后移，左脚微后撤，脚尖点地成虚步；同时两手臂内旋向前伸送，再向两侧分开，手心都向下，剑斜置于胯右侧，剑尖向前；左剑指在腰左侧；眼平视前方（图 16–216）。

2. 提膝捧剑

左脚略向前垫步，右膝向前提起成独立步；同时右手持剑外旋翻转向体前划弧摆送，左剑指变掌也摆向体前，捧托在右手背下面，两臂微屈，剑身平直向前方，剑尖略高；眼视前方（图 16–217）。

图 16–216

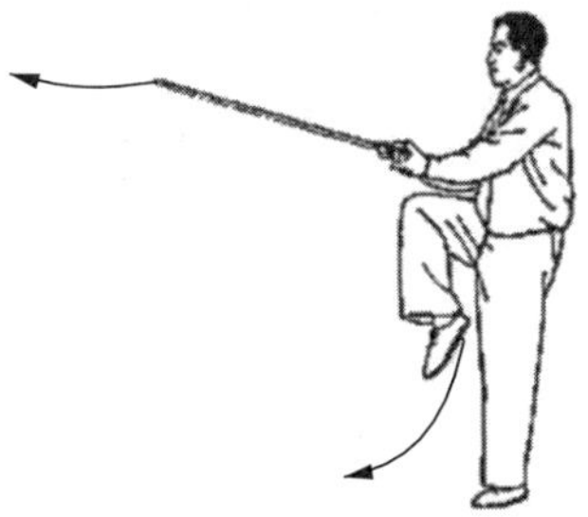

图 16–217

要点：右脚退步要略偏向右后方，上体转向前方。两手向体前摆送要走弧线，先微向外，再向内于胸前相合。捧剑时，两臂微屈，剑把与胸部同高。

（一四）跳步平刺

1. 捧剑前刺

右脚向前落下，重心前移，左脚离地；同时两手捧剑微向下、向后收至腹前，再两手捧剑向前伸刺（图 16–218）。

2. 跳步分剑

右脚蹬地，左脚随即前跨一步踏实，右脚在左脚将落地时迅速向左小腿内侧收拢；同时两手分撤至身体两侧，手心都向下，左手变剑指（图 16–219）。

3. 弓步平刺

右脚向前上步，重心前移成右弓步；同时，右手持剑向前平刺（手心向上）；左剑指绕举至额左上方，手心斜向上；眼视剑尖（图 16–220）。

图 16–218

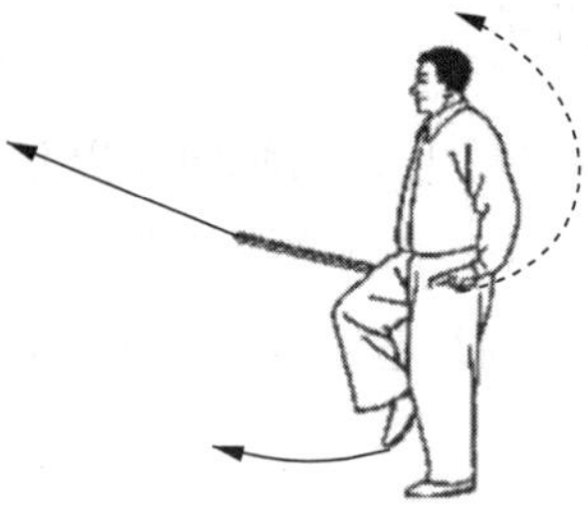

图 16–219

图 16–220

要点：向前跳步，动作轻灵、柔和。刺剑、分剑、再刺剑，动作连贯，上下肢配合协调一致。

（一五）左虚步撩

1. 收脚绕剑

上体左转，重心左移，右脚收至左脚前，脚尖点地；同时，右手持剑随转体外旋、向上、向后划弧，剑把落至左腰间，剑尖斜向上，手心向里；左剑指落于右腕部，手心向外（图 16–221）。

2. 上步左撩

上体微右转，右脚向前垫步，脚尖外撇，上体继续右转，重心前移至右腿，左脚进步，成左虚步；同时，右手持剑随身体转动外旋，立剑向下、向前撩出，架剑于右额前，剑尖略低，手心向外；左剑指附于右腕部随右剑上绕，立于腕侧，手心向外；眼视剑尖（图 16–222）。

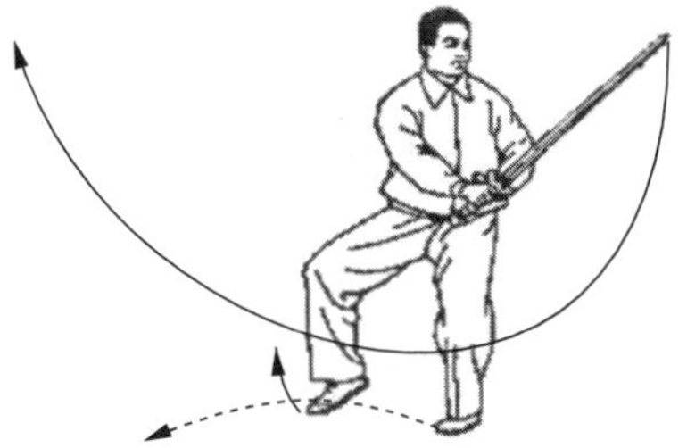

图 16–221

图 16–222

要点：剑运行的路线，一要贴身，二要立圆，同时右臂内旋，右手心转向外，虎口朝下，活握剑把，力达剑的前端。整个撩剑的动作要在身体左旋右转的带动下完成，要协调完整、连贯圆活，不要做成举剑拦架的动作。

（一六）右弓步撩

1. 转休绕剑

身体右转，同时右手持剑向后划圆回绕，剑身在身体右侧，手心向外；左剑指随剑绕行收于右肩前；眼视剑尖（图 16–223）。

2. 上步右撩

身体微左转，左脚向前上步，脚尖外撇，右脚前进一步，重心前移成右弓步；同时右手持剑由下向前反手撩出，手心向外，高与肩平，剑尖略低；左剑指经腹前向后再向上摆至头上方，剑指上架于头上方，手心向上；眼视前方（图 16–224）。

要点：持剑手要活握剑把，剑尖不要触地，整个动作要连贯圆活。

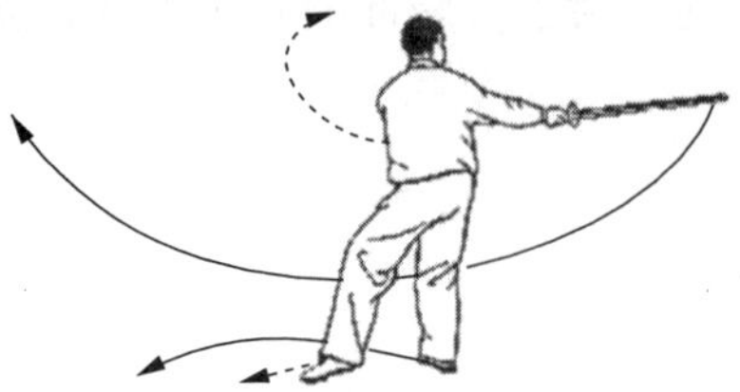

图 16–223

图 16–224

第三组

（一七）转身回抽

1. 转体收剑

身体左转，左腿屈膝，重心左移，右脚尖稍内扣；同时旋臂屈肘，将剑收到体前，手心向里，与肩同高，剑身平直，剑尖向右，左剑指落于右腕上，手心向上；眼视剑尖（图 16–225）。

2. 弓步劈剑

身体继续左转，右腿重心右移，左脚外展，右脚自然蹬直成左弓步；同时右手持剑向左下方劈下；眼视剑尖（图 16–226）。

图 16–225

图 16–226

3. 虚步前指

重心移向右腿，右膝弯曲，上体稍向左转，左脚后撤半步，成左虚步；同时右手持剑抽至右胯后，剑斜置于身体右侧，剑尖略低；左剑指随右手后收，后坐抽剑，再向前指出，手心向前，高与眼齐；眼视剑指（图 16–227）。

图 16–227

要点：剑指向前指出，左脚点地成虚步，上体向左回转，三者要协调一致。虚步的方向和剑指所指的方向为中线偏右 30°。下抽剑时，要立剑向下、向后走弧线抽回，下剑刃着力。

（一八）并步平刺

左脚略向左移，身体左转，右脚向左脚并步；同时左剑指内旋并向左划弧，右手持剑外旋翻转，经腰间向前平刺；左剑指收经腰间翻转变掌捧托在右手下，手心均向上，剑身平直；眼视前方（图 16–228）。

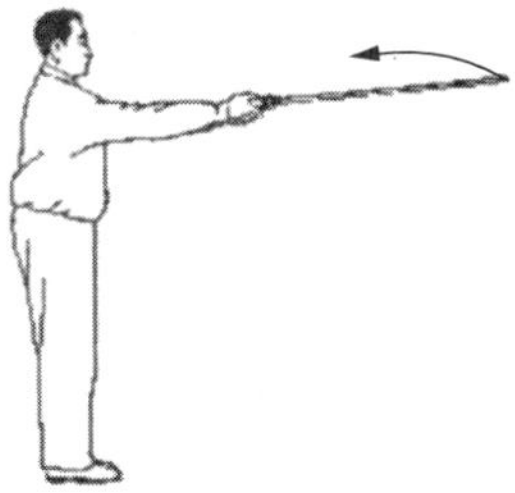

图 16–228

要点：刺剑和并步要协调一致，方向正中；剑刺出后两臂要微屈，两肩要松沉。

（一九）左弓步拦

1. 转体绕剑

右脚尖外撇，左脚跟外展，身体右转，两腿屈蹲；右手持剑外旋，手心转朝外，随转体由前向上、向右绕转；左手变剑指附于右腕部，随右手绕转（图 16–229）。

2. 上步拦剑

左脚向左前方上步，脚跟着地，身体左转，重心前移，成左弓步；右手持剑由右向下、向左前方拦架，力在剑刃，剑与头平，剑尖略低，右臂外旋，手心斜向内；同时左剑指经体前向下、向左上绕举于左额上方，手心向外；眼视剑尖（图 16–230）。

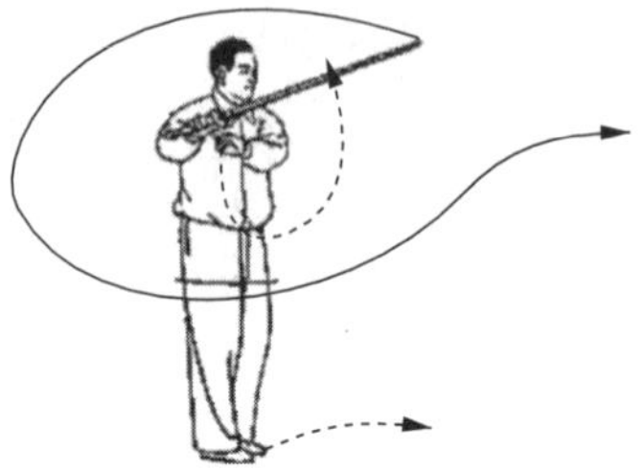

图 16–229

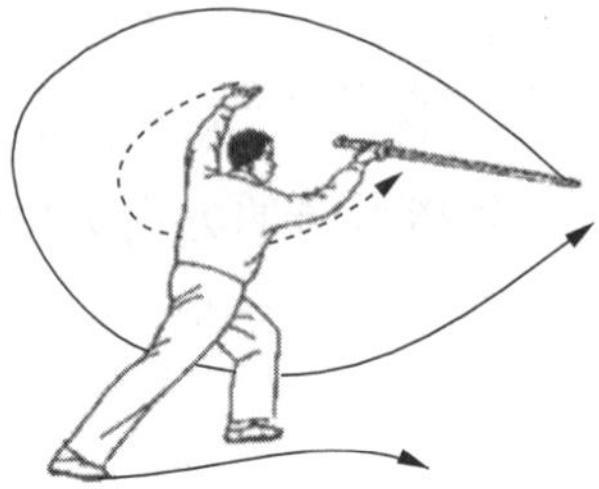

图 16–230

要点：绕剑时以剑把领先，转腰挥臂，剑贴近身体走立圆。拦剑是反手用剑下刃由下向前上方拦架，力在剑刃。拦剑时，剑要在体右侧随身体右旋左转，贴身绕一完整的立圆，左剑指位于左额前方，剑尖位于中线附近。

（二十）右弓步拦

重心略后移，左脚尖外撇，身体先微左转再右转，右脚经左脚内侧向右前方迈出一步，成右弓步；同时右手持剑在身体左侧划一整圆，向右前托起拦出，手心向外，高与头平，剑尖略低，剑身斜置于右前方；左剑指屈收于右腕侧，并随剑上绕，附立于右腕部，手心向外；眼视前方（图 16–231）。

图 16–231

要点：与左弓步拦相同，只是左右相反，弓步方向为中线偏右约 30°，眼随剑移动。

（二一）左弓步拦

重心略后移，右脚尖外撇，其余动作与右弓步拦相同，唯左右方向相反。右手剑拦出时，右臂外旋，手心斜向内（图 16–232）。

要点：参看右弓步拦。

图 16–232

（二二）进步反刺

1. 转体后刺

右脚向前上步，脚尖外撇，上体微右转；同时，右手向下屈腕收剑，剑把落在胸前，剑尖转向下，左剑指也落在右腕部。身体继续右转，两腿交叉屈膝半蹲，左脚跟离地，成半坐盘姿势；右手持剑向后立剑刺出，手心向右；左剑指向前指出，手心向下，两臂伸平；眼视剑尖（图 16–233）。

2. 弓步反刺

剑尖上挑，上体左转，左脚前进一步成左弓步；同时右臂屈收立剑，经头侧向前刺出，手心向外，与头同高，剑尖略低；左剑指收于右腕部；眼视剑尖（图 16–234）。

图 16–233

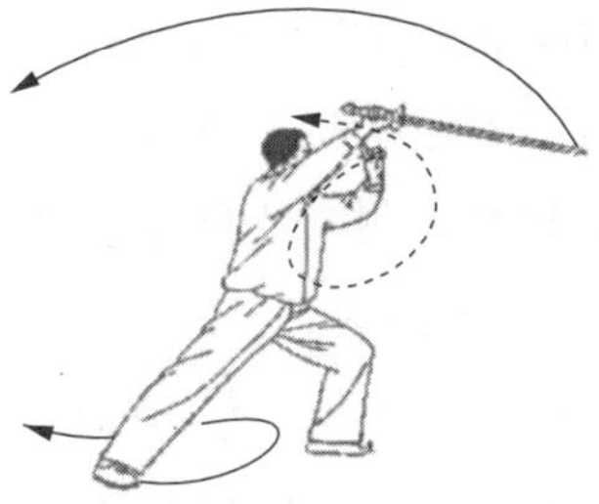

图 16–234

要点：反刺剑时，右臂、肘、腕皆先屈后伸，使剑由后向前刺出，力达剑尖。右手位于头前稍偏右，剑尖位于中线，与面部同高。松腰松胯，上体正直，不可做成侧弓步。

（二三）反身回劈

重心后移，右腿屈膝，左脚尖内扣，上体右转，重心再移至左腿，右脚提起收至左小腿内侧，向右前方迈步，重心前移，成右弓步；同时右手持剑上举，随转体向右前方劈下；左剑指经体前向下、向后、再向上摆至头上方，手心斜向上；眼视剑尖（图 16–235）。

图 16–235

要点：左脚尖要尽量内扣，右脚提收后不要做成独立步。剑要与臂平，剑身与臂成一条线，力在剑尖中段。劈剑和弓步要协调一致，同时完成。

（二四）虚步点剑

上体左转，左脚提起向起势方向上步，脚尖外撇，随即右脚上步落在左脚前，脚尖点地，成右虚步；同时右臂外旋，划弧上举向前下方点出，展臂提腕，力注剑尖；左剑指下落经体前左侧向上绕行，在体前与右手相合，附立于腕部，手心斜向下；眼视剑尖（图 16–236）。

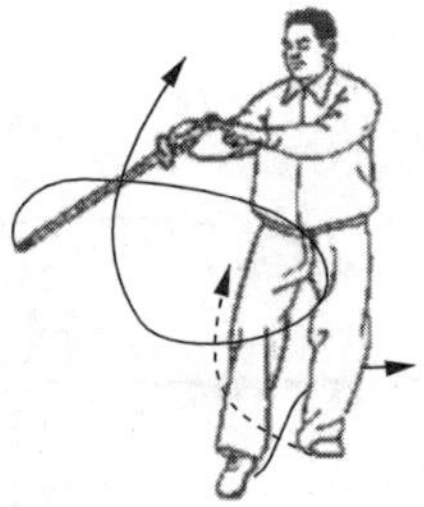

图 16–236

要点：举剑时，右手略高于头，剑身斜向后下方，剑刃不要触身。虚步和点剑的方向与起势方向相同。点剑时要活握剑把，使右臂先向下沉落，再伸臂提腕；点剑与右脚落地协调一致，同时完成；身体保持正直。

第四组

（二五）独立平托

右脚向左脚后插步，脚前掌着地，两腿屈膝半蹲，以两脚掌为轴向右转，随之左膝提起成右独立步；同时右手持剑经体前由右向上、向左绕环，绕经体前向上托架，剑身平，稍高于头；左剑指附于右腕随右手环绕；眼视前方（图 16–237）。

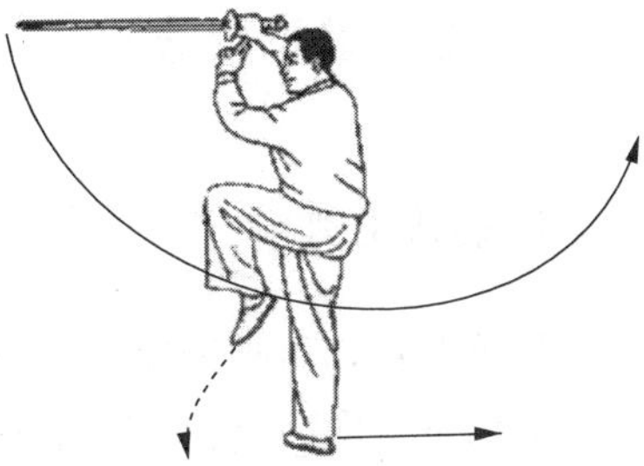

图 16–237

要点：绕剑要与向左插步同时进行；上体保持正直，并微向左转。托剑是剑下刃着力，剑由下向上托架。平托剑时，右手要活把握剑，手心向外，立剑架于头侧上方；剑身放平，剑尖朝前。

（二六）弓步挂劈

1. 转体挂剑

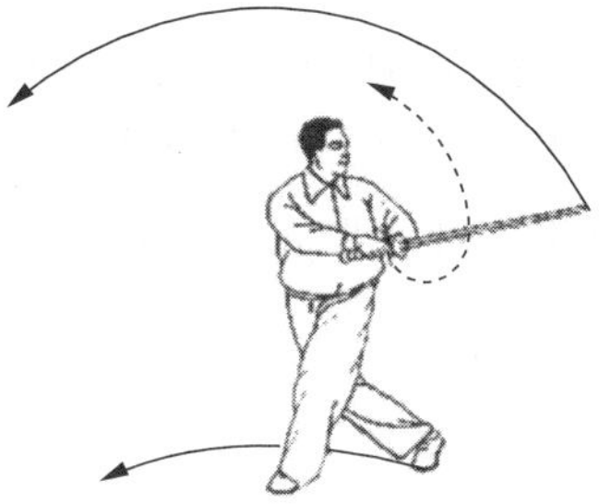

图 16–238

左脚向前横落，身体左转，两腿交叉成半坐盘势，右脚跟离地；同时右手持剑经体左侧向后挂，剑尖向后；左剑指附于右腕部（图 16–238）。

2. 弓步劈剑

身体右转，右脚前进一步，重心前移成右弓步；同时，右手持剑内旋翻腕上举，然后立剑向前下方劈下，剑身要直，与肩同高；左剑指体前向下、向后再向上抡摆，上架于头上方；眼视前方（图 16–239）。

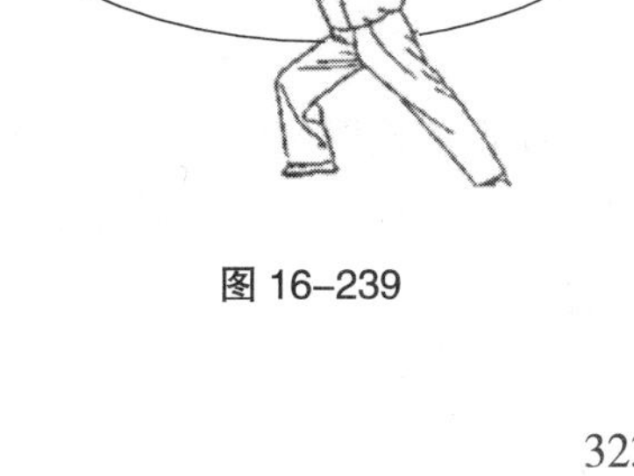

图 16–239

要点：挂剑时，腕部先屈，使剑尖转向下，随转体，右臂向下、向后摆动，虎口向后，剑尖领先，剑身贴近身体左侧向右挂，剑的运行路线成立圆。视线随剑移动。

（二七）虚步抡劈

1. 转体抡剑

身体右转，右脚尖外撇，右腿屈弓，左脚跟离地成叉步；同时右手持剑经身体右侧向下、向后反抡摆，手心向右；左剑指落于右肩前，手心向下；眼视剑尖（图 16–240）。

2. 虚步劈剑

身体左转，左脚向前上步，脚尖外撇，右脚随即向左脚前上步，脚尖着地成右虚步；同时右手持剑外旋屈收举至头侧上方，再向前下抡劈，剑尖与膝同高，剑与臂成一条线；左剑指落经腹前翻转划弧侧举向上划圆，再落于右前臂内侧，手心斜向下；眼视前下方（图 16–241）。

图 16–240

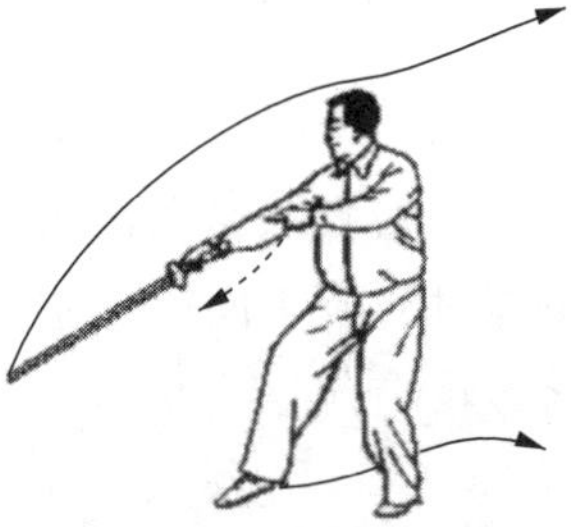

图 16–241

要点：抡劈剑时，剑先沿身体右侧抡绕一个立圆，再顺势向前下劈剑，力点仍为剑刃中部。整个动作要完整连贯。下劈剑时剑身与右臂保持一条直线，不要做成点剑。

（二八）撤步反击

上体右转，右脚提起向右后方撤一步，随之重心右移，左脚跟外展，左腿自然蹬直成右侧弓步（横裆步）；同时右手持剑外旋，手心斜向上，同左剑指一起略向回收，再向后上方反击，力在剑刃前端，剑尖斜向上，高与头平；左剑指向左下方分开，高与腰平，手心向下；眼视剑尖（图16–242）。

图 16–242

要点：撤步时，右脚掌先向后撇，再蹬左腿。反击时，要在向右转体的带动下，将剑向右上方击打，右臂、肘、腕先屈后伸，力达剑前端。分手、弓腿、转体动作一致。

（二九）进步反刺

1. 提脚横剑

身体先微向左转，再向右转，左脚提起收于右小腿内侧；同时右手持剑屈臂先向左摆，再内旋翻掌向右领带，将剑横置于右胸前，手心向外，剑尖向左；左剑指经面前摆至右肩前，手心向下（图16–243）。

2. 弓步平刺

身体左转，左脚向前落步，脚尖外撇，右脚随即向左脚前上步，重心前移成右弓步；同时右手持剑外旋向下收于腰侧，再向前刺出，高与胸平，手心向上；左剑指经体前顺左肋反插，向后再向左上绕至头侧上方；眼视剑尖（图16–244）。

要点：以腰带臂，以臂领剑，剑走平弧；剑卷落时，右臂外旋，手心转向上，剑尖指向正前方。刺剑时转腰顺肩，上体挺直，剑与右臂成直线。刺剑、弓腿和剑指动作要协调一致。

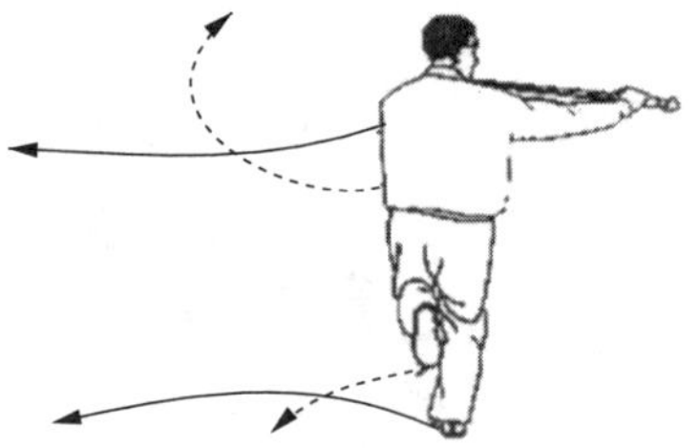

图 16-243

图 16-244

（三十）丁步回抽

重心后移，右脚撤至左脚内侧，脚尖点地成右丁步；同时，右手持剑屈肘回抽，手心向内，置于左腹旁，剑身侧立，剑尖斜向上；左剑指落于剑把之上；眼视剑尖（图 16-245）。

要点：抽剑时，右手先外旋，将剑把略向上提，随即向后、向下收至腹旁，剑走弧线抽回。

图 16-245

（三一）旋转平抹

1. 摆步横剑

右脚向前落步，脚尖外摆，上体稍右转；同时右手翻掌向下，剑身横置胸前；左剑指附于右腕部（图 16-246）。

2. 扣步抹剑

上体继续右转，左脚向右脚前扣步，两脚尖相对成八字形；同时右手持剑随转体由左向右抹；剑指仍附于右腕处，随身体转动（图 16-247）。

3. 虚步分剑

以左脚掌为轴向后转身，右脚随转体后撤一步，重心后移，左脚脚尖点地成左虚步；右手持剑在转体撤步时继续平抹，左剑指仍附于右腕部；在变虚步时，两手左右分开，置于胯旁，手心都向下，剑身斜置于身体右侧，剑尖位于体前；身体转向起势方向；眼视前方（图 16–248）。

图 16–246

图 16–247

图 16–248

要点：身体向右旋转近一周，转身要求平稳连贯、速度均匀；上体保持正直。摆步和扣步的脚都应落在中线附近，步幅不超过肩宽。特别是扣步时，不可扫腿远落，也不要跨越中线过多，致使收势回不到原位。撤步要借身体向右旋转之势，以左脚掌先着地，摆步时脚跟先着地，扣步时脚掌先着地，撤步也是右脚掌先着地。

（三二）弓步直刺

左脚提起向前落步，重心前移成左弓步；同时右手持剑收至右腰侧，手心向里，然后立剑向前刺出，高与胸平；左剑指回收至左腰侧，再立于右腕左侧随右手持剑刺出；眼视前方（图 16–249）。

要点：左脚提起收至右脚内侧后再向前迈出。左剑指先收至腰间，附于右腕处一起将剑刺出。

图 16–249

收 势

1. 后坐接剑

重心后移，上体右转；同时右手持剑屈臂后引至右侧，手心向内，左剑指随右手屈臂回收，并变掌附于剑柄处，准备接剑；眼视剑柄（图 16–250）。

2. 跟步收势

身体左转，重心前移，右脚向前跟步，与左脚平行成开立步；同时左手接剑上举，经过前垂落于身体左侧，右手变成剑指向下、向后划弧上举，再向前、向下落于身体右侧；眼视前方。还原成预备姿势（图 16–251）。

图 16–250

图 16–251

要点：接剑时，左掌心向外，拇指向下，与右手相对；两肘与肩同高，两肩松沉。换握剑后，左手持剑划弧下落与重心前移要协调一致，右剑指划弧下落与右脚跟进半步要协调一致。

第四节 散 打

一、散打运动概述

散打亦称散手，是现代武术中的对抗项目。现代散打可追溯到古代武士们徒手擂台赛之类的活动。1928 年与 1933 年中国两届“国术国考”中，均将徒手角斗称为“散手”，并列为“国考”的重点项目。

散打是两人在规则的制约下，以踢、打、摔等徒手攻防手段，通过攻、防、进、退、还击和反击进行格斗的对抗性运动项目。

散打运动在继承传统的基础上，形成了独特的技术风格。它有别于传统的“点到为止”，也不同于“一招制敌”的实用技击技术。比赛双方没有固定的动作顺序，而是互以对方技击动作随机应变，斗智较技，以长制短。它要求运动员熟练地掌握技术，具有敏捷的应变能力。

散打运动是较技、较力、斗智、斗勇、对抗性强的运动项目。它对提高人体的速度、力量、柔韧、耐力等身体素质，提高内脏器官的机能，改善神经系统的灵活性等方面有较大的促进作用；并且能有效地提高人的应变能力，发展思维的敏捷性，增强竞争意识；还能培养顽强果断、勇于进取的意志品质和尊师爱友、讲理崇德的良好风尚。

二、入门与基本功

散打的基本功练习是为了增强关节、韧带的柔韧性和灵活性，提高控制能力和协调性，提高专项身体素质；规范散打技术动作，以防止和减少伤害事故的发生，为学习散打技术、提高技击水平打下良好的基础。

（一）柔韧性练习

1. 肩臂柔韧性练习

肩臂柔韧性练习主要是增进肩关节的柔韧性，加大肩关节的活动范围，提高上肢的敏捷、松长、环转等能力。肩臂练习的方法有压肩、握杆转肩、开肩合肩、单臂绕环、双臂前后绕环、双臂交叉绕环、仆步抡拍等。

2. 腰部柔韧性练习

腰部柔韧性练习可提高脊椎和腰部各肌肉群的柔韧性与弹性，加大腰部活动的范围。俗话说“练拳不活腰，终究艺不高”。腰部柔韧性练习的方法有俯腰、甩腰、晃腰、翻腰、涮腰、下腰等。

3. 腿部柔韧性练习

腿部柔韧性练习主要是拉长腿部的肌肉和韧带，加大髋关节的活动范围。

(1) 压腿

压腿的方法主要有正压、侧压、后压、仆步压等。

(2) 劈腿

劈腿可结合压腿和搬腿进行练习。劈腿的方法有竖叉和横叉两种。

(3) 踢腿

主要是通过腿部的动力性练习，提高腿部的柔韧、灵活、速度等素质。踢腿的方法有正踢、侧踢、后踢、斜踢、里合、外摆等。

(二) 力量性练习

1. 上肢力量练习

(1) 俯卧撑

掌式、拳式、指式、单臂式等。

(2) 杠铃练习

握杠铃屈伸、站立推举、坐姿推举、仰卧推举、提拉杠铃等。

(3) 其他

引体向上、双杠臂屈伸、爬杠、爬绳、靠墙倒立推手、手握哑铃冲拳、推小车等。

2. 下肢力量练习

下肢力量练习主要有负重深蹲、负重登台阶、负重半蹲跳、负重全蹲跳、负重马步跳、负重跳换腿、跳绳、腿绑沙袋的各种练习，蛙跳，矮子步等。

3. 躯干力量练习

躯干力量练习主要有负重转腰、（负重）仰卧起坐、（负重）俯卧体后屈、两头起、立卧撑、悬垂举腿等。

（三）抗击打练习

抗击打能力，就是人的机体各组织对外界击打的承受能力。

1. 肩、臂、背的靠撞练习

（1）单人练习
可对着沙袋、木桩、墙等物体进行身体各部位的靠撞练习。
（2）双人练习
有臂对臂、肩对肩、胸对胸、背对背等的靠撞练习。

2. 排打练习

排打主要是采取一定的器具对身体各部位进行击打，增强身体各部位的抗击打能力的练习。

（四）跌扑滚翻练习

通过跌扑滚翻练习，改善身体内脏器官的承受能力，起到自我保护的作用，提高身体的协调、灵敏、力量等素质。其主要内容有前滚翻、后滚翻、栽碑、后倒、扑虎、盘腿跌、抢背、鲤鱼打挺等。

三、基本技术与战术

（一）基本技术

基本技术是指在实战中完成进攻与防守动作的方法，是竞技水平的重要体现。其主要内容有基本姿势、步法、拳法、腿法、摔法和防守技术等。

1. 基本姿势

两腿前后开立，距离稍宽于肩；两脚尖稍内扣，后脚跟稍离地；两膝微屈，身体重心落在两脚之间；两臂弯曲，左臂屈肘约成 90°，肘尖下垂，左拳置于体前，拳眼斜朝上，高与鼻平；右臂屈肘小于90°，右拳置于右肋前，略高于下颌部，上臂内侧紧贴右侧肋部，肘自然下垂。胸、背保持自然，下颌微收，两眼平视前方。左脚在前称“正架”，右脚在前称“反架”（图 16–252）。

图 16–252

2. 基本步法

（1）前进步

基本姿势站立（以下均同），两脚先向前进半步，后脚紧接着跟半步（图 16–253）。

要点：步幅不宜过大，上体姿势不变，跟步要快速、紧凑。

图 16–253

（2）后退步

后脚先向后退半步，前脚紧接着向后回收半步（图 16–254）。

要点：同前进步。

（3）上步

后脚向前上一步，左右拳前后脚换成右脚在前的反架实战姿势，两眼平视前方（图 16–255）。

要点：身体重心平稳，移动迅速，前、后脚保持适当距离。

图 16–254

（4）撤步

左脚向后撤一步，成右脚在前、左脚在后，左脚跟离地，右脚尖外展，重心偏右脚（图 16–256）。

要点：与上步同。

（5）垫步

后脚蹬地向前脚内侧并拢，同时前腿屈膝提起（图 16–257）。

要点：后脚向前脚并拢要迅速，垫步与提膝不可脱节、停顿；身体向前移动时，不能向上腾空。

图 16–255　　图 16–256　　图 16–257

（6）插步

重心前移，同时后脚经前脚后面前插，两脚呈交叉状，随之前脚向前上步（图 16–258）。

要点：插步时上体略右转，插步后前脚上步要快，迅速还原成基本姿势。

（7）闪步

左脚向左侧移半步，右脚随之向左滑步；同时身体向右转动约 90°（图 16–259）。右侧与左侧动作相同，只是方向相反。

要点：步法灵活，躲闪快速、敏捷。

（8）纵步

① 单脚纵步：前腿屈膝上提，后脚连续蹬地向前移动（图 16–260）。

② 双腿纵步：两脚同时蹬地，使身体向上或向前、后、左、右跳跃移动（图 16–261）。

要点：腰胯紧收，上体正直，腾空不宜过高。

图 16–258　　图 16–259　　图 16–260　　图 16–261

(9) 环绕步

右（左）脚蹬地，左（右）脚向左（右）斜前（后）方滑移，着地后右（左）脚也向左（右）斜前（后）方滑移（图 16–262、图 16–263）。

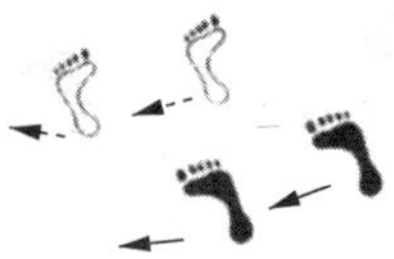

图 16–262

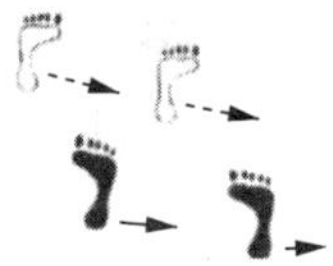

图 16–263

要点：连续滑移，移步时应成弧形环绕，后脚步幅稍大于前脚，上体和上肢姿势不变。

3. 基本拳法

(1) 冲拳

① 左冲拳：基本姿势站立，右脚蹬地，上体微右转；同时左拳内旋，直线向前冲出，力达拳面；右拳收至下颌处（图 16–264）。

② 右冲拳：右脚蹬地，并以前脚掌向内转，转腰送肩，上体左转；同时右拳内旋，直线向前冲出，力达拳面；左拳收至右肩前（图 16–265）。

要点：冲拳时，上体不可前倾，腰要拧转；上臂催动前臂，不可向后引拳再冲出。

(2) 掼拳

① 左掼拳：上体微右转，同时左臂内旋，抬肘至水平，使拳向外、向前、向内成平面弧形横击，臂微屈，拳心朝下，力达拳面（图 16–266）。

② 右掼拳：右脚蹬地，上体左转，同时右臂内旋，抬至水平，使右拳向外、向前、向内成平面弧形横击，拳心朝下，力达拳面（图 16–267）。

图 16–264

图 16–265

图 16–266

图 16–267

重点：击打要借助转体的力量，转腰、发力协调一致；上体保持正直，不可掀肘，拳走弧形。

（3）抄拳

① 左抄拳：上体先向左转，重心微下沉。随之左膝及上体瞬间延伸，并向右转体；同时左臂外旋，左拳由下向前上方勾起，拳心朝里，力达拳面（图 16–268）。

② 右抄拳：右脚蹬地，扣膝合胯，腰稍右转；同时右臂外旋，右拳由下向前上方勾起，拳心朝里，力达拳面（图 16–269）。

图 16–268

图 16–269

要点：发力时，上体不可后仰、挺腹；重心下沉，脚蹬地拧转，上体跟着拧转，以加大抄拳力量。动作要连贯顺达，用力由下至上，发力短促。

4. 基本腿法

（1）蹬腿

① 左蹬腿：右腿直立或微屈支撑，左腿屈膝前抬，脚尖勾起，当膝高于髋关节时，膝关节快速蹬伸，力达脚跟；亦可送髋，脚掌下压，力达前脚掌（图 16–270）。

图 16–270

② 右蹬腿：重心前移，左腿直立或微屈支撑，右腿屈膝向前抬起，勾脚，膝关节快速蹬伸，力达脚跟；亦可送髋，脚掌下压，力达前脚掌（图 16–271）。

图 16–271

要点：上体不可过于后仰，屈膝高抬，爆发用力，快速连贯。

（2）侧踹腿

① 左侧踹腿：重心右移，右腿直立或微屈支撑；同时左腿屈膝抬起与髋同高，小腿外翻，脚尖勾起，展髋、挺膝向前踹出，上体微侧倾，力达脚底（图 16–272）。

② 右侧踹腿：身体左转 180°，重心移至左腿，左腿直立或微屈支撑；同时右腿屈膝抬起与髋同高，小腿外翻，脚尖勾起，展髋、挺膝向前踹出，上体微侧倾，力达脚底（图 16–273）。

图 16–272

图 16–273

要点：上体、大腿、小腿和脚要成一条直线，大腿带动小腿直线用力。

(3) 鞭腿

① 左鞭腿：重心后移，右腿直立或微屈支撑，上体稍右转并侧倾，右脚跟内转；同时，左腿屈膝内扣、绷脚背向左侧提起，随即伸髋、挺膝向前鞭甩小腿，脚面绷平，小趾外侧朝上，力达脚背（图 16–274）。

② 右鞭腿：重心移至左腿，上体向左转，左脚跟内转；同时，右脚扣膝、绷脚背向右侧摆起，随即右脚经外向斜上、向里、向前鞭甩小腿，脚面绷平，小趾外侧朝上，力达脚背（图 16–275）。

图 16–274

图 16–275

要点：扣膝，绷脚背，发力时大腿带动小腿，力点准确。

(4) 勾踢腿

左脚稍屈支撑，上体左转；同时，右脚尖勾紧，大腿带动小腿，以踝关节与脚背接合部为力点，向前弧形勾踢，脚底内侧贴地面擦行，右手向右斜下拨搂对方颈部（图 16–276）。

要点：勾踢腿不可向后预摆；勾踢时接触用力，上下肢协调配合。

图 16–276

5. 基本摔法

(1) 抱腿前顶

由基本姿势始，上左步，身体下潜，双手抱住对手的双腿用力回拉；同时用左肩前顶对手的大腿或腹部，将对手摔倒（图 16–277）。

要点：抱腿要紧，两臂和肩向相反方向协调用力。

图 16–277

(2) 夹颈过背

右臂夹住对手颈部，右侧膝部贴紧对手小腹，两腿屈膝。随即两腿蹬直，向下弓腰、低头，将对手背起后摔倒（图 16–278）。

要点：夹颈牢固，屈膝、蹬伸、弓腰、低头协调连贯。

图 16–278

(3) 夹颈打腿

左臂夹住对手颈部，同时右脚变步与左脚平行。随即右转体，用左小腿向后横打对手左小腿外侧，将对手摔倒（图 16–279）。

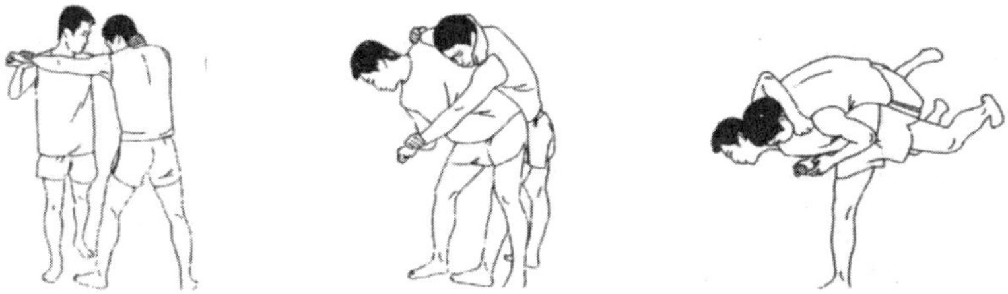

图 16–279

要点：夹颈牢固，身体贴对手，打腿与转体协调一致。

（4）抱单腿别摔

抱住对手左腿后，用左腿别住对手右腿膝窝，用胸肩贴住对手左腿向前下靠压（图 16–280）。

要点：靠压有力，腿要别紧，不能让对手的右腿有活动的余地。

图 16–280

（5）接腿勾踢

左手抄抱对手右腿，右手向对手颈部下压，右脚勾踢对手左脚；同时上体右转，右手回拉，将对手摔倒（图 16–281）。

要点：接抱腿准确；转腰、压颈、勾踢动作要协调有力，快速完整。

图 16–281

(6) 接腿上托

两手抓住对手的脚部，屈臂上抬，两手迅速上托并向前上方推送，使对手向后倒地（图 16–282）。

要点：抓脚准而牢，推托动作快速、连贯。

图 16–282

6. 基本防守技术

(1) 后闪

重心后移，上体略后仰闪躲（图 16–283）。

(2) 侧闪

两膝微屈，俯身，上体向左侧或右侧闪躲（图 16–284）。

(3) 下躲闪

两腿屈膝下蹲，同时缩头、含胸、收下颌，弧形向下躲闪，眼看对手（图 16–285）。

图 16–283

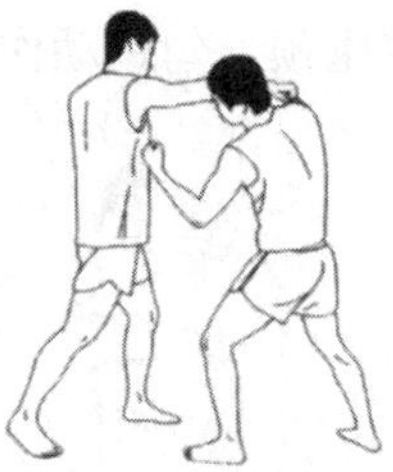

图 16–284

图 16–285

(4) 拍挡

左手以掌心为力点向里横向拍挡（图 16–286）。

(5) 外格

左前臂边内旋边向左斜举，以前臂部位为力点向外格挡（图 16–287）。

(6) 拍压

左拳变掌以拳心或掌跟为着力点由上向前下方拍压（图 16–288）。

图 16–286

图 16–287

图 16–288

(7) 勾挂

左臂以肘关节为轴，由上向下、向外伸肘下挂。随即前臂内旋，以前臂和勾手勾挂住对手的来腿（图 16–289）。

(8) 前抄抱

左手由上向下、向右上屈肘划弧，掌心向上，以前臂里侧部位为接触点，向上抄抱对手的来腿；同时，右臂贴腹夹紧，以掌心为接触点向前推抱（图 16–290）。

图 16–289

图 16–290

(9) 侧抄抱

身体左转，右肩前领；左手由下向左上伸肘，左臂屈肘至胸前，前臂内旋，手心向外；两肘关节相对靠近，以两前臂和掌心为接触点，同时合抱来腿（图 16–291）。

（10）阻挡

两腿蹬地，重心稍前移，以肩部和手心阻挡对手直线型拳法的进攻，以臂部阻挡对手直线型腿法的进攻（图 16–292）。

图 16–291

图 16–292

（二）基本战术

散打战术是运动员运用攻守原则和方法的总称。战术的目的就是针对实战双方的各种具体情况，确定运用技术的方法和形式，以便能充分发挥自己的特长，抑制对方技术水平的发挥，减少自身体力的消耗和无效行为。散打战术的作用在于把已经获得的技能、体能、智能等，在实战中最优化地运用，取得“制人而不制于人”的效果，造成对自己有利的局势，掌握实战的主动权。

四、基本规则

散打分团体比赛和个人比赛两种，竞赛办法采用循环赛、单败淘汰赛和双败淘汰赛。每场比赛采用三局两胜制。每局净打 2 分钟，局间休息 1 分钟。散打比赛时，服装护具分为全护型和点护型两种。全护型运动员应带拳套、护头、护齿、护胸、护裆、护腿，赤脚穿护脚背；点护型运动员只带拳套、护齿和护裆。运动员必须穿与比赛护具颜色相同的背心和短裤，护裆必须穿在短裤内。比赛时，后脑、颈部、裆部为禁击部位。头部、躯干、大腿和小腿为得分部位。禁用头、肘、膝和反关节的动作进攻对方；禁用迫使对方头部先着地的摔法或有意砸压对方；禁用腿法攻击倒地者的头部。

胜负的评定

1. 点数胜

在一场比赛结束时，被多数边裁判员判为胜方的运动员获胜。

2. 优势胜

(1) 实力相差悬殊

比赛中，双方实力相差悬殊，台上裁判员征得裁判长的同意，判技术强者为该场胜方。

(2) 击倒对方获胜

如果一名运动员受重击倒地，在 10 秒钟内不能重新比赛，或 10 秒钟内站起后明显丧失比赛能力，判对方为胜方。

(3) 因对方被强制读秒获胜

一场比赛中，被重击强制读秒达 3 次，判对方为该场胜方。

(4) 因对方被取消资格而获胜

一方运动员因犯规或诈伤等原因被取消资格，另一方即为该场胜方。

视　窗

太极拳的主要流派

1. 陈式太极拳

明末清初陈王廷创，分老架和新架两种。其特点是：显刚隐柔，刚柔相济，动作螺旋、缠绕，手法多变，忽隐忽现，快慢相间；呼吸讲究“丹田内转”；架势宽大低沉，并有发动、 跳跃和震脚动作。

2. 杨式太极拳

河北永年人杨露禅（1800—1873）创。其特点是：舒展简洁，动作和顺，速度均匀，连绵不断，整个架势结构严谨，中正圆满，轻灵沉着，浑厚庄重，能自然地表现出气派大、形象美的独特风格。

3. 吴式太极拳

清末河北大兴人吴鉴泉创。其特点是：以柔化著称，动作轻松自然，连绵不断，拳式小巧灵活，拳架开展而紧凑，紧凑中自具舒展，不显拘谨。

4. 武式太极拳

清末河北永年人武禹襄（1812—1880）创。其特点是：姿势紧凑，动作舒展，步法严格，虚实分明，胸部、腹部在进退旋转中始终保持中心，出手不过足尖，左右手各管半个身体。

5. 孙式太极拳

清末河北定县人孙禄堂创。其特点是：进退相随，动作舒展圆活、敏捷自然，转变方向时多以开合相接，故又称“开合活步太极拳”。

链　接

武术专业术语中英文对照

武术 martial art	抱 embrace	剑 sword
摔 wrestle	棍 stick	踢 kick
鞭 whip	太极拳 Taichi	劈 chop
矛 spear	掌 palm	刺 stab
五步拳 five-step boxing	勾手 hook hand	躲闪 dodge
散打 Chinese boxing	拳 fist	刀 saber
基本步 fundamental posture and movement		

思考题

1. 武术的锻炼价值及其特点是什么？
2. 武术有哪些基本步法？试述其中一种基本步法的动作要领。
3. 散打的特点有哪些？它包括哪些基本技法？
4. 太极剑动作中的撩剑与拦剑有何区别？
5. 太极拳的运动特点是什么？通过锻炼对人的身心有哪些益处？

第十七章　跆拳道的锻炼方法

学习目标

☞ 领会跆拳道运动的锻炼价值。

☞ 掌握跆拳道的基本技术，积极参与此项运动。

☞ 学会欣赏国内外重大跆拳道比赛。

跆拳道起源于朝鲜半岛，是一项古老而又有创新的竞技体育运动。它以技击格斗为基础，以修身养性为核心，以磨炼人的意志、振奋人的内在精神气质、培养练习者良好的礼仪道德为目的。

目前，跆拳道在世界各地开展得非常普及，世界跆拳道协会有 150 个会员国，并在第 27 届悉尼奥运会上成为正式比赛项目。我国开展此项运动只有十余年时间，但发展较快，深受人们的喜爱。跆拳道运动的特点是以腿为主，拳脚并用，刚烈无比，发力快，并辅以声音助威，增强斗志，因此跆拳道具有很强的竞技性和观赏性。跆拳道突出一个“礼”字，任何练习者在不同场合都要行礼鞠躬，强调“以礼始、以礼终”的体育精神。练习跆拳道能使身体素质得到全面地发展，培养无畏坚毅、百折不挠的意志品质，养成谦逊、宽容、礼让、尊师重道的道德情操。

一、入门技术

（一）手　型

(1) 拳：四指并拢，屈曲卷握，拇指紧压于食指与中指第二指节上（图 17–1）。

(2) 平拳：手指第二指关节弯曲，四指尖贴紧手掌，拇指扣于虎口处（图 17–2）。这种拳动作短促、有力。

(3) 指节拳：拳握紧后将第二指关节特别凸出形成食指节拳（图 17–3）。指节拳攻击上唇、眼睛、太阳穴、两肋、腹腔神经丛效果极佳。

(4) 指：手形和刀相似，中指和食指微屈，基本保持指尖平齐，大拇指紧贴于掌内（图 17–4）。

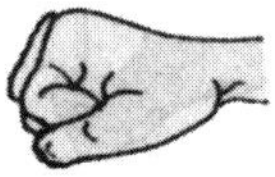
图 17–1

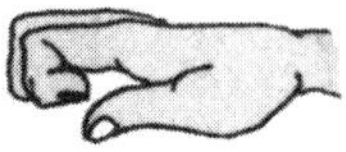
图 17–2

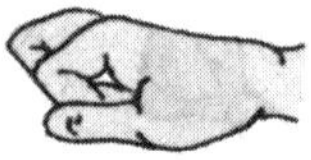
图 17–3

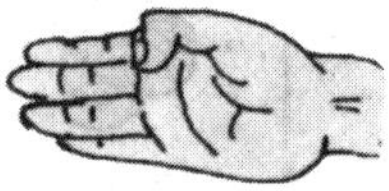
图 17–4

(二) 臂

(1) 腕：腕的使用部位为腕关节的内、外、上、下四个部位（图 17–5）。

(2) 肘：肘是上臂和前臂之间的骨连结部位，即肘关节（图 17–6）。

(三) 膝

膝是股骨和胫、腓骨之间的连接部分，是人体最典型的骨关节。骨骼大而粗，股肌和腓肌直接作用于膝关节，因而既灵活又有力量，杀伤力极大，既可进攻又可防守（图 17–7）。

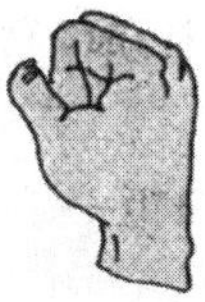
图 17–5

图 17–6

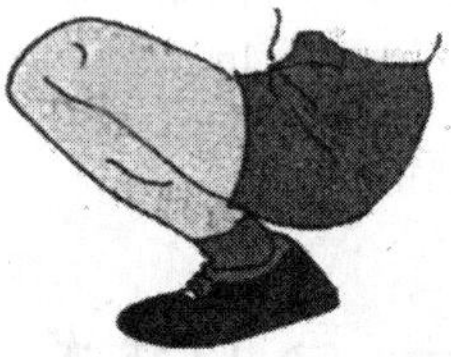
图 17–7

(四) 足

(1) 前脚掌：前脚掌是指脚底前部的骨和肌肉（图 17–8）。前脚掌进攻时主要是用脚趾前部位攻击对方。

(2) 后脚跟：后脚跟是指脚后部踝关节以下部位（图 17–9）。进攻脚法是后踢劈腿与后摆动作。

(3) 脚后掌：脚后掌是指脚的后跟部的跟骨下缘和肌肉部分（图 17–10）。进攻脚法是转踢与蹬踢。

(4) 正脚背：正脚背是指踝关节以下至第一趾关节以上部位（图 17–11）。进攻脚法是横踢、摆踢、跳踢、飞踢，使用时距离远，力量大。

(5) 足刃：足刃是脚底和脚背相连的脚外侧部位（图 17–12）。主要脚法是侧踢和侧铲。

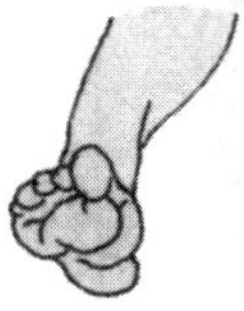
图 17–8

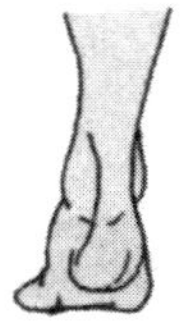
图 17–9

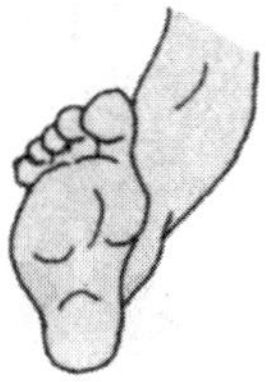
图 17–10

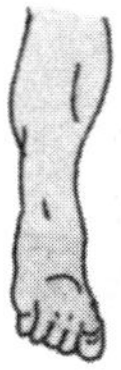
图 17–11

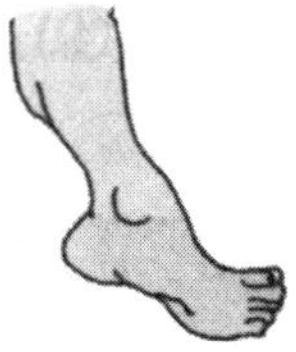
图 17–12

(五) 步　型

(1) 并步：身体直立，两脚内侧贴紧并拢（图 17–13）。

(2) 开立步：身体自然直立，两脚开立与肩同宽，两膝微屈，两手握拳置于体侧（图 17–14）。

(3) 马步：即骑马式站立。两脚开立，较肩宽，两脚平行或略内扣，挺胸直背，两腿膝关节屈曲下蹲，重心在两腿之间（图 17–15）。

图 17–13

图 17–14

图 17–15

(4) 弓步：两脚分立相距一步半，前腿屈膝，后腿伸直，前腿膝关节呈 90°角且垂直于脚尖，大部分重心放在前脚上（图 17–16）。

(5) 后弓步：前脚与弓步的前脚相同，后脚与前脚相距一步，后脚尖外展约 90°，后膝微屈，膝关节与后脚尖垂直（图 17–17）。

(6) 前行步：也称高前屈立。两脚之间距离小于弓步，姿态和平时向前走路时相似，重心在两脚之间（图 17–18）。

图 17–16

图 17–17

图 17–18

(7) 交叉步：一脚向另一脚的前侧（前交叉步）或后侧（后交叉步）落步，脚尖着地，两腿屈膝（图 17–19）。

(8) 三七步：两脚前后相距一步，后脚尖外展约 90°，后膝屈曲，前腿膝微屈，脚尖朝前（图 17–20）。

(9) 虚步：也称猫足立，身体姿势与三七步相似，只是前脚的脚步点地，脚跟提起，两腿膝关节微内扣，重心落于后脚（图 17–21）。

(10) 独立步：也称金鸡独立步。一腿直膝站立，脚尖外展约 90°，另一腿屈膝上提，脚贴于支撑腿内侧或膝窝处（图 17–22）。

图 17–19

图 17–20

图 17–21

图 17–22

（六）步 法

（1）上步：目的在于逼迫对方后撤，或引诱对方进攻，而自己可利用相应的进攻技术攻击对方。

（2）刺步：常用于快速接近对方，从实战姿势开始，以后脚的前脚掌为轴，前脚稍稍抬起，后脚快速蹬起，两脚同时向前移动。

（3）后退步：从实战姿势开始，前脚掌用力蹬地，后脚先退后一步，前脚随即后退，两腿之间的距离与姿势保持原状。

（4）后撤步：从实战姿势开始，以前脚的前脚掌为轴，后脚轻轻抬起，前脚的前脚掌向后蹬起，两脚同时向后移动，姿势与开始时保持不变。

（5）侧移步：从实战姿势开始，两脚前脚掌同时向左（右）侧蹬地，使身体向右（左）侧移动，这种步法多用于移到对方侧面准备进攻。

（6）弧形步：前脚的前脚掌原地蹬住地面，后脚向左（右）蹬地后向右（左）跨移一步，与原来的姿势成为不同方向的姿势。

（7）变向步：前脚的后脚跟与后脚的后脚跟贴近的同时，后脚快速踏向前脚的脚尖部位。

（8）前进步

① 前脚掌移动，此步法以攻击型为主。对方向后撤退时，我以左脚的前脚掌为轴，以后脚小弧形步的动作向前，重心从前脚往后脚移动，同时，上体为进攻的姿势，这是左脚轮踢或下劈动作经常使用的技术。

② 两脚同时移动步法，即一、二步前进的步法，此步法是以攻击对方为主。对方后退时，我两脚利用前脚掌迅速前后移动一步或是两步，主要使用技术为（右）摆踢、（右）下劈、（右）后旋等。

③ 两脚交叉移动步法。此步法是对方向中后移动时，我前脚快速向后退半步，后脚向前迈一大步的同时，利用左脚向对方进攻的技术，有（右）摆踢、（右）下劈、（左）侧踢等。

④ 后脚跟进的步法。后脚向前跟的同时，抬起前脚向对方攻击，这时身体重心瞬间移动到后脚，并可运用前脚摆踢、下劈、侧踢等技术动作。

（9）后撤步

① 以后脚的前脚掌为轴移动的步法。以后脚前脚掌为轴，前脚迅速向左或

向右弧形移动，这时可以利用左脚下劈、摆踢或右脚摆踢、下劈、侧踢等技术动作。

② 两脚同时向后移动步法。利用前脚的前脚掌蹬地的同时，身体迅速向后撤一步或两步，这时可使用右脚的摆踢、下劈或左脚的摆踢、前踢等动作。

③ 两脚变向移动步法。对手利用近距离攻击时，我右脚向前迈一小步的同时，左脚迅速以弧形步撤一大步，这时身体重心不变或上身可稍靠后。使用技术为下劈、摆踢、后旋等动作。

(10) 连续步

① 前移。以前脚为轴，后脚向前弧形步移动一步后，两脚同时利用前脚掌做刺步动作。使用技术为左脚前踢、下劈、后踢、后旋、侧踢等动作。

② 后撤。这种步法是当对方连续攻击时，我以后脚前脚掌为轴，前脚向后退一步后，两脚同时各后撤一步或两步。攻击技术为（左）摆踢、后踢、后旋踢等，而右脚以摆踢、下劈等动作最为有效。

③ 这种步法是前脚向后脚的45°角移一大步的同时，两脚向左侧快速移半步。这种步法可用于防守反击，攻击技术为左脚摆踢、下劈，右脚可与前脚做同样的攻击技术。

④ 原地移动变相法。后脚向前脚的方向旋转360°以后，前脚向后脚的后脚跟并拢，同时后脚向前迈一步，这时身体重心稍向前。使用技术为左脚摆踢、侧踢等动作。

（七）拳　法

左脚蹬地，腰部与肩部快速有力地向左前方扭转以增加出拳的速度和力量。在右脚蹬地的同时，右臂肘关节不要抬起，前臂内旋，拳心向下方转动，使拳面、前臂、肘关节与肩成一条直线并处在一个水平面上快速弹伸。攻击时身体重心从右移到左，用拳击打对方胸腹部。攻击时蹬地转髋、转腰顺肩，一气呵成，击打时全身各关节要有弹性。

注意：没有用力蹬腿和快速转腰，出拳击打时腕关节会放松，缺乏击打力度且易受伤。

二、基本腿法

（一）前 踢

动作要领：右脚蹬地，髋关节向左旋转，两手握拳置于胸前，膝关节朝前，脚面稍绷直；膝关节抬到与大腿水平或稍高时，快速向前弹出小腿，用脚面或前脚掌击打目标，击打后快速右转髋，使小腿折叠回原位（图 17–23）。

图 17–23

动作要点：膝关节夹紧，小腿放松，有弹性。髋往前送，高踢时髋往上送。小腿回收与前踢的速度一样快。主要攻击对方的面部、下颏、腹部，也可用于防守。

（二）摆（勾）踢

动作要领：左脚以脚掌为轴内旋 180°，右腿以膝关节为轴抬到一定高度以后，右小腿迅速有力地向右侧摆击，顺鞭打之势上体右转，右腿屈膝回收，右脚落回原处，成实战姿势（图 17–24）。

图 17–24

动作要点：转身、踢腿要连贯、一气呵成；头、肩、腰、髋、膝、腿、踝成一直线；踝关节要向下扣。

（三）侧　踢

动作要领：右脚蹬地屈膝提起，左脚以脚掌为轴内旋 180°，同时右脚向右前方直线踢出，力点在脚刃与脚跟，然后原路收回落地，仍然成左势实战姿势（图 17–25）。

图 17–25

动作要点：起腿时，大小腿、膝关节夹紧；头、肩、髋、腰、膝、腿、踝在同一直线上；踢击时提膝、转体、展髋，一气呵成；上体略侧倾。

（四）后旋踢

动作要领：以左势实战姿势开始，左脚以前脚掌为轴内旋约 90°，右脚同时贴着左腿内侧旋转，转成背对对方；动作不停，随转体顺势起右脚，以右脚掌自左向右弧线踢击，接近目标时右腿伸直，力达脚掌。然后右腿顺势放松，收回原地，仍成左势实战姿势（图 17–26）。

图 17–26

动作要点：转身、旋转、踢腿连贯，一气呵成，不要停顿；屈膝抬腿的速度要快，保持身体重心在原地旋转 360°；以蹬地、转腰、转上体、摆腿的顺序发力，击打点在正前方，呈水平弧线。

（五）下 劈

动作要领：从左势实战姿势开始，右脚向后蹬地，身体重心前移至左腿，右脚蹬地提膝向前起腿，右脚提起时，左腿伸直，右腿提膝提到一定高度以后小腿迅速打开，右脚尽量上举至头部上方，然后放松，快速下落，以脚掌与脚跟击打目标，然后成右势实战姿势（图 17–27）。

图 17–27

动作要点：身体重心往高起，脚尽量往高、往后举；起腿要快速、果断；脚、踝关节放松往下劈落，落地要有控制。

（六）推 踢

动作要领：右脚蹬地屈膝提起，身体重心前移至左脚，左脚以脚掌为轴内旋约 90°；同时右脚迅速向前方推踢，力点在脚掌，推踢后迅速屈膝，身体重心前落成左势实战姿势（图 17–28）。

动作要点：提膝时收紧小腿；身体重心往前移，增加前推的力度；推踢时腿往前伸展，送髋；推的方向为水平向前。

图 17–28

（七）后　踢

动作要领：左脚蹬地，以脚掌为轴外旋约 180°，右脚同时以前脚掌为轴，脚跟向内旋，随即右脚前蹬，右腿大小腿折叠，屈髋关节，收紧大腿，左腿稍屈膝，右脚迅速向后展髋伸膝沿直线蹬踢，上体侧倾，力达脚跟。动作完成后，右脚展膝回收，向前落下（图 17-29）。

图 17-29

动作要点：起腿后上体和大小腿收成一团，收紧后蓄势待发；转身、提腿、出腿、发力一次性完成，不能停顿；击打目标位置在正前方稍偏右。

视　窗

跆拳道技术风格

技术型：运动员在比赛中动作稳健，腿法多变，技术成熟，心理稳定，攻防一体，常常使对手在不知不觉中败下阵来。

力量型：运动员身体条件好，腿长，肌肉爆发力强，先天素质高人一筹，攻势凌厉，常以力量取胜。

散手型：运动员作风顽强，比赛中多主动进攻，攻守得宜，自成一体，动作非常实用，有很高的训练水平和比赛技术。

进攻型：运动员进攻意识强烈，经常是追着对手攻击，用快速连续的技术动作压制对手。

防守反击型：运动员的技术训练水平很高，也有很多的大赛经验，多是试探性进攻，在对手反击或进攻时能找出其弱点，然后很直接地回击。

链　接

跆拳道专业术语中英文对照

跆拳道 taekwondo	鞠身 bow	后踢 back kick
实战姿势 ready stance	手刀 knife hand	侧踢 side kick
格挡 block	冲拳 punch	摆踢 hook kick
马步 horse stance	前踢 front kick	后旋踢 back spinning kick
前行步 walking stance	横踢 crescent kick	旋风踢 round kick

思考题

1. 跆拳道的锻炼价值及其特点是什么?
2. 结合自己的实际情况谈谈如何能较快地学好跆拳道。

第十八章 轮滑的锻炼方法

学习目标

☞ 掌握轮滑的基本技术与锻炼方法。

☞ 掌握轮滑运动的安全知识。

轮滑亦称旱冰，是一项展示青春活力，既可用于竞技表演，又能作为娱乐休闲的体育项目。经常参加轮滑运动，可以增强体质，提高身体的协调性、平衡性和灵敏性，改善人体的心肺功能，调节神经系统的协调能力，促进机体对内外环境的适应能力，提高机体的免疫力，延缓各器官系统功能的衰退；另外，对培养团队精神和勇敢顽强、挑战自我的心理品质也有着积极作用。

一、基础练习

基础练习是学习轮滑的第一步，初学者应按照循序渐进、由易到难的原则，先扶物或扶人进行练习，待初步掌握身体平衡后再进行徒手练习。

（一）原地站立

1.“丁”字站立

脚穿轮滑鞋，扶物成丁字步站立，前脚跟卡住后脚的脚弓，上体稍前倾，双膝自然弯曲，身体重心落在后脚上。然后两脚交换位置，再成丁字步站立，到站稳为止（图 18–1）。

2.“八”字站立

站立时两脚跟靠近，脚尖自然分开，上体稍前倾，双膝自然弯曲，身体重心落在两脚之间（图 18–2）。重心平衡后双脚换成平行站立，上体仍前倾，使重心落在两脚之间。

3. 平行站立

两脚平行分开，与肩同宽，脚尖稍内扣，膝部微屈，重心落在两脚之间（图 18–3）。

图 18–1

图 18–2

图 18–3

（二）移动身体重心练习

1. 原地移动重心练习

（1）原地左右移动练习

两脚平行站立，上体稍向一侧倾移，逐渐将重心完全转移至一条腿上支撑，待稳定后再向另一侧移动。

（2）原地抬腿练习

两脚平行站立，上体稍前倾，重心移至左腿，右腿稍抬起、放下。然后以同样方法练习左腿。练习时要注意放腿时应保持脚下的轮子同时着地。

（3）原地蹲起练习

两脚平行站立，做下蹲并站起的动作。可先做半蹲，逐渐加大下蹲的幅度，直至快速深蹲并做短时间的静蹲后再站起。练习时要注意在屈伸踝、膝、髋三个关节时的协调配合。

2. 外“八”字脚移动重心练习

两脚成外“八”字脚站立，重心移至左脚，右脚向前迈一小步，重心随之移至右腿上，然后左脚向前迈进一步，重心随之移至左腿上。反复进行练习，逐渐加快迈步频率和加大迈进距离。注意收脚时应尽量保持脚下的轮子同时着地。

3. 侧向移动重心练习

两脚平行站立，重心向右侧移动，随之左脚向左侧横跨一步，右脚迅速靠拢，待稳定后再进行向右侧的下一步。如此反复进行 5~6 步后再向左侧做相同练习。

4. 横向交叉步练习

两脚平行站立，先将重心移至左腿上并继续向左移动稍超出左腿支撑点，收右腿，右腿向左腿前外侧迈步成双腿交叉姿势，重心随之移至右腿上，成右腿支撑重心，接着收左腿向侧跨一步，成开始姿势。如此反复进行 5~6 步后再向右侧做相同练习（图 18–4）。

图 18–4

（三）慢速滑行

1. 单蹬双滑练习

双脚平行站立，稍窄于肩。右脚内刃蹬地，将身体重心送至向前滑行的左腿上，右腿蹬地后迅速收腿，与左腿并拢成双脚平行滑行，当速度减慢时，再用左脚内刃蹬地，将身体重心送至向前滑行的右腿上，左脚蹬地后迅速收腿与右腿并拢（图 18–5）。

2. 单蹬单滑练习

双脚平行站立，身体前倾，两臂自然下垂，两腿弯曲。左脚用内刃蹬地，随着蹬地动作结束向前收左腿，把身体重心移向右腿，并成半蹲支撑，右脚先用平刃向前滑出，然后再用内刃蹬地，把身体重心移向左腿，成半蹲支撑，左脚用平刃向前惯性滑行，双脚交替进行（图 18–6）。

图 18–5

图 18–6

3. 弯道练习

根据滑行速度和圆弧的半径，向圆心内倾斜，下肢用交叉步滑行，左脚要用外刃，右脚要用内刃。要求两腿半蹲，上体前倾，当左脚用外刃获得稳定平衡时，右脚向左脚的左侧前方迈出大半步，当右脚落地用内刃蹬地时，身体重心从左腿移到右腿，然后左脚迅速从右腿的后方收回，向左侧迈出大半步，用外刃支撑身体重心。可从粗糙地面到光滑地面，从站立姿势到半蹲姿势，从不连续压步到连续压步进行练习（图 18–7）。

图 18–7

二、滑行技巧

经过基础练习，在初步掌握轮滑基本技术后，再学习直道滑行、弯道滑行和转弯滑行技巧，以及掌握向后滑行和急停方法。

（一）直道滑行

1. 滑行姿势

采用蹲屈的滑行姿势，上体前倾与地面角度为 25°左右，背部稍凸起，膝关节弯曲 120°左右（图 18–8）。速度轮滑与冰上速滑有很大的差别，身体姿势不能过低，否则蹬地角度太小，会使轮滑鞋的轮子向外侧打滑，影响轮子蹬地效果。因此，速度轮滑是以高姿势、快频率为基本特征。

图 18–8

2. 轮子蹬地

蹬地技术是决定滑行速度的关键，主要取决于轮子蹬地力的大小和蹬地时间的长短。轮滑过程中不要过分地减少自由滑行时间，身体重心一般是在前后两轮之间，否则将会影响滑行的惯性力，过多地消耗体力。

3. 全身配合

全身配合是完成滑行技术和快速滑行的重要因素。首先，是两腿之间的配合，当左腿惯性滑行时收右腿，左腿蹬地时右轮开始着地；其次，是上体和臀部与腿的配合，即上体和臀部随着两腿交替移动而不断地转移重心；最后，是两臂与两腿的配合，滑行时两臂的摆动速度要稍快于两腿的动作速度，以增强轮子的蹬地力量，提高滑行频率。

（二）弯道滑行

1. 滑行姿势

采用身体向左侧前倾斜，至弯道滑行时，利用交叉步使身体重心落在左脚外侧和右脚内侧，滑行姿势比直道滑行稍低，重心保持平衡，蹬地腿应尽量与身体倾斜面相一致。

2. 蹬地动作

蹬地采用交叉步，沿着圆弧的切线滑行，步幅不能过长，惯性滑行时间比直道短。当左轮拉收到右支撑腿时，右脚开始蹬地；右腿“压收”超过左轮时，左腿则开始蹬地。

3. 全身配合

弯道滑行技术的关键是摆臂动作与蹬地动作的配合。弯道摆臂动作可以维持平衡，增加轮子蹬地力量，提高滑行频率。弯道摆臂的幅度要比直道小，左臂摆动的幅度要比右臂小，手臂摆动的方向是偏向左侧。

（三）转弯滑行（以左转弯为例）

1. 滑行姿势

向前直滑达到一定速度后，左脚要在右脚的左前方。如滑行速度快，转弯角度小，左脚要超出右脚半步，两脚间距离要宽；如滑行速度较慢，转弯弧度较大，左脚要超出右脚，两脚间距离可略窄。转弯时头部向左转，上体向左侧倾斜，臀部下降向左侧移，重心要移到左脚外刃，右脚用力压内侧轮（图 18–9）。

图 18–9

2. 全身配合

取决于双脚间距与身体重心及时向内侧倾斜的程度。前后脚之间（包括左右方向）距离长，身体重心向内侧移动速度快，移动幅度大，转弯就快，弧度就小，但身体平衡不易掌握。

（四）向后滑行

1. 向后葫芦滑行

两脚平行站立，脚尖稍向内，两腿弯曲、双膝内扣，重心后移，上体前倾。

滑行时用两脚内刃向前蹬地，两脚跟外展，当两脚向外滑至最大弧时，两脚用力内收，双膝逐渐撑直，恢复开始姿势。

2. 向后直线滑行

准备姿势同上，注意重心在后，上体前倾。滑行时左脚内刃蹬地，身体重心向右侧移动，右脚向后滑行，左脚蹬地后放在右脚内侧，然后用右脚内刃蹬地，重心移到左侧，左脚向后滑行。

（五）制动方法

1. 脚跟制动法

在慢速滑行时将有制动胶的脚前伸，脚尖抬起使后跟上的制动胶着地，前腿用适当力量压地，使制动胶与地面摩擦，逐渐减速而停止（图 18–10）。

2. “T”形制动法

当左脚支撑滑行时，上体抬起直立，右脚外翻并横放在左脚后面，使右脚的轮子横向与地面摩擦。两腿弯曲，重心下降并逐渐移向右脚加大摩擦，使之减速而停止（图 18–11）。

图 18–10

图 18–11

3. 双脚平行制动法

在快速滑行时，双脚略靠近，身体迅速转体 90°，同时带动两脚转动 90°，重心快速降低， 双腿弯曲， 用双脚的轮子与地面摩擦使之减速停止（图 18–12）。

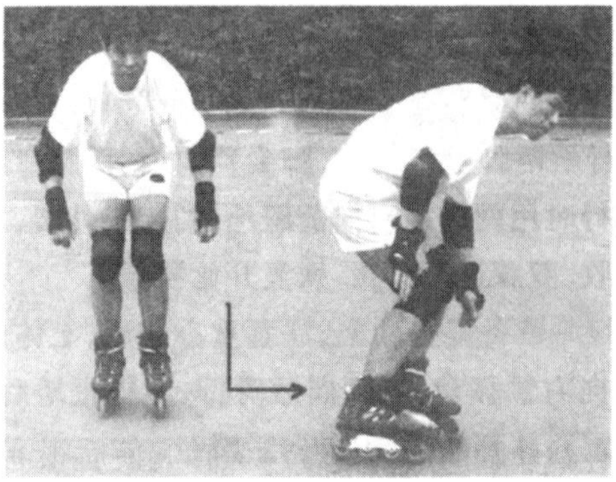

图 18–12

三、参加轮滑运动应掌握的安全常识

在轮滑运动的教学与训练中，为防止和避免一些意外事故发生，在练习中应注意以下几个方面：

① 初学者上场练习时，应着运动服或长裤长袖衣服，戴上护具。避免摔倒时受伤。

② 初学者上场练习时必须采取正确的练习姿势，要注意上体的前倾和小腿的前伸。切不可在滑行中身体伸展后仰。

③ 每次练习前应注意检查场地。如有沙石、木屑、烟头等杂物要及时清除干净，如有裂痕要及时修补。

④ 每次上场练习前要严格检查轮鞋是否符合练习要求，必须戴护盔和防护手套。

⑤ 在练习场上应严禁随意追逐、打闹等。严禁在跑道上顺时针方向滑跑。

⑥ 场地附近应备有常用外伤药品，一旦有外伤情况应及时处理。如有骨折、脑震荡等严重伤害出现时，应及时护送至医院治疗。

视 窗

轮滑的历史

轮滑运动起源于18世纪。当时比利时的一位叫麦林的先生想在夏天享受滑冰的乐趣，发明了一种木制的轮式冰鞋。而后这项运动风靡欧洲，并使巴黎成为最早的轮式滑冰中心。19世纪出现了铁制的单排轮滑鞋，到20世纪70年代轮滑鞋又有了一些改进。

链 接

轮滑专业术语中英文对照

轮滑 skating　花式过桩 slaiom stricks　轮滑鞋 skating shoes

高台跳高 high jump　高山速降 down hill　平地刹车 cess slide

护腕 cuff　轮轴 axle　轮滑油 lubricant

直排轮滑 inline skate　特技跳高 acrobatic jump

极限轮滑 aggressive roller　轮滑技术 technology of skating

轮滑锻炼方法 practice methods of skating

速度轮滑鞋 speed boot

思考题

1. 轮滑运动的基础练习有哪些内容？
2. 参加轮滑运动应注意哪些事项？

参考文献

Greenberg, J.S., et.a1. Physical fitness and wellness, United States Of America: A Viacom Company, 1999.

Powers.S.K., et.al. Total fitness: Exercise, nutrition, and wellness, United States Of America: A Viacom Company, 1999.

Prentice, W.E. Fitness and wellness for life, United States Of America: The McGraw-Hill Company, 1999.

步德寿，等. 体育学［M］. 武汉：湖北科技出版社，2000.

党海政. 休闲娱乐百科全书［M］. 北京：中国广播电视出版社，1999.

邓树勋. 体育与健康［M］. 广州：中山大学出版社，2002.

傅中枢. 学跳国标舞［M］. 北京：人民体育出版社，1994.

顾刚臣，张义霄. 体育知识1000问［M］. 北京：北京体育大学出版社，2001.

黄茂武. 实用体育保健与康复大全［M］. 北京：科学出版社，2000.

季浏. 体育与健康［M］. 上海：华东师范大学出版社，2000.

李晋裕. 学校体育大辞典［M］. 武汉：武汉工业大学出版社，1994.

刘清黎. 体育与健康［M］. 北京：高等教育出版社，2002.

卢元镇. 中国体育社会学［M］. 北京：北京体育大学出版社，2000.

马永生. 新编大学体育［M］. 大连：大连理工大学出版社，2003.

曲宗湖，杨文轩. 学校体育教学探索［M］. 北京：人民体育出版社，2000.

曲宗湖. 学校体育测评理论与方法［M］. 北京：人民体育出版社，2002.

田忠兴. 体育与健康［M］. 北京：高等教育出版社，2002.

沈文益. 游泳［M］. 北京：人民体育出版社，2001.

杨贵仁. 学校体育工作全书［M］. 北京：兵器工业出版社，2001.

詹姆斯·托马，劳伦斯·查里普. 国标体育管理［M］. 王艳，等，译. 北京：人民体育出版社，2000.

张杰，陈益裕. 体育与健康［M］. 杭州：浙江大学出版社，2003.

张雅云，王皋华. 体育与健康理论教程［M］. 北京：高等教育出版社，2001.

郑厚成. 全国普通高等学校体育实践教程［M］. 北京：高等教育出版社，2001.